原來，古羅馬人這樣過日子！

考古專家帶你直擊古羅馬人生活現場

UNA GIORNATA
NELL'ANTICA ROMA

Alberto Angela
阿爾貝托・安傑拉——著

廖素珊——譯

獻給

莫妮卡、理查多、艾朵亞多和亞歷山卓。

他們為我的人生帶來光芒。

好評推薦

　　在環地中海區域帶團或旅行，到處可以遇見羅馬人留下的遺跡；無論是廢城、古道、劇院、神廟、浴場、水道橋、競技場，都誘發著人們對於當時羅馬人生活的好奇與想像。從南義龐貝城的廢墟中找到的日常器具、以及保存良好的雕刻與壁畫，或北非突尼斯巴杜博物館中收藏的精美馬賽克拼貼；我們像抽絲剝繭的警探一般，試圖拼湊將近兩千年前的帝國子民面貌。最後，常常會驚訝地發現，原來羅馬人的生活竟是如此地「現代」！或者應該說，今日世界的生活方式，受西方影響甚深；而西方人的生活方式，則諸多承襲了羅馬人建立的模式。因此，這不僅是一本前往歐洲旅行前必讀的書，甚至是開始懂得生活與人性的絕好教材。

　　—— 工頭堅 kenworker　國際領隊，資深部落客，歷史愛好者

　　阿爾貝托・安傑拉讓一個重要但常顯複雜的主題變得迷人且容易親近。讀者將飛快瀏覽帝國首都的一日生活，並發掘與古羅馬居民相關的魅力、祕密、珍品、以及軼聞趣事……安傑拉將他的書轉化為3D場景，讓讀者能夠漫步其中，參訪不同人家、市集、露天學校、澡堂，甚至是公共廁所。

　　——《新聞報》（*Il Giornale*）

　　你會發現關於古羅馬人眾多奇異的生活習慣，包括從他們的食譜到對室內設計的品味，從公寓大樓裡的生活、龐大的羅馬住宅計畫，到令人震驚的奴隸市場。

　　——《晚郵報》（*Il Corriere della Sera*）

【推薦序】
從古羅馬人看今日世界

褚士瑩

　　閱讀阿爾貝托・安傑拉的作品《原來，古羅馬人這樣過日子！》，看他如何重現古羅馬人生活的一天，的確提供有如時光旅行的趣味，知道當時羅馬的男女平均身高體重，想像愛美的男女，早上起床以後就如何精心打扮自己，從除毛到美容，女人如何使用化妝品和各式面膜，男人又是如何上午向理髮師報到，午後到圖雷真大浴場洗澡，上班族中午外食要花多少錢，這些細節都充滿了旅行的風味。

　　我也學到些從來沒有在別的書本看過的大膽假設，比如當時公寓大樓就壯觀地存在，提供富人豐厚的現金來源，窮人、奴隸和僕人住在樓上或閣樓，看起來好像還沒完工的毛胚，裝潢奢華的主人住宅卻就在樓下，和今天埃及開羅的習慣還是非常相像，看來《亞庫班公寓》小說中的劇情，也在古羅馬每日上演。

　　但最讓我吃驚的，莫過於對於古羅馬社會的觀察。

　　當時的奴隸制度，在今天看來是極度殘忍而不人道的，我們很容易就可以下結論，認為古羅馬人貪圖享樂，節制和道德人性在這兩千年來，有了大幅的進步，可是拆解古羅馬人的生活細節，我們才發現，事實上社會進步不見得是社會運動的結果，僅僅是因為今天我們有洗衣機取代了洗衣女僕，有瓦斯爐、微波爐、烤麵包機、果汁機和電動攪拌器，取代了俯身在爐灶上、為

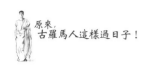

主人準備食物的廚師和奴隸，有水龍頭取代了去噴泉用水桶打水的奴隸，有沖水馬桶取代了挑糞尿的奴隸，冰箱取代了將冰運至房舍的冰工，洗碗機、吸塵器和地毯除塵器取代了負責打掃房子的奴隸，是熱水器取代了替房舍或浴場熱水的奴隸，電燈泡使得負責點燈的奴隸變得多餘，中央空調系統取代了負責搧扇子或火盆的奴隸，汽車取代了轎子和轎夫，路燈則取代了為主人照亮道路的守燈人，吹風機和電動脫毛器取代了許多負責個人衛生和美容的奴隸工作，電視、收音機、CD和DVD放映機取代了為主人提供娛樂的七弦琴手和鼓者、啞劇演員、舞者、朗誦者和詩歌背誦者（這些角色在當時也都是奴隸身分），電腦跟鍵盤取代了抄寫員和祕書，識字的奴隸要幫主人口述信件和朗讀主人想研究的書籍，古羅馬人想要享用的種種，從現代人的眼光來看，一點都不過分，只是現代人把電器用品當做昔日的奴隸來完成的相同工作罷了。

書中也提到有學者用汽油和奴隸所能提供的能源量進行換算。結果發現一瓶汽油相當於五十名奴隸連續拉一台Smart小車二小時的能量。家電插頭，則提供我們相當於三十位奴隸的勞動能量。插頭遍布家中各個角落，是我們的古羅馬奴隸，我們的生活方式之所以起了革命性的轉變，並非人性昇華。我們或許並不像自己想像中，比兩千年前的羅馬人更仁慈、更文明，而是拜科技進步之賜，避免了很多悲劇。

不只古羅馬當時的享樂慾望跟現代人一樣，就連古羅馬當時面對的社會問題，也與兩千年後的現代城市如出一轍——交通阻塞浪費時間，街道吵雜混亂，垃圾和髒亂問題，住屋短缺，房價過高，不安全的建築物在地震後倒塌，外來移民問題，夜晚街道

不安全的治安問題。

　　或許下次面臨地方選舉時，無論是候選人還是選民，都應該記得古羅馬的教訓，要改變一個城市，兩千年可能都不夠，更何況是短短的一個任期？ 如果城市的問題難以改變，人類為自己享樂而奴役他人的心態不曾改變，那麼我們的短暫生命中能夠改變、值得改變的，又是什麼？

　　或許，我們應該攤開《羅馬法典》，這本當時每個羅馬學童都得背誦的課程，奴隸制國家法律的典範，後世西方國家法律的經典，把每個「奴隸」兩字都替換成「插頭」，城市人會因此發現自己對於科技奴隸的依賴和自然能源的虐待，就像古羅馬人對大量奴隸的依賴跟虐待那樣，因此會找到一些綠生活的重要啟示也說不定！

目次

序曲

　　古羅馬人的生活是什麼光景呢？在羅馬的街道上每天上演著
什麼樣的戲碼？這些是我們常常問自己的問題。而我猜想，就是
這類好奇心讓你打開這本書的。

　　無庸置疑地，古羅馬對我們而言有一種難以言喻的魔力。每
次我們參觀羅馬時期的考古遺址時就會有這種感受。不幸的是，
旅遊指南和考古展覽品對於你所正在探索的地方的日常生活，往
往只能提供籠統的概念，而且大部分總是集中在建築風格或年代
上。

　　但在實務上，要真正了解這些遺址的日常生活情景有其竅
門。你要注意細節：階梯上的磨損跡象，灰泥牆壁上的胡亂塗鴉
（在龐貝到處都是），二輪馬車的車輪在人行道上留下的車轍，房
子的大理石門檻上因（早已消失的）前門不斷開關而磨出的擦痕。

　　如果專注在這些特定細節上，你所探訪的任何一處廢墟將會
頓時復活，你將能「看見」那個往昔時代的芸芸眾生。這便是這
本書背後的精神：以無數的小故事來重新發現人類歷史上最偉大
的時代之一。

　　在古羅馬廢墟和地中海周遭的羅馬遺址間拍攝電視節目的許
多年間，我發現了有關羅馬帝國時代生活的無數故事，它們在被

世人遺忘許久後，才又被考古學家重新挖掘而出。參訪這些遺址讓我接觸到當時人們的日常生活習慣和實際細節，以及一個不復存在的世界的風俗和社會規範。當我和挖掘遺跡的考古學家討論或拜讀他們的書籍和出版品時，我也有相同的體驗。

我了悟到，這份有關羅馬世界的珍貴資料幾乎從未向大眾公開，通常只流通於專門的科學期刊或封閉的考古挖掘遺址。因此，我試著在此告訴你這些資訊。

我寫這本書的目的，在於透過講述日常生活使古羅馬的廢墟再度復活，並試著回答許多非常簡單的問題。走在城市裡的大街小巷中是什麼感覺？會看到什麼樣的人們？從陽台上會看到什麼？食物好不好吃？人們說著哪一種拉丁文？卡皮托利尼山[1]上矗立的神廟在曙光中呈現何種光景？

就某個程度上而言，我在此書中試圖打開一架攝影機，探索城市各個部分在兩千年前的模樣，讓讀者彷若有正走在街道上的興奮感受，你能聞到氣味和香氣，觀察人們的臉部表情，走進商家、房舍或圓形競技場之內。我認為，這是我們能了解帝國首都實際生活的唯一方式。

我自己就住在羅馬，因此，對我而言，要我描述整日斜照在街道和紀念碑上的陽光的變化，或探訪考古遺址以為多年來的電視拍攝和現場觀察增添許多細微末節等，都易如反掌。

想當然爾，在這趟訪問古羅馬的旅程中，你將看到的光景並非想像之物。反之，它們直接來自科學研究和考古發現、樣本或骨骸的實驗室分析，以及古文獻和書籍的考察。

註1　卡皮托利尼山（Capitoline Hill）：古羅馬朱庇特神廟所在的山丘，為羅馬七丘之一。

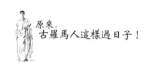

　　對我而言，遵循城市中一天的進展，似乎是想井井有條地呈現這些瑣碎資料的最佳方式。每天中的每個小時都有與永恆之都相對應的地點和獨特的活動。如此，隨著每個小時的流逝，古羅馬生活中的一天將在我們的眼前開展。

　　但還有一個問題。為什麼要寫本有關羅馬的書？答案是我們的生活形態衍生自羅馬。倘若古羅馬從未存在，我們今天的生活形態將會截然不同。你不妨好好思考這一點。羅馬文明通常讓我們聯想到它的皇帝、出征作戰的勇猛軍團，以及羅馬神廟那些長長的柱廊。但，羅馬文明的真正力量卻靜躺在別處。這力量讓羅馬延續了超乎想像的悠久年代：在西方超過一千年，而在東方則甚至更久，延續超過兩千年直到文藝復興初期，儘管帝國首都後來從君士坦丁堡遷移到拜占庭註2。沒有任何軍團的數目、政治或意識形態的體系，足以確保這般久遠的帝國壽命。而羅馬的成功祕訣恰恰在於其生活形態：它建築房舍的方式、衣著打扮、飲食，以及在家庭內外與其他人的互動關係；這些全部被納入法律和社會規範的精準體系之內。儘管羅馬的生活方式歷經某些逐步演化，但它在數世紀間基本上沒有太大改變，並使得羅馬文明得以延續如此之久。

　　但，我們真的能確定羅馬時代已經完全消失了嗎？實際上，我們得自羅馬帝國的傳承不僅是優秀的雕像和紀念碑。羅馬也在我們的日常生活中留下許多不可抹滅的痕跡。我們所使用的字母，甚至在網路上的字體都是羅馬正體字。義大利文，如同西班牙文、法文、葡萄牙文和羅馬尼亞文等都源自於拉丁文。大量的

註2　此處有誤。君士坦丁大帝於西元三三○年將拜占庭改為君士坦丁堡。一九三○年，此城正式改名為伊斯坦堡。

英文單字也是如此。更別提我們的法律體系、道路建築、都市計畫、建築、繪畫和雕刻都源自羅馬。沒有羅馬人，今日這一切都會大大不同。

嚴肅地思考這個問題時，你會發現，許多西方文明的最基本要素都不過是羅馬生活方式的現代化演變，也就是，正如同我們在羅馬帝都每天的街道上和房舍內所會看到的景象。

我試著寫了一本我一直想在書店裡找到的書：一本能滿足我對古羅馬世界的好奇心的書。我希望這本書也能滿足你的好奇心。

一切全都從西元一一五年，圖雷真^{註3}皇帝統治時期的一條小巷子開始說起。在我的看法中，此時羅馬正抵達國力顛峰，也許，它的美也正達到其最卓越的表現方式。這是一個平常的日子。而天將破曉……

阿爾貝托・安傑拉

註3　圖雷真（Trajan, 57~117）：羅馬皇帝，在位期間西元九八至一一七年，統治時期羅馬帝國達到鼎盛。

當時的世界

西元一一五年，在圖雷真治下，羅馬帝國的疆域擴展至其最大版圖。帝國邊界超過九千六百多公里長，幾乎是地球圓周的四分之一註1。帝國從蘇格蘭延伸至伊朗邊境，從撒哈拉沙漠拓展到北海。

居民由形形色色和迥然不同的人民構成，包括從北歐來的金髮人民到來自中東的黑髮民族，從亞洲人到北非人不一而足。

想像一下，試著將今日中國、俄羅斯和美國的人口加總起來。相較於當時的世界人口，羅馬帝國的人口總合甚至比前述加總占更大的比率。

最重要的是，帝國統治著各式各樣的地理環境。若從一端走到另一端，我們將遇到充滿海豹和海獅的冰海、矗立著冷杉的巨大森林、大草原、白雪覆蓋的山脈、龐大的冰河，再來是湖泊和河流，它們將引導我們往南探向地中海的溫暖海灘和義大利半島的火山。沿著羅馬人稱之為「我們的海」註2的對岸走去，我們將發現自己身處於廣袤無際的（撒哈拉）沙漠所形成的沙丘之前，然後碰到紅海的珊瑚礁。

註1　在古代，人們想像中的地球要比實際上小得多，而且認為它是平的。
註2　羅馬人稱地中海為「我們的海」（Mare Nostrum）。

在歷史上，沒有其他帝國曾橫跨如此多樣的自然環境。各地的官方語言是拉丁文。各地的流通貨幣是塞斯特斯註3。到處都只遵行一種律法：羅馬律法。

有趣的是，這個龐大帝國的人口並不多：不到五千萬人，比今日義大利的人口稍微少些。人口分散在村莊、鄉鎮，及遺世獨立的農莊別墅中，它們如同餐桌布上的麵包屑散布在無垠的疆域裡，而幾座大城市則從中陡然冒出。

所有主要的城市以效率頗高的道路網相連，我們至今仍開著房車和卡車在這些延伸八千至九千六百多公里的道路上馳騁。這個道路網也許是羅馬人流傳給我們最偉大、最歷久不衰的遺產。但在這些道路的盡頭，仍然有未經探索的廣袤土地，狼、熊、鹿和野豬在其上徜徉。對於早已習慣耕作的田地和工業倉庫等景致的我們而言，這些野地看起來將像是無垠的國家公園。

軍團保衛著這個世界，他們駐紮在著名的堡壘裡，沿著帝國邊界駐守在易守難攻的戰略地點。在圖雷真的統治下，陸軍就有十五萬人，編成三十個左右的軍團，在歷史上赫赫有名，如第三十勝利烏爾比亞軍團、第二阿德尤特利軍團，或駐守在離今日伊拉克邊境不遠的第十六堅定弗拉維軍團。

軍團士兵需要後備部隊，後者由外省人民組成，他們使得有效軍額加倍，聽命於皇帝的總士兵人數則高達三十到四十萬位武裝人員。

而帝國的心臟地帶在羅馬。它屹立在帝國的正中央。

當然，羅馬是個權力中心，但它也包含了豐富的藝術和文

註3　塞斯特斯（sestertii）：古羅馬的一種銅鑄貨幣。

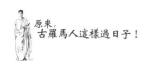
化 —— 充斥著作家、哲學家和法律學者。最重要的是，它還是個
大都會，和今日的紐約或倫敦相似，在這類城市裡你可以認識來
自全世界的人。在昔日羅馬街道熙來攘往的人群裡，你會碰到斜
靠在轎子上的富有中年貴婦、希臘醫生、高盧註4來的騎士隊長、
義大利元老院元老、西班牙水手、埃及祭司、塞普勒斯妓女、中
東商人、德國奴隸……

　　羅馬成為全世界人口最稠密的城市：幾乎有一百五十萬人。
這是自從現代人（*Homo sapiens*）出現後未曾看過的景象。他們是
如何生活在一起的呢？這趟拜訪永恆之都的旅程將會幫助我們了
解，羅馬帝國於古代世界達到最大疆域和鼎盛時期之時，羅馬帝
都的每日生活景況。

　　帝國數千萬子民的生活，全取決於羅馬所做出的裁決。但，
反之，羅馬的生活則仰賴什麼？它產生自居民間那錯綜複雜的社
會關係網絡。那是一個令人驚訝的宇宙，在歷史上獨一無二，它
的奧祕將在我們探索某個平凡無奇的一天下展開，就說那天是個
星期二好了，在一千八百九十四年前。

註4　高盧（Gaul）：約指現今的法國、比利時和義大利北部。

黎明前的幾小時

　　她的眼眸默默凝望向遠處，就像陷於沉思中的人。蒼白的月光襯映出一張柔和的臉孔，宛如牛奶般潔白，嘴角隱藏著一抹微笑。她的前額纏繞著一條緞帶，挽著髮髻，但有幾絡調皮的髮絲鬆垮地掉落在她的肩膀上。突來的一陣強風在她周遭捲起塵土的雲朵，但她的頭髮沒有拂動。她的頭髮也不可能拂動；因為它是由大理石雕刻而成。就像她赤裸的手臂是由大理石雕刻而成，她衣裙上的數百個皺摺也是。雕刻她的雕刻家使用全世界最珍貴的大理石，將羅馬人最尊崇的神祇之一凍結在石頭中：她便是瑪圖塔聖母（Mater Matuta，偉大的母親），也就是「吉祥之母」、生育女神，「起源」和曙光女神。這雕像已經在此處矗立多年之久，巍巍屹立在她那雄偉的基座上，俯視著鄰近區域的一條十字路口。她為黑暗所包圍，但散漫四射的蒼白月光在她的大理石手臂之外，照亮一條寬廣的街道，兩旁是櫛比鱗次的商家。在夜晚的這個時分，商家大門緊閉，用的是結實的門閂和插入地面的厚重木板。它們位在龐大、陰暗的建築中最低矮的那一層。這些巨大的黑色幢影包圍著我們，彷彿我們正身處峽谷底端，抬頭望向繁星滿布的天篷。這些建築物叫insulae，也就是下流階層或平民的房舍，類似於我們的公寓大樓，但和我們的相較，極為不舒適。

　　這些公寓大樓和羅馬一般街道的闃暗，讓我們吃了一驚。但，也許這只是因為我們已經太過習慣現代都會中的明亮燈光。好幾個世紀以來，當夜幕降臨時，世界上的城市便為黑暗所吞噬，除了幾盞掛在客棧或照亮神像的油燈外，後者通常被放在需要照明的地點，比如街角或十字路口，用以幫助在夜晚出門閒晃的路人。在羅馬帝都亦是如此。多虧這幾盞「夜燈」，或某些房舍裡仍在燃燒的油燈光芒，我們才有可能辨識出城市某些地點的「地理位置」。

　　另一個讓人印象深刻的現象是周遭一片寂靜。當我們走下街道時，那股安靜非常不真實。只有從街道下方幾公尺處的鄰近噴泉流洩而下的嘩嘩水聲，劃破這份沉寂。噴泉的設計非常簡單：四片厚重的石灰華板所形成的四方形水池中央，矗立著一根低矮石柱。月光掙扎著想劃過兩棟建築間，投射到街道上，照出那根石柱上所雕刻的神祇臉龐。那是墨丘利註，祂戴著有翅膀的頭盔，嘴裡流洩出潺潺流水。在白天，女人、孩童和奴隸在此輪流取水，在木桶裡注滿水，然後提回家中。但，現在，此處空無一人，只有流水的汩汩聲響與我們為伴。

　　這份靜謐很耐人尋味。我們應該說很罕見。這城市有一百五十萬人，而我們正身處其中。夜晚時分通常是商家的運貨時間，馬車的鐵輪在石製的人行道上碾出金屬的吵鬧聲響，男人叫罵著，馬兒嘶鳴，詛咒聲此起彼落。現在，我們可從遠處的另一條街道聽到這類模糊聲響，回音中還夾雜著狗兒的汪汪吠叫。羅馬是座不夜城。

註　　墨丘利（Mercury）：眾神的信使，司商業、旅行、詐欺和盜竊等。

　　我們前頭的街道變得稍微寬闊，創造出光線的綠洲。月光照亮了鋪在人行道路面的網狀玄武岩板。它看起來就像巨大烏龜被石化的龜殼。

　　再往前走一點，於街道盡頭，有東西在移動。是人，他停下來，再往前走一點，然後蹣跚搖晃，靠在牆壁上。他一定是醉了。他嘟嚷著我們聽不懂的話語，搖搖晃晃地朝一條巷弄走去。誰知道他能不能安然返家呢？事實上，夜晚的羅馬街道就像夜間的搶匪一樣令人恐懼萬分：那兒充斥著小偷、罪犯和數不盡的街頭混混，後者光為了一點小錢，會毫不猶豫地將匕首刺進某人的肚子裡。如果明天早上有人在街道上發現一具遭搶並被刺死的屍體，要想在這般人口密集和龍蛇雜處的城市裡抓到兇手，絕非易事。

　　那位醉酒的路人在走進巷子前，在街角因絆到一樣凸起物而摔跤。他發出一聲咒罵，粗嘎地低哼了幾個字，然後繼續那狀似不可能完成的路程。那塊凸出的東西動了一下。它還活著。他是首都中眾多無家可歸的人之一，絕望地想找一處可以安心睡覺的地方。自從他的房東在幾天前將他趕出那個簡陋的租屋處後，他便一直住在街上。他不是唯一的遊民；躺在他旁邊的是一整個家庭，他們盡力尋找聊堪舒適的安身之所，他們擁抱在一起，只帶著幾樣他們帶得走的家當。每當六個月的租期結束時，羅馬便充斥著這樣的可憐人。許多人在一夕之間發現自己被迫在街道上紮營，尋找安身立命和睡覺的地方。

　　忽然間，某種節奏明確的聲響攫住了我們的注意力。剛開始時模糊不清，然後越來越清晰。它在建築物的正面之間迴盪，因此很難判定它來自何處。閂閂的陡然聲響和好幾盞油燈的光芒解

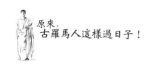

釋了這個謎團；這是由守夜人組成的巡邏隊。他們究竟是誰呢？
理論上，他們是消防隊員，但由於他們得不斷執行防止火災的檢
查勤務，所以他們也肩負著維護公共秩序的職責。

　　你應該看得出來，這些守夜人是軍人。巡邏隊共有九人：
八名新兵和一位班長。他們正從一座大門廊的階梯攀爬下來。他
們有進入任何建築物的權力，這樣他們才能檢查火苗，預防危險
狀況，並及早發現可能導致悲劇的粗心作為。他們剛完成一項檢
查，班長正在和他們叨唸著什麼。他將油燈舉高，因此新兵都能
將他看得清楚；他的體格結實強壯，剛毅和輪廓分明的五官恰好
搭配他那粗重沙啞的嗓音。他一解釋完畢，便狠狠地看了其他新
兵一眼，皮革頭盔下那對深色的眼眸發出懾人的光芒。然後他大
聲發出命令，一行人開始邁步向前走。他們踢的正步過於節奏分
明，這是新兵的典型毛病。班長看著他們邁步走開，搖搖頭，然
後跟在後面。他們用力踱步的聲響逐漸消退，直到為噴泉的潺潺
水聲所淹沒。

　　我們瞥向東方，看見天色已有改變。它仍是黑魆魆的，但現
在你看不見星光。一張無影無形、不可觸知的面紗彷彿正緩緩籠
罩整個城市，像是試圖將它與星光燦爛的蒼穹分隔開來。幾小時
後，新的一天將會展開。但在一個古老的世界中，在這個最強大
的帝國首都裡，這將是個與眾不同的早晨。

永恆之都，羅馬的數字

　　西元第二世紀，羅馬處於鼎盛時期。這真的是拜訪這城市的最好時機。與帝國的開疆闢土齊頭並進，羅馬也拓展到它最大的地理疆域，面積涵蓋一千八百公頃，周長幾近二十二・五公里。這還不是全貌。它的人口在一百萬到一百五十萬之間（根據某些估算，羅馬當時人口多達兩百萬，幾乎與現代羅馬相當！）。它是整個古典時期人口最稠密的城市。

　　事實上，我們不該對這樣的人口成長與建築熱潮感到驚訝：羅馬在數個世代以來穩定成長。每個繼位的新任皇帝都用新的建築物和紀念碑來裝飾它，因此逐漸改變了城市的樣貌。儘管如此，有時它的樣貌會因火災而有突然而激烈的轉變，而且這樣的情形相當常見。羅馬面貌的不斷轉變將持續數個世紀之久，甚至在古代，羅馬便已經像一座開放的巨型博物館，隨處都能欣賞到藝術和建築之美。

　　在這方面，當我們瀏覽君士坦丁大帝註1治下編纂的城市建築和紀念碑列表時，仍不免感到驚詫。我們當然不會列出整張表，但僅是舉出某些重點所在都足以讓你的下巴掉下來，特別是如果你記得這城市的幅員遠比今日的要小的話。

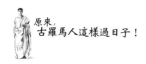
四十座凱旋門

十二個廣場

二十八棟圖書館

十二座巴西利卡註2

十一座大浴場和一千個公共浴室

一百座神廟

三千五百個著名人物青銅製雕像，和一百六十座黃金和象
牙製神祇雕像

二十五個騎馬雕像

十五座埃及方尖碑

四十六個妓院

十一個水道橋，和一三五二座街道噴泉

二個馬車競技場（較大的馬西姆斯競技場擁有將近四十萬
個觀眾席）

二座供格鬥士打鬥的圓形露天劇場（較大的圓形競技場有
五萬到七萬個觀眾席）

四座劇院（最大的龐貝劇院有二萬五千個觀眾席）

二座海戰劇場（為水戰和海軍戰役打造的人工湖）

一座田徑和競技比賽的體育館（圖密善競技場有三萬個觀
眾席）……

那綠地呢？我們幾乎無法置信地發現，在這個密布著紀念
碑和公寓大樓的城市裡，綠地很多。在私人花園、公共公園、
神聖森林，和貴族們那為柱廊所環繞的庭院之間等，綠地大約

占城市表面面積的四分之一，超過四百公頃。

有個問題令我們感到好奇。羅馬的真實「顏色」為何？
當我們遠眺城市時，哪種色調將吸引我們注意？羅馬可能有兩
種主要顏色：赤陶瓦屋頂的紅色，以及房屋正面和神廟大理石
廊柱的明亮白色。在綿延一片的紅色屋瓦中，我們會注意到，
到處是在陽光中閃爍的璀璨金綠色屋瓦。那些是神廟和某些帝
國建築的鍍金青銅屋瓦。它們過一段時間後便會氧化，往往染
上綠色色調。列柱或神廟頂端的鍍金雕像使我們驚訝，它們屹
立在城市天際線之上，顯得特別突出。白色、紅色、綠色和金
色；這些便是羅馬的顏色。

註1　君士坦丁大帝（Constantine, 272~337）：羅馬皇帝，在位期間西元三〇六
　　　至三三七年，承認基督教為合法宗教，三三〇年將羅馬帝國首都從羅馬遷至
　　　拜占庭，改名為君士坦丁堡。
註2　巴西利卡（Basilica）：古羅馬用來做審判或集會場所的一種公共建築形式，
　　　其特點是平面呈長方形，外側有一圈柱廊，主入口在長邊，短邊有耳室，採
　　　用條形拱券作屋頂。

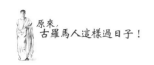

06:00
多穆斯：富豪的宅邸

　　羅馬人住在哪裡？他們的房子看起來是什麼樣子？我們習慣在電影和電視劇中看見他們住在明亮的房舍裡，有柱子、內院花園、畫有濕壁畫的房間，小噴泉和餐廳（triclinia，放有躺椅的正式餐廳）。但事實卻迥然大異。只有富豪和貴族有能力住在僕人成群的別墅裡，而這種人可不多。羅馬的絕大多數居民都住在公寓大樓，生活條件往往極差，有些甚至讓我們聯想到孟買貧民窟的房子。

　　但，我們還是來一一介紹，從羅馬菁英的房舍開始，也就是所謂的多穆斯（domus）。在君士坦丁大帝的治下，當局記載羅馬有一七九〇座這類房舍，這的確是個不容小覷的數字，但它們的格局並不是都一樣的。有些相當大，有些則很小，後者是由於圖雷真時期的羅馬長期缺乏空地所致。儘管如此，我們就要去拜訪的那座豪宅擁有傳統的古老格局，它的主人非常以此為傲。

　　這豪宅最引人注目的地方在於它的外觀：它像牡蠣般向內封閉。事實上，你得將典型的羅馬多穆斯想像成某種類似外國軍團的小堡壘。它幾乎沒有窗戶，即使有的話也很少，只是在高高的牆壁上開著幾個小洞。豪宅沒有陽台，圍牆將它與外面世界隔離。事實上，此種防禦性的圍牆反映了羅馬和拉丁文化初期的家

庭農場結構。

　　那道面對馬路又毫不引人注意的樸質大門，使得豪宅與街道上的喧囂隔絕此事分外明顯。豪宅兩側是數個商家，在清晨此時仍舊關閉。主要入口處有兩扇高高的木製大門，上面有大型青銅球形拉手。在每扇門的中央有個青銅製的狼頭，嘴裡叼著一個當作門環的圓環。

　　走進門內，有一條短短的走廊玄關。踏入大門內幾步後，我們便踩到一個用馬賽克鑲嵌而成的惡狗圖案，上面還寫著「當心惡犬」的警語。我們從龐貝的別墅得知，古羅馬的許多居民都選擇了相同的馬賽克圖案。早在羅馬時期，竊賊和挨家挨戶的推銷員已經是個問題。

　　我們注意到走廊一側幾步之遙處有個小房間，一個男人坐在椅子上打瞌睡。他是「門房」，守護入口的奴隸。他身邊有個年輕男孩像狗一般睡在地板上，他一定是他的助手。豪宅內的每個人都還在呼呼大睡，因此我們可以自在從容地逛著這棟別墅。

　　再走幾步路，走廊通往一個豪華輝煌的空間：前廳。這是個長方形的房間，寬敞龐大，繪製著明亮的濕壁畫，曙光的光芒將它照得閃閃發光。但既然豪宅沒有窗戶，這道光線又是從何而來的呢？我們往上一瞥，得到答案：天花板正中央缺了一片屋頂。天花板有個巨大的正方形開口，陽光從此灑入，彷彿在庭院裡一般。陽光像瀑布般垂直穿透屋頂，然後水平地散射入開向前廳的幾個房間內。

　　但這個天窗不僅是讓陽光透入。它也讓天上的雨水落下來。下雨時，前廳上方的巨大屋頂表面會收集雨珠，然將讓它們導向漏斗般的天窗。幾道水流從沿著屋頂邊緣安置的幾座赤陶雕像的

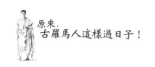
口中宣洩而出，以一個精采的騰空跳躍，潺潺流洩入前廳內。在暴風雨來臨時，水聲將會震耳欲聾。

但這水不會被浪費掉。雨水精準地墜入前廳中央的正方形大池。這是承雨池，一個非常古老又相當合理的點子。它收集雨水，再將它輸送到一個地下的儲水槽。儲水槽是豪宅的水塔。一個小型大理石水井讓收集來的雨水能供應豪宅每日所需。這口水井已經使用了好幾個世代。事實上，水井邊緣到處都是磨痕，那是用繩子從儲水槽裡提水桶上來時所留下的擦痕。

承雨池也具有裝飾功能：這個室內水池能倒映藍天和雲朵。它看起來幾乎像幅畫在地板上的繪畫。對所有進入這豪宅的人來說，不管是客人或遊客，它都留下令人非常驚詫和愉悅的第一印象。

但我們現在正在看著的承雨池還有別的東西：水面上漂浮著花朵。花朵是昨晚在這個豪宅裡舉行的晚宴所留下來的。

池裡的水就像一面鏡子，將清晨曙光折射到宅邸裡的每一處。微風吹拂引起的陣陣漣漪反照在客廳牆壁上，光線的波浪似乎越過濕壁畫的表面，追逐著彼此。我們再走近點一瞧，整個客廳內所有牆面都畫上了燦爛的色彩。四面牆壁上都是神話人物、想像中的地貌，和幾何裝飾圖案的繪畫。色彩相當強烈：天藍色、紅色和赭黃色。

這些事實讓我們得到一個重要的結論：羅馬的世界遠比我們的世界來得五彩繽紛。鮮明的色彩裝飾著室內和紀念碑；甚至連人們在重要場合所穿的衣服也有著豐富的色調和明暗層次。我們現代人往往認為黑色或灰色西裝或洋裝才是優雅的極致。我們喪失了這些繽紛色彩真是非常可惜，尤其我們的家裡大多都漆著白

色的牆壁。羅馬人會將它們視為框好的空白畫布。

我們繼續探險。有些房間開向前廳四周。它們是臥室，或說是小房間。跟我們的臥室相較，它們非常窄小陰暗，比較像牢房，而非臥室。我們在那裡鐵定會過得很不愉快：臥室沒有窗戶，唯一的光線來自油燈的微弱照射。因此，我們吃驚地發現，要看清楚經常裝飾在這些房間的絢爛濕壁畫和馬賽克，是件多麼不容易的事；而在今天的博物館中，我們還得利用燈光的巧妙照明，才能讚嘆藝術品的獨到之處。但羅馬人卻從來不覺得困擾。一旦他們的眼睛適應臥室的昏暗，閃爍的油燈光焰便襯得這些繪畫十分引人入勝，並更加凸顯畫中風景的輪廓和人物臉孔的五官特徵。

我們在前廳的角落可以看到樓梯。樓梯往上通往樓上，僕人們還有家裡的某些女眷住在那裡。一樓，也就是「高貴的一樓」，屬於男人的領域，尤其是一家之主。

我們繼續往前走，走過承雨池，到另一邊的牆面。在大部分的時間內，它由開起來像折疊門的大型木製門板緊閉著。我們打開門板，看見屋主的辦公室。他在這裡接見客人。房間中央端放著一張寶座般的大型桌子和一把氣派的椅子，沿著牆邊則置放著幾張凳子。它們的腳全都裝飾繁複，點綴著骨頭、象牙和青銅的鑲嵌雕刻。房內還有些放置著油燈的高大分枝燭台，一個（取暖用的）火盆放在地板上，裡面有燃燒的木炭，桌子上則有著價值不菲的銀器（無疑是貴重的禮物或紀念品），以及寫字工具。

在房間遠處是片巨大帷幔。我們拉開帷幔，進入豪宅較為私密的空間。直到現在，我們已經看過豪宅較為公共的區域，那裡連陌生人也可以參觀。但這片帷幔之後是宅邸的私密空間。這裡

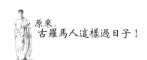

是柱廊圍繞起來的庭院，或說是多穆斯的大型內院，是房舍裡的綠地。它由美麗的柱廊環繞，柱子間的天花板上懸吊著大理石圓盤，圓盤上繪畫或雕刻著神話人物。這些圓盤有著一個奇怪的名字「oscilla」，意謂擺動，但我們不難猜出名稱由來。當風兒吹拂時，圓盤輕柔地前後款擺，而僵硬的柱廊彷彿便輕輕搖擺起來。

在清晨此時，內院有種迷人的氛圍。我們為各式各樣的香氣所包圍，它們來自栽種在花園裡的觀賞類、芳香類和藥用類植物。

事實上，在這些花園裡，依據多穆斯的不同，我們可以觀賞到桃金孃、黃楊樹、月桂樹、夾竹桃、長春藤和莨苔，裡面甚至還有大樹，比如絲柏和懸鈴木。也別忘了還有鮮花，比如栽種在花壇裡的紫羅蘭、水仙、鳶尾或百合。裡頭往往還有座葡萄藤架。內院的確是多穆斯內讓人心境平和和放鬆的綠洲。一座精巧細膩的綠洲：植物不是隨意栽種，而是排成幾何圖案，小徑和花壇精心規劃，有時還有個小迷宮。園丁常常修剪灌木叢和樹木，將它們剪成動物的形狀。而在花園裡常常可以看到活生生的動物，比如雉雞、鴿子或孔雀。

我們可以在曙光的微弱光芒中，看見兩個文風不動的人：它們是裝飾在花園角落的小型青銅雕像。兩座小雕像是肥嘟嘟的男嬰，每個懷裡都抱著一隻鴨子。我們再走近點看。一個男嬰正發出像是咯咯聲的怪響。突然間，在兩道嘈雜的水流噴射之後，一道細細流水從一隻鴨子的嘴中湧出。原來它們是噴泉雕像。水流直直墜入一個圓形水池中央，創造出賞心悅目的水舞。這還不是唯一的。我們轉身看去，另外三座小噴泉也開始噴水。

顯然在這棟多穆斯裡，承雨池不是水的唯一來源。一段時間以來，這棟宅邸有另一個供水的源頭：水道橋。多虧屋主的人脈

廣闊，他總算得到一條私人的運水管道。事實上，他的宅邸是少數在自家擁有自來水的幸運家庭之一。這在羅馬很罕見。他也用這些小噴泉遊戲來取悅他的客人。

現在，一隻瘦骨嶙峋的手關上藏在灌木叢裡的栓塞。那是奴隸的手；他正在檢查水管是否運作正常。他高大瘦長，皮膚黝黑，有著黑色鬢髮。他應該是中東或北非人。現在，他要在內院裡撿拾落葉和凋謝的花朵。他一定是園丁。

有些聲響從面向柱廊的一個小房間中傳出。聽起來像是有人在掃地。我們朝著聲音走去。聲音來自餐廳。這是昨晚晚宴舉行的地方。賓客斜躺過的躺椅已經整理好，弄髒的罩單全數更換過。另一個奴隸正在收拾昨晚歡宴的殘羹剩餚，包括一隻龍蝦螯。事實上，這是種習慣，在晚宴時，將食物殘渣丟在地上，而非放在盤子裡。

已經有人在廚房工作。那是位女人，另一個奴隸。她有一頭短髮，藏在以碎布縫製成的頭巾下，但你還是看得出來她是金髮；幾絡金色鬢髮垂掛在她脖子上。她也許來自日耳曼或達契亞（羅馬尼亞），後者是新近才被圖雷真征服的土地之一。廚房很窄小。奇怪的是，以晚宴聞名的羅馬人似乎不怎麼重視廚房。他們將它視為一個次要的房間，其角色與現代公寓的小廚房相當，因此，廚房在多穆斯中沒有標準位置。有時，廚房在一道短走廊的盡頭，有時在樓梯下方。這的確很奇怪，但不必為此大驚小怪。在富豪的宅邸裡，沒有「家庭主婦」的角色。在廚房裡幹活的都是奴隸。廚房純粹是個服務區，因此沒人煩惱裝飾、舒適度，或空間大小的問題。但另一方面，在比較卑微的羅馬人家庭裡，則是由女主人負責燒飯，但與今日相較，她在家庭中的角色比較像

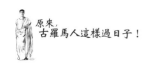

僕人，而非妻子。

羅馬廚房讓我們熟悉的一個景象是牆壁上掛滿了紅銅（或青銅）鍋子和平底鍋以及砂鍋，目的是為了展示和炫耀。也有些過濾器，它們的洞口設計如此精緻，宛如刺繡作品。廚房裡還有大理石研缽和杵、烤肉叉子、陶鍋，以及形狀像魚或兔子的烤盤，用以裝盛最受喜愛的菜餚。觀察這些物品的形狀，就等同於瀏覽那個時代的菜單。

食物在灶台上加熱，那是個磚造的台子，火炭像放在戶外烤肉架般鋪在上面。當火炭夠熱時，爐子或金屬三角架便放在上面，再放上鍋子或平底鍋。

這些磚造灶台往往以優雅的拱孔支撐和裝飾，它下面的空間也可作為小型的柴堆間。這裡堆滿備用的柴薪，相當於今日許多義大利廚房所用的瓦斯桶。

現在，奴隸正在點火。但羅馬人是如何點火的呢？我們走近她，從她肩膀上偷看，發現她正在用一片火鐮。火鐮的形狀像個小馬蹄，她像抓著陶罐把手般抓著火鐮。她另一隻手裡握著一塊石英，用火鐮在上面擊打。點點火星飛起，一道火星掉落在作為引火物的蘑菇薄片上（一種長在樹幹上、像木頭般的蘑菇）。女孩輕輕對著它吹氣，蘑菇表面開始因白熱的火而燃燒，形成許多小洞。這時，她將它推向一些麥草，將蘑菇的熱焰「傳染」給它。她又吹了幾口氣。剛開始時，一道煙霧裊裊從麥草上升起，然後，陡然間，冒出一道火焰。大功告成。現在，她能燃燒木頭，並準備火炭。

讓我們在這裡稍停一下。這趟多穆斯之旅幫助我們了解羅馬宅邸的一些事物。它們的確很美麗，但遠遠不及我們的住宅舒

適。宅邸到處都是縫隙，冬天很冷，你得用放在每個房間地上的火盆取暖（相當於我們的電暖爐）。更有甚者，房子很暗，每個房間都是昏暗不清。窗戶很罕見，就算有的話通常也很小，沒有我們的窗戶透光。在富豪的宅邸裡，窗玻璃是以滑石、雲母或甚至玻璃製成，窮人則用半透明的獸皮，或更常見地，只有用木頭窗板而已。

　　總之，要了解羅馬人的房舍，或甚至是富豪的宅邸，舉如像這棟多穆斯裡的氛圍，你只消想像一座老舊農舍，有著厚實的床和厚重的毛毯，從門下隙縫滲透進來的些許朦朧光線，壁爐裡燃燒的柴薪氣味，灰塵漫天飛舞和蜘蛛等等，就已足夠。

06:15
室內裝潢

　　如同我們所見，宅邸裡的日常活動已經展開。每天最早起床的是奴隸。宅邸裡總共有十一名奴隸，他們構成被稱之為「家庭」的團體，也就是屋主所擁有的奴隸整體。對我們而言，一棟宅邸就有十一名奴隸，數量可能太過龐大，但這只是一般標準。實際上，每個富有的羅馬家庭都擁有五到十二名奴隸。

　　那麼，他們睡在哪裡呢？這就如同要容納整個足球隊一般……奴隸沒有自己的房間。他們睡在廳堂、廚房，或全部擠在同一間房間裡。一位特別受到信任的奴隸則睡在主人臥室前的地板上，就像狗和牠的主人一般。

　　今早稍晚時，我們將有機會了解奴隸的世界：他們是誰，他們如何變成奴隸，以及他們的主人如何對待他們等等。但現在，讓我們繼續觀察正在醒轉的豪宅。

　　一位奴隸女孩拉開厚重的紫色布幔，走到一張有著海豚狀桌腳的大理石大桌前。桌子沿著承雨池邊緣放置。桌上擺著一壺精緻的銀製水罐，這顯然是接待客人的桌子。奴隸女孩小心翼翼地將它拿起來擦拭。我們繞著桌子走一圈。其他的家具在哪？

　　羅馬房舍最惹人注意的地方在於以下強烈對比：牆壁（濕壁畫）或地板（馬賽克）上豐富多彩的裝飾和稀少的家具。基本

上，它和我們的現代居家設計恰恰相反。

我們在此看不到充斥在我們客廳裡的沙發、扶手椅、地毯和書櫃。所有的房間都是空蕩蕩，只放著最基本的家具。

但這其來有自。羅馬人的室內裝潢概念與我們的南轅北轍。他們不但不會將注意力放在家具和房間裝潢上，通常還試圖隱藏或偽裝它們。床和椅子有時會消失在坐墊或帷幔之下。在同時，牆壁上的濕壁畫往往重新製造出假的門、假的布幔，甚至假的風景 —— 後者或許還與牆壁上真實的開口所呈現的花園景觀相互交替。（呈現此技巧最精巧的範例之一，是托雷安農齊亞塔註1著名的歐普隆提斯別墅〔Villa Oplontis〕，這別墅可能屬於尼祿註2的情婦和第二任妻子波帕雅）。

因此，許多羅馬豪宅顯示羅馬人的這類奇怪癖好：在現實和幻覺間大玩躲迷藏，讓某些物品消失的同時，又創造出其他事物的複製品，有時甚至在牆壁畫上整片風景。考量到他們身處的時代，羅馬人倒是擁有極端精緻細膩和現代的品味。

但即使家具稀少，我們在羅馬房舍裡所能看到的家具卻十分珍貴。桌子可能是最常見的元素。有許多種類的桌子；羅馬人最喜愛的似乎是三腳圓桌，桌腳則雕刻成貓腳、山羊腳或馬腳。（三隻腳並非巧合；這是確保桌子不會晃動的最簡單造型。）

我們可能會吃驚地發現，羅馬人是第一批想出對我們而言應該是現代發明的點子的人，舉如，折疊桌或靠牆站立的半圓形桌。

但，另一方面，羅馬的椅子就沒那麼新奇了。它們一點也不舒適。羅馬人完全不懂我們今日常在沙發和扶手椅中所使用的填

註1 托雷安農齊亞塔（Torre Annunziata）：義大利南部那不勒斯省的一個城市。
註2 尼祿（Nero, 37~68）：在位期間西元五四至六八年，羅馬暴君。

充技術，他們試圖以坐墊來彌補這項缺失。坐墊真的到處都是：在床上、躺椅上和椅子上。

　　在這棟多穆斯裡，在角落看到衣櫃似乎再正常不過，但事實上，它是古老世界的新近發明。羅馬人是第一個使用衣櫃的人。希臘人和伊特拉斯坎人註3並不懂得使用衣櫃。儘管如此，奇怪的是，羅馬人的使用方式與我們不同，他們並不拿它來裝衣服。反之，他們用這類櫃子來儲藏精美或貴重的物品，比如酒杯和高腳杯、梳妝用具、墨水池或秤。

　　衣服和亞麻床單則置放在一種叫做arcae vestiariae的特別櫃子裡，與現代的長椅櫃非常類似。櫃腳雕刻成小獅爪，蓋子從上頭打開。這種家具將被使用數世紀，延續到整個中古時期和文藝復興時期。

　　想當然爾，富有人家家中的室內裝潢總是使用大量的簾幕和帷幔。它們為房間阻擋太陽和強風，創造出冬暖夏涼的效果，並能與灰塵、蒼蠅和偷窺的眼神保持安全距離。在這方面，考古學家最近在位於現今土耳其的羅馬城市艾費蘇斯註4的多穆斯廢墟之間有一些有趣的發現，這城市遭地震毀損，掩埋了數世紀之久。考古學家在挖掘過程中發現大量的羅馬小裝潢飾品。在圍繞著花園或這棟貴族豪宅內院的柱廊裡，仍依稀可見青銅桿裝置的殘餘部分，它們之前是用來支撐柱子之間所掛的簾幕。事實上，柱廊可以用一道簾幕封閉起來，創造出一處涼爽陰暗的門廊，居民在艾費蘇斯的酷暑中可以在此漫步。在門框上面有更多的青銅桿，證實簾幕也可以用來擋住通道，在今日的地中海國家的酒吧和商

註3　伊特拉斯坎人（Etruscans）：位於現今義大利托斯卡尼地區的古文明。
註4　艾費蘇斯（Ephesus）：位於小亞細亞西岸。

店也可以見到類似的景象。（我們不能排除某些羅馬簾幕就像我們所使用的簾幕一樣，也是用彩色布條和打了數百個小結的長繩製成。）

我們必須補充的是，羅馬的多穆斯也常常裝飾著非常精美的掛毯、席子，甚至地毯，這是從中東傳至羅馬的時尚。

銀器、保險箱和古董

富豪宅邸的某些裝飾品是用來作為地位的象徵。舉如大理石半身像和雕像，以及放在明顯處展示的銀杯、碗和其他物品。一整套的銀水罐和高腳杯則放置在特別展示桌或餐具櫃上展示，好讓客人或門客好好讚嘆欣賞。

買不起銀器的人就展示青銅器、玻璃，或珍貴的陶瓷。但遇上重要場合，一定要展示點什麼；這是社會習俗。事實上，這個習俗也流傳到我們的時代，在客廳裡以玻璃門餐具櫃展示「精美餐具」仍然是廣泛被接受的作法。

富裕人家的另一個象徵物品是保險櫃。我們想盡辦法把保險櫃藏在家裡，羅馬人則恰恰相反。保險櫃往往放置在大家都能駐足觀賞的明顯地點，比如前廳。

那是富貴和財富的明確象徵。想當然爾，它被牢牢固定在地板或牆壁旁，甚至還有一位相當於管家的奴隸，他就像保全人員，指揮著進出前廳的人們的動線，尤其是在訪客前來和屋主洽談生意，或是舉行派對和晚宴的夜晚。

保險箱說來也不真是個保險箱；它比較像個大櫃子，外面固定著螺栓和鐵條。但想打開它可得大費周章，這個精巧的程序值得讓詹姆士‧龐德來大顯身手：拉開青銅假頭，推開桿樞，

或轉動圓環。一旦打開它後，裡面又有什麼寶物呢？當然是這個人家最貴重的金器和銀器，還有重要文件，比如遺囑、合約和房契 —— 全部寫在木頭寫字板或紙莎草卷軸上，上面不可或缺的有以主人的徽章戒指蓋出的印章。

　　這裡要介紹一個奇聞。即使在古代，羅馬人便已熱中於收集過去的古董、文物和傑作，並放在家中展示。但，既然我們現在正處於古典時代的中期，什麼樣的文物才可以被視為古董呢？考古學家已經提供我們答案。羅馬廢墟的挖掘顯示羅馬人將伊特拉斯坎小雕像、鏡子和高腳杯視為珍貴的古董。考古學家亦發現來自古埃及的文物。說實在話，對在圖雷真治下的羅馬人而言，古埃及文明是真的被視為「古董」。比如，法老拉美西斯二世[註5]是活在圖雷真時代一千四百年前的人物！這段時間間隔幾乎與我們和我們現在所在討論的羅馬時代相當。

公寓大樓的源頭

　　在此提出最後一項觀察。我們剛拜訪的多穆斯遵循一種典型的樓層平面圖，類似於觀光客在許多考古遺址所能欣賞到的結構，尤其是在龐貝。但在一個像羅馬的城市裡，都會的過度發展使得空間的需求增高，而且，不是所有的多穆斯都有足夠的空間採納典型格局。考古學家在羅馬的古老港口奧斯蒂亞古城[註6]有些驚人的發現，在那裡的房舍（建造於圖雷真時代執行都市重新開發計畫之時，也就是我們所探索的年代）仍舊清晰可見，反之，

註5　拉美西斯二世（Ramses II, 1303 BC~1213 BC）：在位期間西元前一二七九至西元前一二一三年。統治時擴張埃及版圖，興建神廟，死後埃及開始走下坡。
註6　奧斯蒂亞古城（Ostia Antica）：位於羅馬西方的古老港口。

在羅馬，所有事物如今已被數世紀以來的新建築重重掩埋。

在奧斯蒂亞古城可以看到許多「簡略」的多穆斯，也就是說，沒有前廳，那個收集雨水的承雨池的大房間。長期缺乏空間和城市水管的存在（以及房舍裡不再需要用到井），往往使得屋主刪減前廳這個部分。

在其他地方，如龐貝，多穆斯常包含有著獨立入口的三樓。顯然富裕家庭並不會因為讓房客住在上方樓層而忐忑不安。也許他們會因此喪失一些隱私，但好處是這會帶來豐厚的租金收入。

到了某個時刻，富裕人家不再居住在這類房舍裡，反而是中下階層的居民紛紛搬入。換句話說，城市生活在幾代之前便使得都會住宅展開基本演變，導致越來越高的建築出現，更多家庭住進更為獨立的公寓，結果便產生了名符其實的公寓大樓。

而今日我們當中許多人所住的公寓建築，正源自於二千年前發生在羅馬和其他帝國主要城市裡的這種轉變。

0 6 : 3 0
主人起床

　　在多穆斯的臥室外面，我們可以聽見主人沉沉的打鼾聲。我們慢慢打開房門，一道光線射入房間照到一張床上，床則位於凹入牆面中的壁龕內。主人睡在床上，裹著刺繡精美的毛毯，毛毯上有紫色、藍色和黃色條紋，垂掛到地板上，形成華麗的皺摺。

　　床的尺寸讓我們大吃一驚。依循傳統，床非常高，你甚至需要使用一只凳子才能爬上床。我們可以瞥見幾乎掩埋在床單下的凳子，上面放著涼鞋，主人在滑進被單前在此將涼鞋脫下。

　　這張床有著老式的三段式床頭板，讓我們聯想到一張沙發。木製床腿雕刻精細，裝飾著鑲嵌的象牙和鍍金的青銅片。床的邊角裝飾著貓和薩梯[註1]的頭部，斜照的陽光將它們襯映得栩栩如生。沒有彈簧；床墊就放置在形成床架的皮帶上。羅馬人的床絕對沒有我們的舒適。

　　但羅馬人的床墊是以何種材質製成？就我們今天所了解的是，某些床墊裡塞著麥稈。其他床，比如像這張床，則塞著羊毛。

　　當然還是有些例外，像在赫爾克拉尼恩[註2]出土，奇蹟般保存得完好無缺的嬰兒床，裡面仍有在維蘇威火山爆發中喪命的嬰兒

註1　薩梯（satyrs）：半人半獸的森林之神，性好漁色。
註2　赫爾克拉尼恩（Herculaneum）：古羅馬人的度假勝地，公元七九年因火山爆發而被夷為平地。

骨骸。床墊裡塞滿樹葉（樹葉或許能維護嬰兒的健康，或是可以驅走寄生蟲）。

　　主人單獨睡在他的房間內。他的妻子在哪？在我們的社會裡，丈夫與妻子習慣共睡一床。但在羅馬時代則並非總是如此。事實上，雖然新婚夫婦通常睡在雙人床上，但富裕夫妻分睡兩房才算品味高尚。因此，主人的妻子（也就是女主人）睡在她自己的臥室裡。

　　起床時間到了。羅馬人很早起床，在曙光乍現時便醒轉，但也遵循著太陽的自然節奏，睡得很早。好幾個世紀以來都將是如此，我們才是例外。

　　主人最信任的奴隸小心翼翼、輕輕地將主人喚醒。幾分鐘後，主人離開臥室，還有點睡眼惺忪。他身材高大結實，有著花白的頭髮和藍色的眼眸。他出眾的鼻子強調出他臉部的高貴氣質。

　　他裹上品味高尚的藍色袍子，慢慢走近一個靠牆而建的小型木製建築。它看起來像個小神廟，兩根柱子支撐著一座三角形山牆。這裡的確是房舍裡的聖地：它是家神的神龕。它供奉家神，也就是保護這個家庭的神靈。「神廟」中央的兩座小雕像便是家神的化身。祂們看起來像一對正在跳舞的長髮年輕人。在祂們旁邊還有兩座神祇的雕像，墨丘利和維納斯。奴隸遞給主人一個小盤子，裡面裝著供品。主人姿態莊嚴地向前移動，嘴裡背誦著禱詞，將供品放在神龕裡小雕像前的高腳杯中，然後焚燒些香油。

　　羅馬人每個早晨都以這個儀式展開一天。其他數千個房舍裡也正舉行著這個儀式。永遠不要低估這些小神像的力量。祂們負責照顧羅馬家庭的種種問題。這儀式就相當於抵擋盜賊、火災，或預防家庭成員發生不幸的保險措施。

07:00
羅馬式穿著

　　該是穿衣服的時候了。羅馬人都穿些什麼衣服？我們常在電影和電視劇中看見他們裹著色彩繽紛、長被單似的長袍。但他們總是這樣穿嗎？的確，第一眼望去時，這些衣服看起來很不舒適；裹著它不好走動，根本不可能快跑、爬樓梯，甚至坐下來時衣服都會糾纏在一起。實際上，它們卻很舒適，甚至在現代還有人這樣穿。如果去印度和某些亞洲或阿拉伯國家，你可以看見與羅馬人穿著相去不遠的傳統穿著，基本上是長袍、短袖長衣、披風和涼鞋。這不過是習慣問題。

　　我們就從內衣開始吧。羅馬人穿內褲嗎？答案是，是的。實際上，他們穿的不真是內褲，而是一種由羊毛製成的腰帶，稱之為纏腰布，它裹著私密部位，在腰部繫緊。

　　知道它並不是人們一早穿上的第一件衣物，可能會使你相當吃驚。事實上，羅馬人通常不會在上床前脫個精光，他們是半裸著入睡的。他們脫下披風，將它丟在椅子上（或將它當成被單），然後穿著纏腰布和短袖長衣爬進床單下，短袖長衣在晚上便權充睡衣。對我們而言，這聽起來可能很不衛生，但這習慣在鄉村延續到十九世紀。只有一點不同：羅馬人非常愛乾淨，因為他們每天都上澡堂。因此，在睡前幾個小時，他們會將身體洗得乾乾淨

淨。唯一的問題在於他們的衣服仍舊是髒的。

　　羅馬式時尚的基本要素是著名的短袖長衣。有個方法可以幫助你了解它的實穿性。想像套上一件長至膝蓋的T恤（我們就說是特特特大號吧），然後再在腰際綁上一條皮帶。儘管有些許不同，短袖長衣大概就是如此。我們仍然繼續使用（尤其是在夏季）誕生於古代的衣著方式，倒讓我們很訝異。我們只是用別的名詞稱呼它：T恤。

　　想當然爾，短袖長衣的製作材質有所不同。我們使用棉花，羅馬人則大部分使用亞麻或羊毛。亞麻不經染色便擁有強烈的米黃色調；若染上污跡和灰塵很不容易看得出來。

　　大體上說來，亞麻在埃及生產和編織成布，然後外銷到帝國的其餘地區。因此羅馬人就像我們多數人一樣，穿著在遙遠國家製造的衣物，原因是羅馬人在地中海盆地開疆闢土，因而帶來史上第一個大規模的「全球化」現象。我們對這個主題還會有更多的探討，尤其是稍後我們探訪帝國首都的市場的時候。

　　短袖長衣適合任何場合。它們可以作為睡衣、長袍下的內衣，或較低階級者的正式服裝。一個窮人只要套上短袖長衣和涼鞋，就可以大大方方地走出房子。但對有錢人來說就不是如此了，因為在離開房子前，他們還得穿上對所有羅馬市民來說最重要的衣物，那就是長袍。

　　我們可以將長袍界定為那時代的西裝外套和領帶，長袍的功能是用來製造良好深刻的大眾印象，特別是在重要場合。

　　長袍從古代開始便為人使用，並且歷經了確實的演變。剛開始時，長袍的尺寸很小，後來越變越大。在地板上將它（由羊毛或亞麻製成）攤開時，它的形狀是半圓形，直徑達五・五公尺！

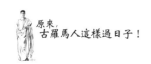

　　因此，需要奴隸幫忙才能穿好長袍也就不足為奇了。我們參觀的多穆斯裡，正進行著這件事。這正好讓我們有機會目睹羅馬人是如何穿上長袍。

　　主人直挺挺地站立著，文風不動，眼神凝望向前方。奴隸將毛毯般的長袍披在他的雙肩上，同時留意布料不會左右等長，而是只把其中一端的布留得老長，一路懸掛到地板上。他非常靈巧地提起尾端部分，從一邊腋下穿過，然後繞胸而過，蓋到脖子上，模樣宛如斜繫肩上的子彈帶。再來，他把它當作圍巾般，在脖子上繞一大圈，在鎖骨下方用別針固定住。但這還沒結束。尾端的長布仍舊很長，奴隸得把它再繞著身體纏一圈，然後將它塞進前面的層次裡。最後，奴隸往後站一步，審視整體效果。他很滿意。他的主人相當高雅，那些皺摺尤其賦予他全身高貴的氣質。一隻手臂是空著的，另一隻手臂則被布料半掩著，主人得不斷稍微舉高手臂，確保長袍不會因掉在地上而弄髒。剛開始時是有點不便，但你很容易便能習慣。

　　長袍的確是羅馬文化和文明的象徵。只有羅馬公民才能穿著長袍，外國人、奴隸或被解放的奴隸都不能穿上。長袍就像制服一樣，遵循一種確實的社會準則。長袍依穿者身分和穿著目的，而有各式不同的名稱。比如，鑲紫邊的白色長袍象徵穿者受到保護，只有元老院的元老和十四或十六歲以下的年輕男孩才能穿上。等成長到那個歲數，男孩便會在一場重要的儀式中脫下保護他們的長袍。這個成長儀式象徵青春期的結束。從這一刻開始，男孩正式成為男人，也就是說，能上戰場殺敵並參與公共生活。

　　那褲子呢？你不常看到它們。褲子實際上並非羅馬和地中海的穿著。在圖雷真時代，只有軍團士兵會穿著褲子。但他們所穿

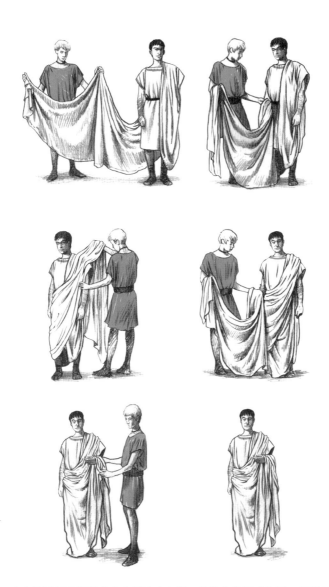

圖1　富有的羅馬人絕對會套上長袍才出門。長袍非常長（有五‧五公尺長），因此常常需要奴隸幫忙才能穿上。仔細疊成的皺摺才能散發高雅貴氣。

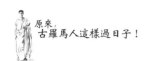

的褲子很短，只稍微超過膝蓋，而且緊身。實際上，褲子是存在的，但只有羅馬的敵人，那些發明褲子的「野蠻人」才穿。他們是北方的塞爾特人註和日耳曼民族，以及東方，即現今伊朗的波斯人。但這情形並未持續太久。再一百五十年後，褲子將征服羅馬，因為它們很實用。褲子並將成為羅馬時尚不可或缺的一部分。

現在，主人坐了下來，奴隸正在他腳丫上套上鞋子。奇怪的是，羅馬人不穿襪子（除了在帝國的北部疆域，嚴苛的氣候使人們必須保護他們的腳丫），所以脫下鞋子時，他們是光著腳丫的。

鞋子有許多種：包起來的是短靴，敞開著的是涼鞋，有些有很多皮條，或鞋底有著許多細小的「防滑釘」，以提供更好的摩擦力（這些就是軍團士兵所穿著的著名釘鞋），如此等等。

在羅馬的生活中，無後跟軟皮鞋無疑是許多富有羅馬人的最愛，但他們通常不會在家裡穿著這種鞋。你知道為什麼嗎？因為在進入房舍時脫掉腳上的鞋子，才是良好的禮數。因此，在多穆斯裡，人們就穿著簡單的皮底或軟木底涼鞋。出外去拜訪朋友時，他們也隨身帶著自己的涼鞋，因為，他們朋友家裡顯然也遵循著相同的規矩……

註　塞爾特人（Celtic）：指西歐的不列顛族和蓋爾族。

07:10
女性時尚

　　與現代相反的是，在古羅馬，男性與女性的穿著相當類似。女性也穿著類似短袖長衣的衣物，只是斯托拉長至腳丫。它們看起來絕對更為優雅飄逸，與希臘的寬大長袍有幾分神似。它們的特點在於斯托拉以不只一條，而是兩條皮帶繫緊。除了腰際間的皮帶外，胸部下方也有一條皮帶，用來強調胸型和豐滿的程度。

　　理論上，羅馬婦女也能穿著長袍，但你很少看到婦女這樣打扮。事實上，女性穿著長袍有兩個意思：被判了通姦罪，或是身為妓女。因此，女性會在短袖長衣或斯托拉上再罩上一件垂掛到膝蓋，有著高雅皺摺的長方形長圍巾。這種圍巾被稱做帕拉（palla），由於它非常大，女人走在街上時常用它將頭罩住。好好想想這點 —— 這是個你看過很多次，卻從沒有真正注意到的習慣。在對基督的一生所做的各種美學呈現中，從電影到宗教繪畫，從馬槽場景到釘上十字架，聖母馬利亞和其他女人通常都用這類圍巾蓋住頭部。

　　和男性服飾相反的是，女性服飾更為色彩繽紛，而且總是刺繡精美。女性的衣著鮮豔，因此即使是在擁擠的街道上，女性也會馬上吸引眾人的目光。有時，女性也會因她們穿著的鞋子而引起注意，鞋子通常是白色，比男性的要高雅精緻。

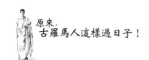

　　說到羅馬女性的內衣則有個有趣的現象。她們在斯托拉下穿著什麼？她們穿著一種布料相當稀少的內衣，類似於男性的纏腰布，但更為高雅。她們也穿著胸罩，一種柔軟的布製或皮革製束帶。它們的名字千變萬化，但基本功能是一樣的：是用來支撐和托高胸部。在奧維德[註1]的著作中，他建議女人如果胸部發育不夠豐滿的話，不妨在束帶裡塞些東西。

　　考古學家已發現許多這類胸罩的繪畫，比如在龐貝妓院裡的著名色情繪畫。但最令人印象深刻的是位在西西里的亞美林娜廣場（Piazza Amerina），卡薩勒（Casale）羅馬別墅裡的馬賽克。那幅馬賽克鑲嵌展示著的幾位女孩穿著相當令人吃驚的兩件式現代泳裝。羅馬女性在游泳池裡泡水或做體操運動時便是如此穿著。毫無疑問地，比基尼是項羅馬發明。而你在羅馬大街小巷內所會碰到的女性，她們的衣物通常由亞麻或羊毛製成。但有錢的貴婦仍有其他非常特殊的選擇：精良的棉花或絲綢。兩者都成為真正的地位象徵，在特殊場合中拿來炫耀。

　　眾所皆知，中國人長期以來壟斷了絲綢所，保守著絲綢是來自桑蠶的祕密。多虧商隊橫越蒙古草原、亞洲沙漠，最後終於完成諸如抵達地中海等不可思議的長途旅程，絲綢才能運抵羅馬。因此絲綢的價格非常昂貴，許多貴族揮金若土，大肆買絲綢來穿，或用來裝飾他們的房子。事實上，由於這類情況過於普遍，不只一位皇帝曾經徒勞地試圖立法來規範絲綢貿易，以防止過多的錢流入羅馬宿敵波斯人的口袋；絲綢商隊得經過波斯人在伊拉克和伊朗間的領地。但這些努力全都徒勞無功。實際上，羅馬人

註1　奧維德（Ovid, 43 BC ~17 or 18）：羅馬詩人，以《變形記》著名。

圖2　根據羅馬時尚規則，女人穿著稱之為帕拉的偌大長方形圍巾，長度垂掛至膝蓋，形成精緻的皺摺。在大眾場合，她們往往用它蓋住頭部。她的髮型、金飾和高雅的儀態，在在標示著這位貴婦（左）的貴族地位。
　　　　所有的羅馬女人都穿著長的短袖長衣。由這位普通婦女（右）的打扮即可看出，它們輕柔，色彩鮮豔，長度及地，胸部下方所繫的皮帶則強調出身體的曲線。

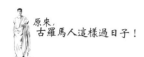
後來發現了絲綢的祕密，便將桑蠶進口到君士坦丁堡。但這已經太遲了。此時，羅馬和西羅馬帝國已經在蠻族的入侵下衰亡。而從新的絲綢製造術中得到好處的是東羅馬帝國，也就是由查士丁尼大帝註2所統治、新近誕生的拜占庭。

註2　查士丁尼大帝（Justinian, 483~565）：東羅馬帝國皇帝，在位期間西元五二七至五六五年。統治時期被視為歷史上由東羅馬帝國轉變為拜占庭帝國的重要過渡期。

07:15
精心打扮的羅馬男人

　　當一天開展時，我們再次發現另一項羅馬家居生活的古怪現象：幾乎沒有人在早晨洗澡。他們最多只從奴隸端著的臉盆裡洗洗臉，目的也只是要讓他們自己趕快醒過來。更有甚者，羅馬人還不會用肥皂（sapo 這個字指的是種染料！）

　　如果更仔細觀察羅馬房舍，我們也會發現屋子裡沒有浴室（浴室尚未發明），澡缸則相當稀有。但，就我們所知，羅馬人在古代世界中比任何社會都還要重視衛生。直到現代，人類才達到可與羅馬相比擬的洗澡用水標準。這怎麼可能呢？我們也許已經猜到，解釋這項矛盾現象的答案在於，羅馬的浴室位於房舍之外，就在離街道幾個街區遠處，也就是：公共浴場。人們在這裡盡情地洗澡，在這裡按摩，和得到其他讓身體放鬆的方式。但這些通常是在午餐後進行。沒有人在早上洗澡。

　　的確，有些富裕人家在房子裡有私人的小澡堂，但這只局限於一小撮菁英分子，我們的主人並不屬於這個菁英階級。他的房子裡沒有私人浴室，而我們將會看到，他待會也會到公共浴場洗澡。

　　現在，他正坐在放著坐墊的舒適椅子上，一位奴隸正用鋒利的刮鬍刀刮鬍子。這位奴隸是個家庭理髮師，只有有錢人才雇

用得起。刮鬍子很痛。當時還沒有刮鬍霜，雙刃刮鬍刀也是。理髮師只用水和半月形的刮鬍刀，後者以青銅或熟鐵製成，在簡單的磨子上磨利。但這還只是被主人視為真正折磨的開端而已：奴隸刮完鬍子後，會用鑷子一根根拔出主人眉毛旁邊和頸部周遭的「多餘」毛髮。

我們也許會驚訝於男人肯接受這類瑣碎的裝扮儀式。但羅馬人真的花很多心思在儀容的打扮上。比如，男性使用有機身體除毛蠟（也用來刮鬍子）的情形相當普遍。我們從歷史學家蘇埃托尼烏斯[註1]得知，凱撒大帝熱中於除毛，而奧古斯都[註2]為了讓自己的腿長出更柔軟的毛，習慣拿燙得嚇人的胡桃殼摩擦雙腿。

甚至早在這個時代，頂上的毛髮就已經是許多男人最煩惱的問題了。當他們的頭髮開始變白時，許多男人將它染成黑色。而對某些男人而言，開始禿頭可是令人難以承受的悲劇。好在坊間有許多種偏方。

第一個方式是將頭髮梳過來，掩蓋日益稀少的區域。比如，凱撒大帝便將他的頭髮往前梳，以遮蓋明顯的禿頭地帶。

當事態越來越嚴重，只有薄薄幾綹頭髮可以覆蓋看似光禿的頭部時，許多男人會將燈黑染料塗抹在頭上，讓人從遠處看來以為他們仍有著　頭黑髮。

當頭髮最後掉光時，最不服輸的受害者便求助於髮套、髮片和假髮，它們在那時代已經存在，並有不同的顏色。

就像今天一樣，承諾能夠奇蹟般再生新髮的偏方到處可見，儘管顯而易見地，它們毫無效果。

註1　蘇埃托尼烏斯（Suetonius, 69~75 or 120）：羅馬歷史學家。
註2　奧古斯都（Augustus, 63 BC~14）：西元前二七年即位，被視為羅馬帝國第一位皇帝。

07:30
兩千年前的美容祕訣

　　在「酷刑室」內，每拔一根毛髮，主人便發出一聲用力壓抑的慘叫。傳來的一古怪尖叫聲，讓兩個奴隸的臉上閃過一抹微笑，整個發亮，但他們馬上掩藏起笑意。他們將腰彎得更低，更用力刷洗地板，以隱藏他們的忍俊不禁。他們看起來很像兩個正在刷洗船上甲板的水手，但事實上，他們正用一小塊浮石擦拭一塊美麗的馬賽克。這是讓這些石製傑作保持乾淨和閃閃發光的最佳方式。

　　現在，早上的活動已經熱鬧滾滾。特別是在一個房間內，女僕們不斷來來去去，她們都是奴隸。這是主人的妻子，女主人的房間。一個奴隸拉開簾幕，於是，一個非常特殊的場面在我們眼前展開：三名女僕正在女主人臉上塗抹著化妝品。

　　她正坐在一把高背的柳條扶手椅上。化妝過程正進行到最細膩處。一個奴隸正用炭筆「強調」女主人的眼睫毛。她將藉助些許的灰來做出暈染效果。她小心翼翼地上妝。在她對面，另一名奴隸高舉著一面青銅鏡子，好讓女主人可以緊盯著化妝的每一步驟。你得在手術室裡才能感受到相同的緊張氣氛。

　　我們環顧一下房間。在一側，一個打開的化妝箱端放在有小獅腳的桌子上。這個精緻的木盒上裝飾著雕刻的象牙鑲嵌裝飾。

我們瞥見化妝箱裡有乳霜、香水和油膏，裝在以玻璃、陶土和雪花石膏製成的小罐裡。我們也注意到兩把以相當精美的骨頭製成的梳子、鑷子，以及一些用來塗抹乳霜和面膜的小銀刷。在化妝箱四周則散布著裝有各式化妝品的罐子，它們都是打開的。

化妝的動作和工具實際上與我們今日所知的非常相近：強調眼睫毛，眼瞼上塗抹著眼影等等。儘管如此，所用原料卻有些差異。比如，用在眼睛上的原料特別值得我們注意。眼圈粉在當時已經存在，但為了凸顯眼部輪廓，羅馬女性也會使用烏賊墨水、銻，或從烤過的椰棗所提煉出來的燈黑。就拿我們的女主人為例，奴隸女孩所使用的其他原料著實使我們大吃一驚。桌上放著一片用來當小盤子的貝殼，裡面仍然有些黑色的糊狀物。而這糊狀物的主要原料竟然是烤螞蟻！

現在，化妝師正要進行最後的修飾：她正要為女主人的嘴唇塗上顏色。根據奧維德的史料，羅馬貴婦可選擇的顏色範圍很廣，但她們最喜愛的顏色就跟現代人一樣，是鮮紅色。唇膏是以鉛丹（紅鉛）或朱砂（紅硫化汞）製成，不幸的是，兩樣材料都有毒。

現在，女主人抿抿嘴唇，凝視著鏡中倒影。她的眼神明亮，肌膚煥發光澤。做得很好；她稱許地對著一位奴隸女孩點點頭，女孩則害羞地低下頭。

事實上，我們只看到早晨化妝的最後一個步驟。如果再早個幾分鐘踏入房間，我們將會看到一種特殊粉底的準備方式。

目的雖然簡單，卻很棘手：要讓年近四十的女主人（這在當時可是高齡）看起來更年輕。但要怎麼辦到呢？奴隸女孩準備了一層薄薄的蜂蜜，再加入一些油脂和一點鉛白，鉛白能讓皮膚看

起來更加閃耀動人。為了讓女主人的臉龐看起來更加年輕紅潤，她在粉底裡加了一點紅色顏料。然後，在女主人臉上輕輕塗抹一層粉底後，她將一點赤鐵礦粉塗在雙頰上，讓皮膚明亮，閃閃動人。

　　富裕羅馬女性的早晨化妝程序相當繁複，不亞於準備一份精緻佳餚。

　　有時甚至連身體的其餘部分都會塗上色彩：腳底和手掌塗上紅色，乳頭塗上金粉。當然，這些人顯然負擔得起昂貴的化妝品。

　　最後，這儀式最特別令人吃驚的步驟在於畫痣。早在羅馬時期，女性便依照精確的規則在臉上畫上假痣：不同位置（嘴角、臉頰等等）的痣則傳達不同意涵。

美容面膜

　　在我們繼續探索前，值得在此為美容面膜和皮膚乳霜寫一小段專文。它們在羅馬時代非常盛行，而好幾位作家，從奧維德、加倫[1]到老普林尼[2]都曾大力推薦。它們的種類繁多，且其原料和所能帶來的益處，特別是對那些有皮膚問題的女性而言，更是令人吃驚。比如：母牛胎盤被用來治療皮潰瘍；公牛膽汁用來治療斑點（兵豆則用來去除其他部分皮膚上的斑點）；奶油可以治療肉瘤；水仙花球莖可當作軟化劑和美白聖品；小蘇打用來治療割傷；甜瓜根和蒔蘿可當做美白藥物；小牛生殖器的萃取物則被推薦來治療皮炎……

註1　加倫（Galen, 129~199 or 217）：羅馬哲學家。
註2　老普林尼（Pliny the Elder, 23~79）：羅馬作家和自然哲學家。

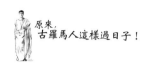
像埃及人的髮型

女主人最信任的女僕拍拍雙手。負責化妝的女孩離開房間，換另兩位女孩進入房間。她們要替女主人做頭髮。其中一位女僕負責管理她的假髮，她急忙走到一個小櫃子前，拿出三頂假髮，並將它們放在桌上。每個顏色都不同：金色、紅色和黑色。

我們無需對羅馬時代已有使用假髮一事感到吃驚。實際上，當時的女性非常流行用假髮。它們以真髮製成；紅和金色假髮來自日耳曼，黑色則來自中東和印度。假髮是奢侈品，因為購買時得付出高額的關稅。

女主人選了紅色假髮；她將會在今晚的晚宴上戴上它。奴隸在接下來數小時的工作便是整理假髮，確保它會在晚宴時處於最佳狀態。考量到它的龐大和必須整理的鬃髮眾多，這並非件輕鬆的差事。

女主人不會在白天戴上假髮，而是頂著她真正的頭髮，因此必須加以梳理和造型。這就是為什麼她將第二個女孩 —— 梳頭女僕叫進來的原因。她帶來一整套的象牙梳子、髮針、緞帶和夾髮用的夾子。她有很繁重的工作要做，從將女主人的頭髮弄捲開始。由於女主人的頭髮相當直，因此，她會使用一項直到今日仍在使用的技術。她叫另一位奴隸將一小只火盆端進來，裡面的木炭已經燒得滾燙。她用木炭將兩個中空的鐵棒加熱，然後用鐵棒將女主人的頭髮弄捲。

我們必須指出，在圖雷真治下，女人的髮型時尚達到令人讚嘆的繁複程度，而這是逐漸演變出來的結果。

你得想像與我們的時尚趨勢相類似的事物；根據時代的不同，髮型有著巨大的變化。通常引進新髮型的是第一夫人，也就

是，皇帝的妻子，或皇帝家族裡的女性成員。在帝國境內，所有女性在看見展示於公眾場所的權勢女性雕像，或雕刻在貨幣上的臉龐後，都會試圖群起仿效。羅馬世界的偉大「時尚設計師」其實是那些權重位高的女人。

因此，隨著朝代勢力更迭，髮型越變越複雜。比如，奧古斯都的姊姊奧塔薇雅註3創造了一種所謂的「奧塔薇雅髮型」。這髮型的樣式是太陽穴周遭蓄著濃密的鬢髮，前額也留下幾綹小鬢髮，然後用這幾綹鬢髮後頭的頭髮編成一條辮子，往頭頂盤成雞冠狀，最後與梳在後頸上的髮髻（由許多條辮子盤成的）連接起來。

圖3　在這時代，女性的髮型已經演變到相當誇張的地步。有些是如此氣勢不凡和高聳（左），讓人聯想到教皇的三重冠。
　　　貴婦的髮型相當複雜：辮子盤起的髮髻和前額高聳的雞冠是由進口髮片製成。說到髮型的流行，通常是由皇帝的妻子引領風騷（右）。

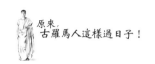

如果你認為這個髮型過於複雜，你該看看後來在尼祿時代所梳的髮型，或甚至在弗拉維王朝註4時期（韋斯巴薩註5、提圖斯註6和圖密善註7）那些令人嘆為觀止的頭髮造型。

女性臉龐被一圈鬈髮圍繞的髮型蔚為時尚。人們開始追求更為誇張的效果。女性自身的頭髮不再足夠做這類造型，因此她們求助於髮片，將它們層層堆疊起來，活像劇院裡成排的座位。這些髮片堆得如此之高，讓女人的頭髮看起來像座巨大的鬈髮噴泉。這些髮型相當驚世駭俗，類似文藝復興和巴洛克時代的流行風格，並在頸後用辮子盤成髮髻。我們輕易便可想像，負責頭髮造型的女奴就如同一位得烤出結婚蛋糕的糕點師傅，每次梳理女主人頭髮時都必須投注的大量時間。

根據資料顯示，這些巨大驚人的髮型似乎多半為矮個子女性採用，以增加身高。而我們將在後面討論，羅馬時代的女性一般來說並不高。

在這個我們所描述的時代裡，富裕羅馬女性的髮型抵達演變的最高峰，呈現前所未有的形狀和高度。她們創造出一種張開於雙耳間的垂直扇形髮型，以看起來像耳環的優雅鬈髮作為收尾。有些女人看起來像是在頭上頂了個椅背。另外，有些女人的髮型是如此氣勢不凡和高聳，讓人聯想到教皇的三重冠。為此新風尚

註3　奧塔薇雅（Octavia, 69 BC~11）：羅馬歷史中最有名的女性之一。

註4　弗拉維王朝（Flavians, 69~96）：上接四帝內亂期，下啟安敦尼王朝，王朝由韋帕薌開創，結束於圖密善，共計三位皇帝。

註5　韋斯巴薩（Vespasian, 9~79）：在位期間西元六〇至七九年。羅馬皇帝，在位時整頓財政，加強軍事化管理。

註6　提圖斯（Titus, 41~81）：在位期間西元七九至八一年。羅馬皇帝，曾鎮壓猶太人。

註7　圖密善（Domitian, 51~96）：在位期間八一至九六年。羅馬皇帝，施行恐怖統治，最後遭到謀殺。

推波助瀾的是圖雷真的妻子普洛蒂娜。因此這風格被稱做「普洛蒂娜髮型」。

我們就此打住。但你要知道，這只是羅馬髮型演變中的一個時期。在後來的世代裡，著名的新髮型將會出現，比如，「甜瓜」、「烏龜」和「榆木」髮型。

最後要提一件奇聞。羅馬女性顯然很喜歡染髮；特殊的混合染料使她們能擁有金髮和紅髮。為了擁有烏黑的秀髮，你必須混合羊脂和銻。當時也有藍色和黃色染料，但通常是妓女或行為不檢的女人才會染這種髮色。長期使用下來，染料顯然會毀損髮質。這是為什麼有色假髮受到如此廣泛採納的緣故，它能讓你每天都能變換新的髮色和不同的髮型。

08:00
羅馬式早餐

　　羅馬人一早起來時都吃些什麼？羅馬早餐相當豐富，卡路里很高；我們今天可能會將它稱之為「美式早餐」。想當然爾，不是所有羅馬人的桌上都堆放著我們將要描述的食物。貧窮家庭只能湊合著吃，而且往往吃不飽。但，另一方面，貴族就有較多樣的選擇。對羅馬人來說，早餐有個精確的名稱：ientaculum。

　　桌上總會有一些葡萄麵包（果子麵包）、麵包、幾碗蜂蜜，以及不可或缺的牛奶。我們不難猜到，這些是可頌、吐司和果醬的前身，我們習慣將它們沾上牛奶和／或咖啡。還不僅如此。桌上還有水果、乳酪、沾酒的麵包，甚至還有肉類。早餐通常包含了昨天的午餐和晚餐剩菜。因此，對羅馬人來說，早餐是一天中的大餐之一，午餐反而吃得較為簡單。

　　但羅馬的早餐桌缺乏兩樣我們典型早餐的基本要素：咖啡和熱可可。羅馬人還不知道它們的存在。實際上，在這時代，野生咖啡仍在衣索比亞自由自在地生長，據傳一直要到數個世紀後，隱士們才會發現在祈禱和漫長的夜間冥想時，咖啡能幫助他們保持清醒。直到中古世紀和文藝復興時期，咖啡才被廣泛飲用，即若如此，那時喝的人主要還是局限在伊斯蘭世界。有很長一段時間，外銷咖啡的港口之一是位在紅海岸的摩卡註，我們不僅常在廚

房裡聽到這兩個字，它也常出現在我們的早餐中。

至於巧克力，則有另一個截然不同的故事。羅馬人還不知道巧克力，是因為可可樹成長於新大陸，而且要到大約一千三百年後，才會被哥倫布發現。在圖雷真時代，中美洲的居民便已經開始喝可可。但他們從可可種子所製造出來的飲料非常苦澀，羅馬人可能不會喜歡（我們可能也不會）。我們還得等好幾個世紀，有人想出將可可與糖混合在一起的點子（有時還加入各種調味品）後，才能喝到現在我們稱之為巧克力的甜品。

富有的羅馬人在吃完早餐後，便準備展開新的一天。通常他們一天的行程中都排滿了會晤和會議。因此，這使他有必要注意到另一個重要的個人衛生問題：牙齒和嘴巴的氣味。

為了確保口氣清新，市面上已經販有含有香氣的錠片了，如果在前一晚大啖了油膩又口味重的晚宴的話，這可會是你的救命仙丹。但說到牙齒保健，方法則比較複雜。

羅馬人很注重他們的牙齒。他們在餐桌上使用牙籤。我們在羅馬貴族晚宴上所看到的牙籤往往是由銀製成，大約是叉子大小。一端長扁而彎曲，用來清潔牙齒。另一端則是湯匙狀 —— 用來挖你的耳垢（而且是在大庭廣眾之下）。

在羅馬時代已經有數種以小蘇打製成的「牙膏」，由奴隸幫忙塗抹在主人的牙齒上。儘管如此，有些人卻喜歡另一種清潔牙齒的方式，但我們會覺得很噁心：用尿沖洗。這方法在西班牙和北非相當廣泛地被採用。

註　摩卡（Mokha）：位於葉門。

08:30
開門！

　　主人最信任的奴隸環顧四望。前廳井然有序，臥室關閉，沒有任何細節出錯。他對著管門的奴隸點點頭，後者也對著他點個頭，走進通往前門的走廊。一小群人已經默默聚集在門外。許多人坐在門旁的兩個磚造長椅上。其他人則靜靜在四周站著。他們是誰？從他們的衣著我們可以猜測出，他們是卑微的平民，來自比主人要低許多的階級。

　　這些人是主人口中的「客人」，但不是我們今天所說的客人。以現代為例，你不妨想像你在某些政治家或名流顯貴的辦公室外的等候室裡所會見到的臉孔。

　　他們前來請求幫助，尋求建議，為某位親戚謀份工作，為朋友尋求支持，或是一個有力的推薦。這之中顯然有些是為主人工作的人或是些小生意人。實際上，有兩位穿著高雅長袍的年輕人似乎是來談生意的，他們刻意獨自站在一側。但在這一小群人中，也有一些非常卑微的人，他們來討一點小錢，好讓日子熬得下去。這算是一種捐獻，主人在他們每次有所求時都不會拒絕他們，他有時會給他們一些銅板，有時則給他們裝滿食物的籃子。這就是所謂的施捨。

　　接見這些有困難的卑微人士對主人來說有何好處？當然，他

可能會要求他們辦些小差事，或為他圓滿完成某些生意。但他真正的目的在於獲得權勢。藉由慷慨行徑，他創造了自己的支持和擁護民眾，成為某些社會關鍵團體或他所屬的社區平民中的重要人物；如果他決定參選，他們會投票給他。

「門客」這個詞能精確界定主人想達到的成果。門客的稠密網絡散布整個城市，構成當時社會結構的重要部分。因為，在羅馬，幾乎每個自由人都隸屬於一種主從關係，有時必須俯首聽命於某位比他更為富有或更有權勢的人，這個人便被稱之為保護人。

每早都重複著這類會面。這是所謂的早晨會晤，人們紛紛來向有權有勢者致敬。前門震動起來，你可以聽見沉重的門閂在青銅圓環裡滑動的聲音。群眾安靜下來，更靠近門口。然後，一側的門打開，露出一張門奴的臉，他凝視著群眾，打量他們的臉龐。他認識所有的人。他往旁一站，幾秒鐘內，這一小群群眾便為入口的黑暗所吞噬。

在前廳內，每個人井然有序地就定位置。然後，他們依序被作為左右手的奴隸叫進保護人的辦公室接見。在他們眼前展開的場景相當令人印象深刻。主人位於房間中央。他坐在看起來像是小寶座的椅子上；它的椅背很高，椅腳雕刻精美，裝飾繁複，一部分為坐墊和簾幕所掩蓋。保護人的腳丫放在椅腳狀似獅爪的腳凳上。你會覺得自己剛進入一座神廟，而你正站在神祇的雕像前。事實上也確實是如此：這個男人非常富有，他是位頗具影響力的貴族，特別是，他是這宅邸中的一家之主。而你現在正在他統治領域的心臟地帶。

主人坐在寶座上瞪著你，下巴抬得老高，強調他的尊貴地

位。這當然會使你覺得不自在。他就是如此開始一天的生活。至於你呢，則可能以清清喉嚨來消除尷尬開始。

在晨霧中飛越羅馬

在宅邸外，羅馬已經開始在似乎不甚真實的氛圍中緩緩甦醒。城市被不尋常的濃稠和冷冽的空氣所包圍。此外，這空氣越來越潮濕，隨著你的每個呼吸深深滲入你的肺臟。也許這是為什麼第一個路人會裹著厚重衣物，在門廊下加快腳步的原因。城市籠罩在濃厚的晨霧中，就像有時在現代羅馬一般。你看不見大道的盡頭，也無法清晰辨識廣場最後方的廊柱。每樣事物似乎都消退入濃霧中。

現在，想像你自己飛離地面，逐漸飛高，終於凌駕在這片霧靄之上。在上方，於距離地面數百公尺處，空氣清新透明，羅馬帝國的首都呈現出一片壯麗景觀。

在你面前無垠的裊裊霧靄中，你所能看見的只有那七座山丘，它們幾乎像是位在洶湧海浪中的島嶼。高大建築物的獨立群體和紀念碑到處矗立，冒出巨大身影。在缺乏陽光的照耀下，它們尖銳、黑暗的輪廓完美地為這一片白茫茫的晨霧凸顯出來。這個永恆之都的整體和其中的所有居民似乎全都消失了。萬神殿的巨大圓頂於全然孤絕中從霧靄中挺立而出，就在它更後頭的地方，你可以看見薩美提克二世法老[註1]的巨大方尖碑，它從埃及的赫利奧波利斯[註2]運來羅馬，為奧古斯都所建立的巨大日晷指引時

間。

與今日相較，古羅馬最大的「污染」是濕氣。事實上，當時的城市受到更多的農地和森林包圍。再者，台伯河氾濫的次數更為頻繁。羅馬城的正中央有許多區域以前曾是湖泊，建蓋圓形競技場的區域也包括在內。即使是在今日，每年到此拜訪、幾乎達四百萬觀光客的腳下，仍有許多的水，有些最深的地道只能以水肺潛水的方式探訪。其他地方的狀況也沒有好到哪去。在今日義大利慶祝共和國誕生，每年六月二日都會舉辦遊行的那條大道僅幾公尺外，成群的螃蟹占據了奧古斯都廣場的溝渠！這些都能幫助我們了解在帝國時期，羅馬的土地和空氣有多潮濕，特別是在城市的低窪地帶。濕氣重帶來數種結果：從（偶爾的）晨霧到（永遠的）蚊蟲滿天和骯髒的空氣。

晨霧似乎只放過羅馬較為重要的區域，允許我們從上空迅速進行一趟帝國首都旅程，在七座山丘間移動。剎那間，太陽光的第一道光芒劃過空氣，以耀眼的光線淹沒羅馬鍍金的紀念碑，讓它們在霧中顯現出璀璨的身影。雖然只維持了一剎那，卻是難以描述地迷人萬狀。在那個短暫時刻，永恆之都某些最具象徵意義的地方沐浴在萬丈光芒中，那些地方是羅馬的起源與其權力所在的中心。

首先被照亮的地方包括卡皮托利尼山。如同閃耀在城市上的一座燈塔，朱庇特神廟閃閃發光，它的形狀讓我們想起雅典的帕德嫩神廟註3。成排的白色列柱在陽光中璀璨動人，山形牆中的鍍

註1　薩美提克二世法老（Psammetichus II, 610 BC ~595 BC）：埃及第二十六朝法老。
註2　赫利奧波利斯（Heliopolis）：又稱太陽城，埃及最古老的城市之一，位於尼羅河三角洲頂端。

金青銅神話人物綻放白熱光芒，彷彿著了火般。這真是驚人的景觀。

再來，在卡皮托利尼山的第二個山巔，另一座神廟大放光芒，這是較小的莫內塔神廟（Juno Moneta，「發出警告的朱諾註4」）。它就位在羅馬鑄幣廠附近，因此人們習慣以「靠近莫內塔神廟」（ad Monetum）這個詞彙來稱呼它。這個形容詞也使得以「莫內塔」指稱錢的習慣興起，現代的義大利文承襲了這個用語，而其他的語言也受到了影響：如西班牙文的moneda，英文的money，和法文的monnaie。

卡皮托利尼山的一側是道陡峭垂直的山坡，看起來幾乎像劃破晨霧的船的船首。許多世紀以來，這道懸崖在羅馬人的日常生活中占有非常重要的角色和意義。它就是塔爾培亞岩（Tarpeian Rock）。從羅馬的最早期開始，犯下叛國罪的市民就是從此處被凌空推下。它是羅馬法律的象徵，更是古老傳統的象徵。

在這個非常特別的早晨，羅馬的其他「海岬」接續被太陽照亮。它們是著名的山丘：奎里納爾（Quirinal），在它旁邊的是維米納爾（Viminal），後者的名字顯然取自古時便成長於此的柳樹。

另一座山丘的山巔宛如鯨魚的背脊般劃破晨霧：那就是埃斯奎利尼（Esquiline），上面有屋頂和壯麗的別墅、美麗的花園和內院。許多重要的羅馬人都住在這裡，如藝術的偉大贊助者麥賽耐特（Mecenate）。在它旁邊的是另一個遠近馳名的住宅區卡埃利安山丘（Caelian Hill）。

最後，再往南邊的一座獨立山丘是阿文蒂尼（Aventine），它

註3　帕德嫩神廟（Parthenon）：供奉雅典娜女神的神廟。
註4　羅馬主神朱庇特之妻，為天后。

一度是平民社區，但後來轉變成歷史上赫赫有名的貴族區，因為庶民在西元前四九四年大舉退出此地。

我們略過了帕拉蒂尼山。它的名聲如雷貫耳，但今天記得它為何重要的人並不多。帕拉蒂尼山上究竟有何特殊之物？

帕拉蒂尼山是皇帝之丘。皇帝居住於此，並從他的皇宮中對帝國發號施令。對古羅馬人而言，如果你想打個比方的話，它就如同羅馬現代的奎里納爾，即義大利共和國的總統官邸所在地，或是華府著名的橢圓形辦公室，亦即白宮所在地。還不只如此。羅馬人還會告訴你，母狼就是在這個山丘的山麓哺育羅慕路斯（Romulus）和雷穆斯（Remus）兩兄弟註5，祂們是永恆之都的創立者。

這顯然是個神話。但考古學家在此發現可追溯自鐵器時代古老茅屋的痕跡，證實這個山丘的確是人們最早在羅馬永久定居的地區之一。今日，在帝國時代的建築物廢墟之間，地面上仍然可見到支撐這些茅屋椿子的椿孔。

簡言之，這座山丘是歷史、傳統和權勢的樞紐。在歐洲、地中海和部分亞洲的歷史上，許多重要的決策從此地發出。但，今日，罕少有觀光客了解它的重要性，並前去參觀此地壯麗宮殿的廢墟。其實，你只需走上滿是觀光客的羅馬廣場旁的階梯，便立刻進入一個美麗、安靜又巨大的自然空間，並且沉浸在植物的洗禮中；這景象肯定就跟皇帝執政時代時看來一模一樣。

而在我們拜訪圖雷真時期的羅馬的旅程中，現在所見的確就是這幅景象。事實上，帕拉蒂尼山宛如堡壘般劃破晨霧。它看起來像另外一座城市。在斜照的曙光中，我們可以辨識出仍在沉

註5　戰神馬爾斯的雙胞胎被扔在台伯河裡，漂流到帕拉蒂尼山下，由母狼哺育，牧羊人撫養長大。他們在長大後建立羅馬。

睡中的宮殿、裡頭黑黝陰暗的內院、好幾層的廊柱、漫長的門廊……我們在沉寂中想像一排排壯麗的長廊，鋪著從帝國各處運來的珍貴大理石，以及我們永遠無緣見到的非凡雕像，因為它們將在隨後數世紀的時光中逐漸消失不見。古羅馬禁衛軍的踏步聲迴盪在柱廊間。宮殿已經準備開始一天的活動。

這裡我想提提一個奇聞。義大利文的palazzo和palazzina（它們在其他語言的對應字是palace、palais，等等）源自於這山丘的名字，拉丁文稱之為Palatium。數世紀以來，在羅馬人的生活中，這山丘與皇帝的奢華住所同義。因此，一個意指輝煌房舍的新名詞便毫不費力地從這個字衍生出來。Palatium便成為所有衍生自拉丁文的語言中代表「宮殿」一詞的字源。

無論如何，在永恆之都的這個清晨前奏中，我們尚未看到其最著名的紀念碑：圓形競技場。它在哪裡？我們看不見它。它半掩在霧靄中，佇立於城市中央地帶裡低窪、潮濕的地區。它的最高樓層穿出濃霧：位在拱廊最上層的閣樓，頂端是個巨大天篷，以兩百四十根巨大的桿子撐出完美的橢圓形。這些桿子用來支撐天篷，天篷則由是許多用來為觀眾遮陽的篷布組合在一起。十幾個奴隸已經在為今天將舉行的表演做最後的收尾工作。我們將會一同觀賞這場表演。想當然爾，格鬥士的比武和許多意外的驚喜將會是表演最精采的部分。

現在，太陽光線在城市上空伸展，晨霧和霧氣無法再阻礙它們。羅馬在我們的眼前開始成形。整個城市帶著它的色彩、聲音和生命逐漸浮現身影。霧靄逐漸散去，彷若劇院簾幕般慢慢開啟，宣示一場擁有一百五十萬演員和臨時演員的戲碼就要登場；他們將演出一一五年在圖雷真治下的羅馬的一天生活。

抱歉，請問幾點了？

　　現在在羅馬是幾點？如果你問街上的人，每個人都會給你不同的答案。根據西尼加[註1]所言，你不可能在羅馬得知確切時間。反之，他還說，讓哲學家之間達成共識，遠比讓人們的手錶得到相同時間還要容易。

　　事實上，羅馬人的計時方式不怎麼精確。最常見的方式是用日晷。它們有各種形狀和大小。羅馬最大的日晷由奧古斯都委派興建，矗立在馬提烏斯廣場（Campus Martius）。它大若廣場（面積是六一乘一六〇公尺），而它的日圭，也就是投影桿，是從埃及城市赫利奧波利斯運回羅馬的方尖碑──這個方尖碑今日屹立在義大利國會前方。兩千年前，方尖碑的影子投射在一個鋪著石灰華板的大廣場上。而從人行道上的青銅刻度線上可以得知鐘點和日期。設計師製作此巨大日晷的目的在於讓和平祭壇（Ara Pacis）的投影與九月的秋分線相疊合；在秋分那天，白晝與夜晚一樣長。事實上，九月二十三日是奧古斯都皇帝的生日。因此，在秋分那天，方尖碑的陰影會投向祭壇，象徵性地結合皇帝、太陽的運行與羅馬的和平[註2]。

註1　西尼加（Seneca, 1~65）：哲學家、劇作家，為尼祿的老師。

　　儘管如此，在圖雷真治下的羅馬，有數不清的「正常」日晷。你可以在公共建築上，在豪宅的內院花園裡，甚至在街道上的人們手腕上看到它。這些直徑稍微超過一英寸的微型刻度盤叫做solaria，相當於我們的懷錶。它們呈凹面，看起來有點像小型蛋杯，一側有個讓陽光穿透的小洞，然後陽光在蝕刻在凹面上的一系列記號和線條上投射出光點，標示出時間。問題是這些日晷只能在羅馬使用，因為上頭的線條和記號是根據羅馬的緯度刻畫。如果你人在不同緯度，它們就毫無用武之地了。因此，帶著它們去旅行毫無用處。

　　另一種計時方式是利用一種特殊的水鐘。水鐘的運作原理同沙漏，由玻璃罐製成，罐裡收集的水來自於上端的一個容器。蝕刻在罐子一側的記號標示著時間，連夜晚和雨天都能正常運作。在圖雷真的時代，你很輕易便能在富有羅馬人的宅邸裡找到水鐘，象徵這戶人家的地位尊貴。某些水鐘甚至可以像咕咕鐘或老爺鐘般「報時」。根據奧古斯都時代的偉大建築師維特魯威註3所言，某些水鐘配備著漂浮物，後者連接著特別的機械裝置，能發出尖銳的哨聲，或是將石頭（或蛋）拋到空中。另一方面，佩特羅尼烏斯註4在他著名的小說《薩蒂利孔》（*Satyricon*）裡描述了一種更為簡單的計時方式。小說中的主角崔瑪西翁（Trimalcione）是個品味庸俗的暴發戶，他的家中以吹號角的方式來報時……

　　這類報時法也並無不可，但羅馬一天中有幾個小時呢？白天

註2　羅馬的和平（pax Romana, 27 BC~180）：羅馬在一、二世紀的和平時期，大約持續二〇七年。
註3　維特魯威（Vitruvius, 80 or 70 BC~15）：羅馬建築師。
註4　佩特羅尼烏斯（Petronius, 27~66）：羅馬作家，《薩蒂利孔》據說是他寫成的詼諧流浪漢小說，成書於一世紀。

71

有十二個小時，晚上也有十二個小時。白天從黎明開始計時，第一個小時、第二個小時，第三個小時等等，直到日落的第十二個小時敲響為止。從那一刻開始是夜晚的十二個小時，直到黎明。然後再度展開循環。

因此，羅馬的鐘點計法和我們的一樣嗎？不完全是，首先，因為在羅馬時代缺乏精準的時鐘，因此並不以分或秒來計時。再者，每小時的長短會因為季節變化而有所不同

實際上，羅馬人計時的主要參照點是正午，太陽此時位於最高點。在那時，日子進行到一半；自從黎明起已經過了六個小時，而在日落前還有六個小時。但夏季時白晝顯然較長，冬季則較短。因此，夏季的小時會比冬季的來得長。而且還不只差一點點。舉個例子來說，在夏季，在十二點和一點間的「小時」持續七十五分鐘，在冬季則只有四十四分鐘。

此外，相同的情況也發生在夜晚的小時上，它們被稱之為「vigils」，此字字面意義為「守夜人」，或輪崗站哨（就軍隊用語而言）。因此，每晚都被分成四個「守夜人」，每個「守夜人」為三個小時的組合而成。

顯而易見地，在每小時的長短彈性這般大和缺乏精確計時器的情況下，羅馬人每日約會行程想必比較沒那麼嚴格，人們也比較能容忍遲到的人。但羅馬人還是有能夠準時赴約的方法。比如，你能約在廣場是半滿的時候碰面；如果每天都用手錶對時，我們會注意到這樣的描述總是大約對應於相同的時段。但真正規範羅馬時間的時鐘，是一天中相繼進行的活動。

儘管如此，為了方便起見，我們在古羅馬的旅程會繼續使用我們所習慣的現代時間。

08:40
理髮師和早晨的尖峰時刻

　　值此之際，外面街道上開始熱鬧滾滾。熙來攘往的行人中，大多是男人。或說得更精確點，是奴隸；你可以從他們身上以粗布製成、破損處處和沾滿污漬的短袖長衣辨識出他們的身分。有些人也理成小平頭。沒有人在悠哉地閒晃，他們全都心思堅定地邁著步伐。他們顯然都有要務在身，準備進行當天最初的幾項差事。換句話說，這時的早晨是奴隸們的小小尖峰時刻。聽不到卡嗒卡嗒的鞋跟聲雖然有點奇怪，但我們只能聽到涼鞋發出的輕柔窸窣聲。事實上，在羅馬時代，鞋子沒有鞋跟，只有平坦的鞋底。軍團士兵穿的釘鞋則是例外，它們的鞋底附有許多小鐵球以產生更強的摩擦力，有點類似足球鞋。鞋跟的確存在，但只在特定的鞋子上，尤其是女性穿的鞋子。

　　一位奴隸抱著一大捆用床單包裹的衣物經過我們身邊。毫無疑問，他正要拿某些長袍，或也許是桌布去清洗。但羅馬人是怎麼洗衣服的？你得把它們拿到「洗衣店」那裡去。一旦送到那裡，衣服會經過一道道讓我們大皺眉頭的清洗程序。短袖長衣、長袍、床單和桌布一起丟進洗衣池裡，裡面的水混合著鹼性物質，比如蘇打或能去垢的陶土，或是人尿！事實上，在許多街角處，尤其是在洗衣店附近，放有開著大口的大型陶罐（雙耳長頸

73

瓶），過往的行人便能在此解決他們迫切的需要。有些奴隸會定時來此收集洗衣店所要用的尿。如果你覺得這份工作很噁心，不妨想想那些要花好幾個小時在尿池裡搞弄衣服的奴隸吧，他們做著我們的洗衣機為之代勞的苦工，置身在令人作嘔的氣味中。然後衣服經過清洗、捶打，用其他物質（比如白堊，一種用來軟化衣物的陶土）處理讓衣服變得更為硬挺。衣服扭乾後，會掛在院子裡曬乾，就像我們將濕衣物掛在公寓陽台上曬乾一樣（在羅馬時期，你甚至可以將衣服掛在街道上），最後用特製的熨斗將衣服燙得平整。

這裡要告訴你一個奇聞：這時已經有一種漂白手法。白色衣物一旦清洗乾淨，就會掛在以木製拱頂搭建、不到一公尺高的圓頂上。然後圓頂下方會放上裡面裝有加熱硫磺的火盆。羅馬人就是用熏硫磺法來達到「前所未見的亮白」的漂白效果。之後，奴隸會將洗淨燙好的衣服扛回家。

抱著那捆衣物的奴隸迅速向前繼續邁進，但他突然消失在從小道裡出現的一座轎子之後。這頂轎子短暫阻擋了我們的視線。我們看不出誰坐在裡面；轎內以布幔遮掩。然後，轎子像它出現時般，迅速消失在一個小巷內，轎前有個奴隸為他的主人（或女主人）開路。

我們繼續走下街道。我們不禁豎起耳朵，聽著從一家已經開門的店家裡傳來的一陣陣爆笑聲。我們再往前走個幾步，便看到一場典型的早晨場景：一位通常被稱為tonsor的理髮師，正在為顧客理髮。店裡面大聲聊天和開玩笑的歡樂聲響，就像在帝國所有其他都市一般，是首都早晨另一個常見的場景。

除了少數幸運的男人，就像我們先前見到的主人，早晨時能

讓家中的奴隸替他們理髮外，其他人都得到這類理髮店理髮刮鬍。

因此，理髮店成為會面地點，男人聚集在此講笑話和說故事，當然也少不了來此分享最新消息，尤其是最新的八卦和謠言。

事實上，這些店與現代理髮店有著許多相同的特色。顧客坐在長椅上等待，面前的牆上都掛著鏡子，輪到時就坐到房間中央的凳子上，接著理髮師會用一條大毛巾蓋住他的肩膀和胸口。

幸運的是，目前流行的男性髮型相當簡單。圖雷真皇帝是大家爭相仿效的對象，他將頭髮往前梳，然後在前額上剪得極短。

一個男人盯著他鏡中的倒影，檢查他剛剪好的頭髮；剪刀每剪下去，都留下粗糙的痕跡，創造出一種不平整的層次效果。這是因為理髮師急著想照顧所有在場等待的顧客，或是和今日相較，仍嫌過於粗劣的剪刀所致？不管怎樣，這在羅馬人間見怪不怪，連尼祿的頭髮都有這種參差不齊的外觀。

助手正在為坐在旁邊椅子上的顧客刮鬍子。當時還沒有刮鬍膏，刮鬍前抹在他臉上的唯一舒緩液是水！在刮過最初幾位顧客的鬍子後，理髮師得花很多時間和精力來重新磨利刮鬍刀。他會在磨刀石上吐口唾液來磨利刀子。

他輕柔地將刮鬍刀舉到顧客頸部，開始順著他的皮膚慢慢往上推。真正的危險是切口或割傷；只要一個小抽動或突如其來的震動就會造成傷口。不幸的是，這類意外極為常見，因此，自奧古斯都時代以來，法官便已為此制訂了特定的罰款和處分。而理髮師如何止住傷口的血呢？哲學家老普林尼曾經建議，可以敷上浸泡在橄欖油和醋裡的蜘蛛網。

但既然這麼危險的話，不是留鬍子比較好嗎？畢竟，早期的

希臘和羅馬人都有蓄鬍的習慣。儘管如此，在此時，除非你是位哲學家或士兵，不然就有義務將鬍子刮乾淨。但這風潮不會持續太久。顯然，現在都還沒有人知道，但在圖雷真駕崩後，也就是幾年後，老式蓄鬍風尚又會捲土重來。這個新風潮將由新皇帝哈德良註1引領風騷（他也許是為了遮掩一道疤痕）。每個人都將模仿他。對許多男人而言，能躲開刮鬍刀的每日折磨總算讓他們鬆了口氣，但對理髮師而言，他的收入將變得大不如前……

　　現在我們已經走到街底，它與一條小坡相交。這便是蘇布拉努斯小坡（Clivus Suburanus），離圖雷真浴場不遠。在它的盡頭有個岔口，中央是座噴泉，即奧菲斯註2噴泉。大道兩旁的公寓大樓櫛比鱗次，無數窗口像包廂般向外敞開，面對上演著人生百態的舞台。這條街道上開始擠滿人，吵聲震耳欲聾，比如銅匠店裡傳來的捶擊聲響。

　　在幾公尺外，我們能聽見從高空潑灑到人行道上的水聲；一桶尿剛被倒在街道上。但它是打哪裡來的？當我們抬頭望去時，我們可以看見一棟高大雄偉的建築，有著數不清的陽台和窗戶。那堪稱建築業的奇觀。羅馬人稱這類建築為公寓大樓。它是個等待探索的獨特世界。

註1　哈德良（Hadrian, 76~138）：在位期間西元一一七至一三八年。羅馬皇帝，曾編纂羅馬法典，獎勵藝術文藝活動。
註2　奧菲斯（Orpheus）：羅馬神話中的詩人和歌手，擅長彈豎琴。

公寓大樓，另一個世界

　　Insulae指羅馬人的房舍，或更詳盡來說，是他們的公寓大樓。Insula這個字是現代義大利都會居民常用的一個字isolato（街區）的根源。這應該會讓你對insulae的大小有些概念。如果數數住在裡面的人，它們可以被界定為垂直的村莊或村鎮。它們是古代世界裡不折不扣的大廈。我們難以判斷現在聳立在我們跟前的公寓大樓的高度。奧古斯都皇帝曾經立法規定，住宅大樓高度不能超過二十一公尺，這在現在意謂著建築物不能超過七層樓高，即若是在現代這都算相當高了。在圖雷真時代，法令更為嚴厲：現在最高高度是十八公尺。這表示你可以蓋一棟六層樓高的建築加上頂樓，待會兒我們會見到它，那是個不折不扣的閣樓。但，人們顯然並未完全遵守高度限制，因此公寓大樓常有難以避免的結構缺陷，有時還會坍塌。我們要去拜訪的公寓大樓就遠比法定高度要高。第一眼看過去，它有著蘇維埃街區房舍的風貌，因為它方方正正，從底到頂開著等距的窗戶。但再定睛一瞧時，我們會發現許多增添它優雅氣派的細節。首先是色彩。儘管它只是磚造建築，外層卻塗著具有保護效果、看來相當賞心悅目的乳黃色灰泥。這個色彩的選擇也相當實際，因為它非常明亮，能反射光線照亮周遭的窄街和門廊。

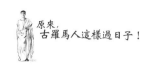

　　一截高度近一‧五公尺的高雅龐貝紅圍繞著建築底層，但它有什麼功能呢？這個顏色兼顧美學和實際功能。它的保護功能大於裝飾目的；它能遮蓋泥土污跡、手印、商人留下來的髒痕，或靠在牆壁上的身體印跡。它不是公寓大樓唯一的優雅細節；每個窗戶上都有一排暴露在灰泥層外的磚塊，形成小小的拱頂。從下方看的話，幾乎就像窗戶長了紅色的眉毛。還不止如此。沿著公寓大樓的第二層樓，有一道銜接其他公寓的狹窄陽台。羅馬人將這種陽台稱為Maenianum，它對屋主而言是種小奢侈品，可與小花園或露台相比擬。最重要的是，它是其他人所沒有的東西，你可以走到外面透透氣或曬曬太陽，甚至可以在那裡種些盆栽。

　　事實上，羅馬人像我們一樣喜歡養盆栽；你可以在陽台或公寓大樓的窗戶看見許多花朵盆栽，就與我們的公寓建築的景觀一模一樣。哲學家老普林尼曾經記載，某些園藝愛好者甚至會栽種空中的小花園。

　　古羅馬和現代羅馬皆分享著這份對綠意的熱愛；無數公寓大樓覆蓋著攀爬植物，植物沿著陽台欄杆攀爬而上，形成窗戶的窗框。街道上種有許多高大的樹木，它們輕撫公寓大樓的正面，有時甚至斜靠在大樓表面尋求支撐。簡言之，帝國羅馬是座綠色城市。這個特徵在今日羅馬似乎不曾改變，就彷彿二十個世紀的時光從未流逝過一般。這些都不過是小細節，但它們幫助我們了解今日和昔日的羅馬是如何類似（反之亦然）。尤其在日常生活上，現代羅馬人在某種程度上是古羅馬人的現代翻版，即便兩者之間相隔了好幾個世紀。

　　正如研究古羅馬的偉大歷史學家傑候姆‧卡科皮諾註所言，如果我們將羅馬的卡佩拉利大道（Via dei Capellari），或那不勒斯的

圖4　極為高聳的公寓大樓主宰著羅馬的街道。市內大約有四萬六千棟大樓！違章
　　　建築極為常見。

崔布拉利大道（Via dei Tribunali）上的公寓建築，與奧斯蒂亞古城的公寓大樓相較，我們將會發現極為類似的雷同點，有時甚至能找到一模一樣的樓層平面格局。一位來自古代的羅馬人在審視過我們於現代羅馬或那不勒斯的歷史中心所興建的公寓後，也許會覺得彷如回到家中，非常自在。

　　並非只有二樓才有長陽台。在更高的樓層還有其他較小的木製陽台。只有少數幸運兒才有此小小特權，這些陽台的外觀就像從建築物向外伸出的木製雕刻涼廊。羅馬人稱它們為 pergulae。我們常在中東的中古城市，或是在印度和加德滿都這類遙遠的地方看到它們。但它們已經是帝都羅馬的「風景」的一部分。它們存在的目的很單純：擴大公寓的空間，並帶進更多陽光，還有可以從此窺視街道而不被看見。

註　　傑候姆・卡科皮諾（Jérome Carcopino, 1881~1970）：法國歷史學家和作家。

古羅馬的「摩天大廈」

　　在古羅馬人的時代，公寓大樓是世界上最高的住宅建築，但對我們而言，它們的高度也許並不特別令人印象深刻；它們大約只跟我們一般的公寓建築同高。只有某些例外。事實上，我們知道，在西元一百到二百年間，有一座真正的怪物建築矗立在羅馬市中心。儘管如此，我們不知道它確切有多高，雖然它的高度和大小在當時轟動一時。據說，它如同摩天大廈般屹立在羅馬房舍的屋頂之上。它肯定對城市天際線和羅馬市民心靈造大極大的衝擊，因為它的名號「幸福大廈」廣為流傳，甚至傳到了帝國邊陲地帶。儘管如此，它只是個獨立個案。除了這個小帝國大廈是個例外之外，羅馬的建築罕少超過六層樓高。

　　令人驚訝的是，即使在今天，在經過如此多世紀的流逝之後，我們仍能欣賞到某些仍舊屹立不搖的公寓大樓的殘骸。它們有時就像遺跡般出現在城市交通的中央，但僅有少數人會停下腳步欣賞。一幢著名的公寓大樓就位於維克托・伊曼紐爾二世[註1]那巨大的紀念堂的隔壁，矗立在威尼斯廣場上。在紀念堂右邊，就在要登上聖瑪麗亞教堂（Ara Coeli）的前梯前，你可以看見幾層樓高的毀壞磚造建築所留

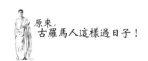

下的無名廢墟。不幸的是，它並沒有得到該有的關注。路人漠不關心地來來去去。一巴士又一巴士的觀光客在人行道上稍微駐足片刻，傾聽導遊所做的幾句講解，然後總是匆忙地往前移動，走進始終在召喚觀光客的紀念品商店。

但，倘若你停下腳步，靠在欄杆上，帝都羅馬的一小部分將在你眼前慢慢成形：商店、房間、窗戶。只要運用一點想像力，你就能為這些棄置的房間添補家具，放進一些住戶。誰住在那裡？在油燈的照亮下，我們將在公寓大樓裡看見什麼樣的臉龐？一位母親從那邊的窗戶探頭往下，呼喚她在街道上玩耍的兒子，他也許正和角落店家店主的兒子一同遊玩。誰知道這些商家裡又上演著什麼樣的戲碼？

這便是考古學的迷人之處。在一剎那間，你能重新活過被遺忘的世界；考古學能讓你與已不存在的人碰面，讓你置身於數世紀以前的日常生活中。沒有任何特效能賦予我們如此強烈的感情經驗。

更讓人印象深刻的也許是圖雷真廣場的那棟公寓大樓，它離繁忙的國家大道不遠。你可以看見它拔地而起，保存完整，還可以看到屋頂，這讓你對這些建築物的雄偉外觀有些概念。但在羅馬的古海港奧斯蒂亞還有幾座古代公寓大樓的廢墟，包括一棟奉獻給狄安娜註2的大廈，我們從這棟大廈能夠了解居住在這些公寓裡的真實生活景況。它們仍有部分區域能夠探索，你可以爬上樓梯，站在羅馬時代公寓大樓的樓梯平台上，然後進入二樓或三樓的公寓房間內，這真的很令人發思古之幽情。你真的能藉此略窺羅馬人的生活概況。的確是如此，因為大部

分的羅馬居民都住在公寓大樓內。

因此，羅馬的公寓大樓究竟有多少棟？多虧城市土地紀錄的珍貴考古發現，我們知道確切數字。在西元第二世紀，於塞維魯皇帝註3的統治下，羅馬有四萬六千六百〇二棟公寓。這是個天文數字。尤其是，假若你考量到多穆斯，也就是典型的優雅羅馬豪宅（像那些在龐貝的）只有一七九七座的話。這意謂著，傳統豪邸與大型公寓大樓的比率是一比二十六。這個比率差距為何如此巨大？

卡科皮諾曾做出以下的有趣觀察：因為羅馬在其顛峰時期的土地只涵蓋一千八百到二千公頃，而居民人口卻高達一百二十萬，土地顯然嚴重不足。如果我們將那些禁止興建房屋的區域（如皇帝居住的整座帕拉蒂尼山，或占地二百公頃的馬提烏斯廣場，那裡有神廟、門廊、體育館和墳墓）剔除的話，居住空間將更加吃緊。然後我們還得考量四十幾座公園和公共花園，以及所有占地廣闊的大型公共建築，比如，圓形競技場、戲院、巴西利卡、浴場、廣場、各式神廟，和所有行政機關。

空間缺乏的解決之道簡單而有效：往上興建，建造多層樓建築以創造空間。換句話說，當大多數的城市居民於傍晚回家時，他們的腳丫不再碰觸地面，而且還當真「騰空而睡」。

在整個城市裡，用來增添空間的樓上樓層總數目應該相當可觀，因為即使在那時，一位叫做埃利烏斯・亞歷斯提德註4的修辭學家都曾驚呼說，如果整個城市的公寓都以一樓式平房興建，羅馬將會一路延伸到亞得里亞海岸（這之間的距離有一九三

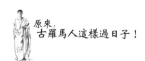

公里）！

　　今日，我們不再對大型公寓大樓和摩天大廈嘖嘖稱奇。
但在古代，在一個由無數小村莊組合而成，只有少數幾個罕
少見到房子超過兩或三層的都會中心的世界裡，看見一個被
像公寓大樓這類營造業的「怪物」所充斥的城市，一定就如
同我們今日走在紐約街頭的感受一般。而兩個問題則在我們
的心中縈繞不去：這麼高的建築物如何防止倒塌？以及，人
們如何一同擠在這些高大的建築物裡生活？

註1　維克托・伊曼紐爾二世（King Victor Emanuel, 1820~1878）：義大利
　　　於西元一八五九至六一年間，於其治下統一。
註2　狄安娜（Diana）：羅馬神話中的月亮和狩獵女神。
註3　塞維魯皇帝（Septimius Severus, 145~211）：在位期間西元一九三至
　　　二一一年。
註4　埃利烏斯・亞歷斯提德（Elius Aristides, 117~181）：羅馬修辭學家和
　　　雄辯家。

08:50
公寓大樓具有人性的一面

　　如果出門到我們的某個城市裡散步，你會看見什麼？許多商店。在古羅馬亦是如此。公寓大樓的底層是長長一排商家。在商家之間是公寓的普通前門，有樓梯通往樓上。那就是我們現在要去的地方。

　　當我們接近門口時，一個男人在遠處打量著我們：他是門房之一。他矮小肥胖，穿著一件骯髒的短袖長衣，雙下巴上長滿了鬃毛般的鬍渣。他坐在一把式樣簡單的凳子上，雙手緩慢地轉動著一支癤瘤處處的橄欖樹柺杖。那根柺杖不只洩漏了他的身分，還有他的背景。那是軍團裡發號施令的人所用的柺杖。他以前顯然是位軍團士兵，也許是位遭到貶黜的百人隊隊長，現在聊靠這份新工作活口，而做這份工作的人恰恰必須夠直接果斷，才能化解房客間的打鬥和爭吵。他瞪著我們好一會兒之後，將眼光轉回街道和路人的臉龐。他面無表情又難以捉摸。當我們跨過門檻時，他甚至視而不見。

　　我們踩進一片陰暗的走廊；我們唯一能感覺到的是越漸嘈雜的叫罵聲。事實上，我們正要進入一個截然不同的世界，一個擁有自己的邏輯、平衡和居民的宇宙。它像動物園般聚集了各類人種和不同性格的人。

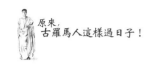

出現在我們眼前的第一個場景是走廊盡頭的一位年輕女孩，她就站在擺放在第一道階梯下的巨大罐子旁邊。她的一隻腳丫踩在一個矮凳上，正將幾只赤陶罐子裡的東西倒入酒囊的開口中。她究竟在倒些什麼？我們再往前走了幾步路，來到開放的空間，一陣噁心的氣味撲鼻而來……那是人尿。那女孩顯然是個奴隸，她正在清倒主人的夜壺。那股惡臭似乎一點也不讓她感到困擾。現在她早已習慣了，因為長年以來，這是她一早起來就得做的工作之一。稍晚會有人過來將尿液取走，它對洗衣店來說非常珍貴。

我們環顧四周，發現環境髒亂：牆壁上的灰泥斑斑剝落，到處是水和油的污漬，甚至還有手印的痕跡，免不了還有一些塗鴉。一個塗鴉特別引起我們的注意。那是兩位正在比武的格鬥士：一位追趕者戴著頭盔，拿著短矛和長方形的盾，而另一位網人則拿著網子和三叉戟。線條很幼稚；顯然是出自孩童之手。他還寫下他們的名字：賽杜魯斯和泰隆尼科斯，這兩位讓觀眾雀躍萬分的格鬥士顯然激發了孩童們的想像力，就像今日的足球員和卡通英雄一般。寫在塗鴉旁的是另一個比較隱晦不明的句子：「雷斯提圖土斯騙了許多女人」，也許這是由一位被某名負心漢房客拐騙和拋棄的女子所寫，她想警告公寓大樓裡所有的女人。還有一些，我們這麼說吧，人膽的塗鴉，與我們今天稍後會在浴場裡看到的相當類似。無論如何，在一大片猥褻的塗鴉中，我們亦可以從「馬可庫斯愛多密提安」這句話瞥見一抹清純的少年之愛，但這立刻被「希臘姑娘艾烏提奇德，舉止高雅，願意為兩個阿塞銅幣獻身」這句話所抵銷。阿塞是種幣值極低的銅幣；我們得說，這價碼非常低廉。

性、愛、謾罵和運動，都是考古學家在羅馬牆壁上發現的塗

鴉內容。看來，兩千年來，改變的並不多！

那個女孩現在開始疲憊地登上樓梯。我們悄悄跟在她身後。她還不滿十二或十三歲；她的金髮洩漏她的北歐出身。誰知道她是從日耳曼的哪裡來的？儘管她很年輕，她在過去一定遭逢過某些悲劇。也許她的部落打輸羅馬軍隊，而她村莊裡的所有居民都淪為奴隸。儘管如此，更為可能的是，她遭到其他部族的日耳曼人從鄰近部落中俘虜，賣給奴隸販子，這聽起來很讓人難過，但卻是常見的悲劇。我們所能確定的是，在幾秒鐘內，她的人生便永遠改變了。

現在她站在二樓的樓梯平台上，正在打開一扇氣派的大門，上面有兩只高雅、亮澄澄的銅環。我們進入公寓。我們第一眼便看得出來，它屬於一個非常富有的家庭。

在帝都羅馬的公寓長得像什麼樣子？我們的重建想像主要奠基於考古學家在羅馬古海港奧斯蒂亞古城的發現。事實上，奧斯蒂亞古城的設計布局和建築在我們所探索的那個時代相當典型，它能讓我們發現日常生活的眾多細節；而我們根據的是卡洛・帕佛利尼（Carlo Pavolini）教授多年來在這驚人遺址上所做的研究和挖掘，從而收集並且加以分析的資料。

羅馬人叫它們住宅，但除了這點不同外，它們和我們的公寓其實非常類似，尤其是在設計布局方面。今日的公寓事實上是羅馬住宅的現代演變。

第一個房間是接待室。房間中央屹立著一個有著貓爪桌腳的圓形大理石桌，上面端放著愛神維納斯的雕像。換句話說，歡迎我們的是一件藝術品，這表示屋主是位風雅之士（或他希望我們這麼認為）。公寓並不大，我們一眼就能將它看盡。我們的右手邊

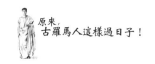
是客廳，左手邊則是飯廳。我們身後的門通往三個臥室。這個公寓和我們今天稍早拜訪的富有羅馬人的多穆斯，有著令人吃驚的差異。多穆斯是棟封閉的房子，沒有窗戶，所有的房間面對著前廳，中間有個承雨池。在這卻恰恰相反：所有的房間都背對房屋中央，幾乎彷若它們全臣服在某種離心力之下。為什麼呢？理由很簡單。它們都希望擁有日照，因此發展出房間沿著建築正面而立的布局，而窗戶就設在建築的正面。

玻璃窗戶顯然是這些公寓的基本配備。玻璃是昂貴而珍貴的建材，但這些豪華住宅中的富有房客仍舊負擔得起。我們稍後會在更上面的樓層裡看見非常不同的故事。

房裡的家具很少：幾張椅子、幾座長椅櫃、一些折疊凳，和各種形狀的桌子。我們從一個房間走到另一個房間，可以在這些桌子上看見一些尋常物品：一把梳子、一疊上過蠟的寫字木板、一個赤陶撲滿（就跟我們的一模一樣！）、一只青銅油燈、一個小珠寶盒，一大串鑰匙掛在一個形狀古怪的鑰匙戒指上、一個由小鑰匙鑄造，可以戴在手指的戒指……

我們跨越一道門檻，驚詫地發現，房間中央放著兩只大花瓶。在房間裡放花不是現代觀念；這在羅馬時代就已經相當普遍。花朵的插法突出，花瓣五彩繽紛。它會端坐在公寓中最美麗的桌上絕非偶然：桌子由具有異國風情的木材製成，上面的波浪條紋在陽光照耀下閃閃發光。

這些並不是這公寓裡的唯一色彩。就如同豪華的多穆斯，這個家的牆壁上也漆上鮮明色彩，這更進一步證明了羅馬人喜愛色彩鮮明的居家環境。

公寓的牆壁主要是鮮橘、天藍或龐貝紅，顏料是在灰泥仍舊

濕的時候漆上去的。其餘繪畫則是等灰泥乾後才繪製。纖細的柱子或優雅的建築錯視畫法形成一個個窗框，開出假的「洞口」，通往假的風景和景致，這些技法都豐富了背景色彩。有時中央還畫有人物肖像；我們在一個房間裡看見阿波羅的九位著名謬思。這些人物肖像相當於我們加框的繪畫。

我們的右腿突然覺得很熱。那是火盆，木炭還在燃燒。我們剛剛沒注意到，但現在察覺，整個公寓裡都沒有壁爐，甚至暖氣。這時代唯一的保暖方式是火盆。這個特殊的火盆附有小輪子，可以隨時搬到需要的地方，有點像我們的可攜式電爐。

整個房子裡有股強烈的氣味。那是燃燒木柴的味道。它是來自那裡呢？我們折返放有維納斯雕像的前廳。我們經過時，也注意到兩個漂亮的銀盤和雕刻精美的玻璃水瓶；這些都是這家庭的地位象徵。我們走進飯廳。現在我們可以看見煙霧了，它籠罩了整個房間，似乎是從一扇窗下的角落飄過來的。我們在樓梯遇到的女孩正站在那裡。她彎著腰，身體下方是個巨大的正方形火盆，她才剛將火點燃。我們突然了解我們在看什麼了。我們還沒看到這房子的廚房，原來它就在這裡：這是個青銅爐灶。實際上，廚房在這類小公寓裡被縮小到不能再小，幾乎就只是個露營火爐！最重要的是，它是可攜式的；你可以帶著它到處走，但因為它會產生大量煙霧，所以依常識判斷，你必須把它放在靠窗的地方。儘管如此，無可避免的是，在早晨和用餐時間，整個公寓仍會充滿著各種氣味，包括燃燒的柴薪或食物。但並不是每個人都得忍受這種情形。不少人會從最近的餐館訂餐過來，這不但免除了「露營火爐」的問題（和危險），也使伙食內容更為豐富多樣。

我們必須駁斥的一項神話是古羅馬人在家裡進食的方式。

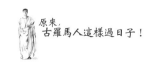

他們只有在舉行晚宴或假日時才會斜靠在躺椅上。在一般的日子裡，他們就像我們一樣，坐在桌旁吃飯。

我們往出口走去。我們第一次仔細瞧著地板，發現一項小小的驚奇：地板鋪滿了高雅的黑白馬賽克。設計很簡單：菱形、星形和正方形組合成各種不同的圖案。我們在相鄰的房間裡看見更多的馬賽克。這些馬賽克為何只用黑白兩色，而不用彩色呢？答案也很簡單：這樣才省錢。實際上，這類馬賽克幾乎總是出現在公寓大樓的二樓，這裡的租客通常手頭闊綽。他們當然有錢，但並非富可敵國。黑白馬賽克能增添公寓雅致的氛圍，但又不像別墅的裝潢那般高昂。

彩色馬賽克通常鑲嵌著人類或動物肖像，而且需要由技巧高超的工匠執行。對公寓大樓的營建商來說，這價碼真的太過昂貴。反之，黑白馬賽克只需普通的裝飾工人即可鑲嵌，他們工資便宜，因為他們的技巧只限於不斷重複拼上各種組合的幾何圖案。此外，相較於用來做精緻馬賽克鑲嵌的彩色玻璃溶漿和多色大理石，（白色）石灰石和（黑色）玄武石這兩種原物料不僅容易取得，價格也相當低廉。

基本上，選擇黑白馬賽克和我們挑木條鑲花地板的考量相當類似：它雅致並能兼顧品味，但又不會像在別墅中鋪人理石那般昂貴。最好任何事都採中庸之道：只在主人的生活空間範圍內鑲嵌馬賽克。在衛生間或僕人生活區的地板上只鋪著簡單的赤陶板（六十公分平方大小）、魚骨圖案的磚塊，或是石灰漿（coccio pesto）的地板覆蓋物 —— 一種碎磚、沙子和石灰的混合物（當你參觀考古遺址時，不同的材質能幫助你辨識房子裡的不同房間）。

09:00
公寓大樓缺乏人性的一面

　　我們回到樓梯平台，開始走上樓梯。我們再仔細一想，在剛才所看到的事物中，有某件事情不太對勁。一位富有的房客選擇住在公寓大樓的二樓，而非住在頂樓此事，相當奇怪，何況頂樓有較多的隱私，較為安靜，還可以眺望羅馬屋頂的綺旋風光。

　　但這卻是帝國境內的模式。住在閣樓的人是窮人，而有錢人住在二樓。和今天恰恰相反。為什麼呢？

　　理由很簡單。首先，疲憊是顯而易見的因素。那時沒有電梯，住得越高，就得爬越多樓梯。再者，還有安全問題。營造業由不太有良心的投機商所把持。建築物越高，結構便越為脆弱，倒塌的風險便越高（更別提滲入窗戶和屋頂的縫隙和雨水了）。最後，由於火盆和油燈的廣泛使用，火災頻仍，住在較低樓層的人比較有機會逃出著火的大樓。而和鴿子同住在屋頂下的房客將是最後注意到火焰、因而葬生火窟的人。詩人尤維納利斯[註1]是這麼描述的：「三樓已經起火了，但你什麼都不知道。一樓以上一片混亂，但僅有屋瓦可以擋雨的悲慘房客是最後被燒死的人，而那些屋瓦正是鴿子的下蛋之處。」

註1　尤維納利斯（Juvenal）：生於一世紀晚期，卒於二世紀早期。羅馬諷刺詩人。

事實上，住宅大樓的這類垂直劃分一直延續到十九世紀。貴族和有錢人住在「高貴的樓層」，但你越往上爬，越高樓層的住戶便比樓下的房客更為貧窮。在今日，我們則以社區而非樓層，作為階級劃分的基礎。

我們繼續往上攀爬，經過一道又一道的樓梯。突然間，就在我們頭上幾公尺遠處，原來聽起來像是談話的聲音變成了一陣狂吼。這陣叫嚷聲引起了其他房客的注意，他們紛紛探頭往樓梯向外看。在樓梯平台的中央有個壯實的女人，披散著一頭及肩的烏黑頭髮，她直挺挺地站著，擋在三個男人前面。她的眼裡閃爍著憤怒的光芒。她的一隻手臂抱著一個只有幾個月大的嬰兒，另一隻手臂用力在空氣中比劃，替她的叫嚷聲打著節拍。她的大胸脯隨著每個動作在短袖長衣內明顯地上下跳動。她顯然是位勞工階級女性，習慣用粗魯而直接的方式和外人接觸時。

我們從她公寓半開房門的門縫裡，瞥見躲在陰影中，她的其他小孩的恐懼眼神。那三個男人被罵得驚呆，一動也不動。毫無疑問地，她贏了第一回合。你看得出來，其中兩個男人只是身兼保鏢的普通門房。站在中央的第三個男人一定是引發這陣爭吵的人。他高大削瘦，有隻鷹鉤鼻，臉頰凹陷，披著一件在他肩上圍了兩圈的暗紅色斗篷。而讓人如此忐忑不安的，是他不為所動的冰冷目光。那是掠食者的眼神，他知道，不管事情如何發展，他都將是贏家。這場激烈爭吵的起因對今日的我們而言也不陌生：房租要漲價。

羅莫洛·奧古斯都·史塔西歐利教授（Romolo Augusto Staccioli）曾經指出，羅馬的房租比義大利其他地方要貴上四倍。我們稍後將有機會探討首都都會問題的這類「現代性」。

我們輕易便可以看出，窮人的處境很悲慘。他們可能會走投無路。為了逼迫房客繳納房租，房東甚至可能砌牆將房客的公寓入口堵起來，或是拆掉房客能進入公寓的唯一走道，也就是木製樓梯。這兩種方法都能使房客陷入孤立無援中，直到他們繳清房租為止。顯然發生過很極端的例子，但它們顯示，當房東要收房租時，他們可是毫不留情的。

租約在一年中的確定日期約滿，必須重新交涉和簽署。羅馬的街道充斥著被逐出公寓的家庭，他們得尋找新的住所。這確實是個社會的潛在危機，但沒有皇帝曾經真正提出解決之道。

羅馬的房子為什麼會這麼貴？

連續轉租

在羅馬，每棟公寓大樓都有一位屋主，但你大概不會看到他親自跑來收房租。這份不體面的差事自然有他人代勞，那就是專業管理員。雙方之間有份協定：屋主將所有上層樓層交給管理員出租五年，但「僅」收取一樓公寓的房租作為交換，而一樓公寓看起來往往就像真正貴族所住的多穆斯一樣豪華昂貴。管理員的責任則在於保持大樓的體面，負責維修，解決房客之間的糾紛，還有收取房租。

管理員的工作樂趣當然不多，但利潤豐厚。如果屋主將整棟公寓大樓以三萬塞斯特斯租給他，他可以從轉租中收到四萬。這解釋了為何公寓租金在羅馬如此昂貴。它也解釋了羅馬的公寓大樓為何如此高大：越高的大樓有越多間公寓，能收越多的租金。

根據歷史學家卡科皮諾的研究，在凱撒時代，大約是我們正在描述的時期的一百七十年前，一間簡陋公寓的租金是兩千塞斯

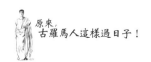

特斯，在圖雷真治下，你可以以這金額在羅馬南方八十公里遠的
夫羅西諾尼（Frosinone）買到一整棟房子。

因此，你可以想像要從中獲取暴利有多容易。比如，西塞羅[註2]
這位哲學家兼政治家光是一年內從他的公寓大樓所收到的房租，便
高達八萬塞斯特斯。

這些惡劣條件在羅馬引發了更為悲慘的狀況。如同卡洛・帕
佛利尼教授所觀察，難以支付的高額租金迫使許多房客將他們公
寓裡非必需的空房轉租出去，因而衍生出每個樓層連續轉租的現
象；樓層越高，轉租現象就越嚴重。

在我們參觀的這棟公寓大樓內，這現象顯而易見。同一間房
間以簡陋的夾板隔間，轉租給整個家庭或幾個個人。這產生了下
列缺乏人性的機制：樓層越高，房客越是貧窮，轉租更為嚴重，
擁擠、混亂、骯髒、污穢和臭蟲的迫切問題更是得不到解決。等
到你抵達頂樓時，它已經變成一個貧民窟，居住在一起的房客只
能努力掙扎求生。

為了維護秩序，公寓大樓有自己的巡邏隊，由奴隸和門房
在一位奴隸頭子的帶領下組成。我們現在就是在樓梯上碰到他們
之中的某些人。他們正跑下樓梯，朝著在我們樓下幾層、發生爭
吵的樓梯平台衝過去。女人的尖叫聲現在夾雜著其他房客的抗議
聲。此起彼落的叫罵眼看就要演變成一場暴動。

樓上是第三世界

我們繼續往上走。階梯以未完成的磚塊砌成，像書一般在邊

註2　西塞羅（Cicero, 106 BC~43 BC）：羅馬哲學家和政治家。

緣排起來；我們幾乎像在走過圖書館裡的書架。我們爬得越高，階梯就變得越厚實、越髒，破損越為嚴重。這裡已經好久沒有進行維修了。牆壁越來越髒，滿是污跡和刮痕。連我們正在呼吸的空氣都有所不同；空氣悶熱渾濁，燒焦木頭的臭味，食物煮了好幾個小時的怪味，這些都混合在一起成為刺鼻的難聞氣味。我們感覺似乎掉到但丁_{註3}描述的地獄中的某一層裡了。

　　空間嚴重短缺，甚至連樓梯平台都住了人。在整個區域上方，掛在繩索和橫梁上的衣物縱橫交錯。地板散布著沒點燃的火盆、破水罐和碎布，被踩爛的檸檬皮及香蕉皮上蓋滿了蒼蠅。這些樓梯平台看起來彷若人類生活的市集；油燈在半明半暗中照亮一名赤裸男孩的輪廓，他默默坐在地板上，用漆黑的眼睛瞪著我們，油燈也照亮一個老男人滿臉皺紋的臉，他裹著形成很多皺摺的骯髒毛毯沉睡著。在咫尺之內，一個生命的開端和另一個生命的結束相互交錯，由悲慘的惡臭所連結。

　　我們聽到的聲音隨著我們向上攀爬的腳步有所不同。大門以如此廉價的木頭製成，我們能偷聽到附近每個公寓內所有生活起居的聲響。因此，在幾步之遙的空間內，一個男人的大笑聲換成嬰兒的不斷嚎哭，兩個女人的高聲爭吵變成親密性事的低喘；我們不可能誤判從一扇門後所傳來具有節奏的呻吟。是丈夫和妻子嗎？或是男人和他的奴隸女孩？樓上完全缺乏隱私這點使我們大吃一驚。

　　我們推開一扇半掩的門。當門咿呀打開時，它發出的嘎吱聲就像一道聲音的簾幕，逐漸對我們揭露出一個光禿簡陋、四壁

註3　但丁（Dante, 1265~1321）：義大利詩人，著名作品有《神曲》。

蕭條的房間。牆壁統一漆著赭黃色，只有一張桌子，幾張凳子則隨意置放。它與第二層樓的公寓看起來南轅北轍；這裡比較像茅舍內部。裡面有兩個長椅櫃，上面放了些赤陶水罐。一個小碗櫃權充餐具櫃，裡面有一些麵包和以粗布包裹的大塊乳酪。這公寓的初始格局被隔間和簾幕嚴重破壞，但這樣才能創造出許多可以轉租的小空間。我們拉開一道簾幕，發現一個地上鋪有草席的小房間，油燈沒有點燃。衣櫃就是由釘在牆壁上的幾枚釘子湊合而成，上面掛著草帽和幾件短袖長衣。其他釘子則掛著兩個陶製水罐和一個裡面裝有食物的帆布袋，我們幾乎可以確定，掛這麼高是為了防止老鼠和昆蟲找到它們。我們可以把這裡稱之為這個小房間的小廚房。

在另一個小房間裡，一個女人正坐在床上給她的寶寶餵奶。她身旁有個破爛的柳條搖籃，裡頭的床墊以乾枯的葉子鋪成。

這裡的窗戶沒有玻璃。只有住在二樓的房客買得起玻璃。在這些較上層的樓層裡，他們使用透明的獸皮、帆布或木頭窗板。這意味著，如果想要有一點天光的話，得將窗板打開，任由風兒和寒冷的空氣吹進來。雨天最為糟糕，因為你被迫關上窗在昏暗中活動。在那些日子裡，室內僅有的微弱光線來自赤陶油燈或獸脂蠟燭。結果是，所有的房間都充斥著它們的臭味和骯髒煤灰。積年累月下來，牆壁和其他表面便會覆蓋著一層薄薄的暗色綠銹，大家都懶得清理，因此使這些房間的衛生條件更形惡劣。

誰住在公寓大樓的最上面幾層？基本上是羅馬城裡的「苦力」，也就是那些每天讓城市正常運作的人：僕人、勞工、磚匠和將貨物運送給商家和市場的送貨工。他們和家人住在一起，生活非常拮据。住在這兒的還有老師和工匠。

　　某些經濟情況比較優渥的羅馬人，比如行政部門或私人公司的雇員，則住在比較下方的樓層。

　　另一方面，一樓住著非常有錢的人：生意人、商人、建商、市政府官員，或從事的工作與皇帝或元老院當局關係密切的人。一小群都會貴族並未直接統治帝國，但在街道和首都的建築物內卻能發揮其實質影響力。

　　我們還得把店主加入一樓的菁英群中。他們為了許多實際的理由，往往會住在商店後方或樓上的小公寓或擁擠的閣樓中。

　　簡言之，這就是羅馬公寓大樓的社會階級概況。

　　我們現在抵達最後一段通往閣樓的階梯。這裡的一切都以木頭製成，每步踩下去，階梯都發出令人心驚膽跳的嘎扎聲。我們可以感覺到周遭的建築結構極度危險。公寓大樓的這一層並不是由建築師興建，它是在稍後加蓋的，這一系列違章建築的目的顯然在增加房客數目，以牟取更多利益。以現在術語而言，也許可以說，我們正要上去一層百分之百的違章建築。

　　我們碰到一位年輕人，年約二十五歲。他拿著一只赤陶罐子，小心翼翼地不讓裡面的液體濺出來。他的眼睛炯炯有神，感覺很友善，在經過我們身旁時對著我們微笑，我們發現他缺了好幾顆牙，也許是營養不良所致。住在公寓大樓較上面樓層的房客生活困苦。你得很聰明，並抓住任何天賜良機，即便是那些最微不足道的機會。他匆匆跑下幾截樓梯，四處張望了一下，衝進另外一位房客的房間內，那位房客現在暫時不在家。一進入房間，他便猛力推開一扇小老虎窗，飛快地將罐子裡的東西往窗外倒去。原來那是他的夜壺。

　　他一次踩兩個階梯，回頭爬上樓梯，經過我們身旁時，還對

我們眨眨眼睛。這下他就不用辛苦地走下所有樓梯，到大門入口
處將他夜壺裡的東西倒入那些大罐子裡了。如果有任何人對此提
出抱怨，遭殃的會是其他房客。這樣做的後果可能相當嚴重。羅
馬確實有條特定法令，禁止人們從建築物裡傾倒尿液或糞便。罰
則相當嚴厲。視被從上方「轟炸」的輕重程度，或衣物有無被弄
髒，或某人是否遭受到身體傷害（即使是間接受傷）等，做出懲
處。因此，在帝都羅馬，被從天而降的糞便和尿液擊中的威脅顯
然到處存在，沒有人能夠倖免。

　　上層樓層缺乏廁所的主因在於上面沒有水。水至多只能抵達
一樓或二樓，且通常要在它第一次使用過後（用在花園、浴缸、
準備食物等等），才會拿來沖廁所。讓我們感到不自在的是，這意
謂著廁所和廚房通常在同一間房間內，如同考古學家在許多遺址
裡所確定的那般。不管它看起來有多不衛生，羅馬人的確在他們
準備食物的咫尺之遙處排泄。但在羅馬時代，沒有人知道細菌的
存在。

　　公寓大樓上面樓層的缺水現象解釋了這些建築的另一項特
徵：髒污。將水從社區噴泉或即使只是從一樓的庭院接滿，爬上
那麼多層階梯再扛回家，實在是件非常吃力的苦差事，因此很少
人會將水「浪費」在洗地板上。久而久之，上面樓層的地板便堆
積著好幾年、有時甚至是好幾十年的髒漬和污垢。

　　儘管如此，在許多案例中，多虧奴隸的勞力，水至少能經由
樓梯，送到幾層樓高之處。我們在普勞圖斯[4]的一齣戲中，讀到
這類生活細節的佐證，它描述一位主人如何鉅細靡遺地檢查奴隸

註4　普勞圖斯（Plautus, 254 BC~184 BC）：羅馬劇作家。

是否有認真執行每天將八只赤陶大罐裝滿水的差事。根據法律規定，每戶人家都有義務儲存一些水。在尼祿統治時期發生羅馬大火後，每戶人家都要依法儲藏足夠的水，以在火災蔓延至其他建築物之前撲滅火勢。

然而，公寓大樓裡還是有送水工人。理論上，他們負責將水搬運到建築物的任何地方，但在實際上，他們只為富裕家庭或收入還不錯的人服務。這些送水工人屬於最底層的社會階層之一，為「最低賤的奴隸」。他們的工作確實很辛苦。他們和門房以及清道夫同被視為維持帝都羅馬住宅建築基本運作密切相關，當建築物易主時，他們和建築物一起被整批賣掉。

我們現在打開最後一扇門，那是公寓大樓最高的一扇門。裡面房間黝暗，而即使仍是早晨，空氣已經十分悶熱，令人感到窒息。我們就在屋瓦下方，得彎腰才能前進。鋪排草率的屋瓦到處都是空隙，陽光斜射而入，創造出一道令人驚豔的光線柱廊。但，下雨時，這些光線柱廊便搖身一變成為潺潺雨柱。住在這裡的房客是整棟公寓大樓裡住得最不舒適的人們。我們在房內所能看到的僅有地板上的幾件破衣服、破損的油燈，和一些垃圾。

突然間，房間裡傳來一陣聲音；那是鴿子拍動翅膀的聲音。牠加入了與另一個伙伴在兩片屋瓦的縫隙間築的鳥巢，這兩隻開始咕咕叫。在帝都羅馬常可看到鴿子的蹤跡。牠們成群翱翔過神廟和廣場的天空，現代羅馬居民仍然欣賞這類景致。住在這裡的人沒有將鴿子趕走，也許是因為牠們能跟他作伴。

我們不知道這閣樓的房客以何維生。他也許是個勞工。但他一定是這棟公寓大樓裡最窮的房客，可是，他擁有別人都沒有的一樣珍寶：羅馬的綺旎景觀。透過鴿子築巢的縫隙，我們能鳥瞰

龐大懾人的帝國首都。公寓大樓的紅色屋頂、從現在剛開始營業的浴場中所冒出的裊裊煙霧、在建築物間矗立的青銅鍍金雕像、有著亮白色列柱的神廟，以及環繞著城市的綠色森林所形成的花圈等等，都提供了我們任何房地產經紀人都會以高額販售的壯麗景觀。這個城市生氣盎然，舞動著生命的活躍脈動。那就是現在我們要去的地方，我們要到下方的街道的人群中漫步。

羅馬是座大營地？

　　我們對帝國時代公寓建築的探索非常具教育啟發性，因為它使得我們更容易了解發生在街道上的人生百態。比如，為何現在的街道如此壅塞，以及這些人都要到哪裡去？

　　事實上，想了解羅馬生活的最佳方式，可能是將這座城市想像成一個巨大的營地。我們都知道，露營時帳棚只是用來睡覺或換衣服。帳棚很小，只有足夠的空間放置睡覺用的東西（一個睡袋或一張氣墊床），你只能在角落塞個裝滿衣服的背包或行李袋。你想洗澡的話得去公共澡堂，想上廁所的話得用公廁，至於食物，你不是在靠近帳棚的烤肉架上煮些東西，就是到靠近營地的酒吧或餐廳進食。有些帳棚配備有淋浴設備、廁所和小廚房，但它們很少見、體積龐大又奇貴無比。大部分住在營地的人只拿帳棚來睡覺。

　　那麼，這確實就是古羅馬人使用他們住處的方式。他們的住所窄小陰暗，沒有淋浴設備或廁所、水或廚房（就算有廚房，也只是些基本的烤肉設備）。只有少數住在多穆斯或公寓大樓一樓的富有羅馬人在自己家中擁有這些設備，但它們就像那些在現代營地裡、設備完善的大型帳棚般罕見。

　　因此，絕大多數的羅馬居民必須離家到外面使用公共設

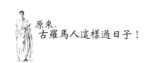

施，恰恰就像在營地一般。想洗澡，就去浴場，想解放，就使用街道上的公廁，想吃飯的話，他們就坐在 thermopolium 或 popina 裡，這兩種古代場所相當於我們的咖啡吧和酒館。而許多人試圖說服某人請他們吃午餐或晚餐，以騙取一頓飽餐的行徑應該不會讓我們太驚訝。

這就是為何羅馬的街道如此擁擠的原因。每個人都為了上述的理由走到街道上，還要加上每天出門工作、跑腿，或上市場購物的人。

無論如何，為了更進一步了解當時帝國首都的生活，我們在此引用另一個類比。追根究柢而言，羅馬本身非常像一棟大房子。你的臥室在一條街道上的公寓大樓裡，廁所（公廁）在另一條街道上，浴室（公共浴場）則在另一個社區，廚房則在城市的另一個區域，等等。在這個想像中的房子裡也有間客廳：廣場區。但，說實在話，在這個城市裡有許多和人會晤的機會，所以我們可以說，四處皆客廳。

一般來說，即使是無所事事的人也不願意待在他們窄小陰暗的家裡。他們也出門到街道上活絡筋骨，讓原本已經很擁擠的城市更為壅塞。結果是，街道上總是充斥著遊手好閒的人。

因此，我們可以據此下結論說，所有羅馬居民使用羅馬的方式，和我們使用我們房舍的方式大同小異。羅馬就是他們的房子。同理也可應用到羅馬帝國的所有偉大都會中心。這是一種意識形態，城市的一種生活方式，但已經在我們的文化中消失。

09:10
羅馬的街道

　　我們又回到下方的街道，置身於群眾之間，在這段時間內，人數變得頗為可觀。那些從雄偉的公寓大樓上面幾層樓所構成的失落世界傳出的惡臭和強烈的迷惘感，仍然縈繞在我們心中。我們有那種我們身陷某些古老〈銀翼殺手〉[註]電影的城市中費力地呼吸的感受。在羅馬街道上行走，有一件令人相當吃驚的事，那就是你有好多條路徑可以選擇。羅馬就像是個活生生的有機體，有個以幾條大動脈組合而成的直線循環系統，全部通往廣場區，而在這些動脈旁則長出如毛細管般龐雜繁複交通脈絡。

　　因此，帝都羅馬的街道模式讓我們想起大部分較為古老的現代城市的歷史中心：許多蜿蜒曲折的細窄街道。理由很簡單：如此才不會占掉太多建築物的可用空間。

　　「大道」（via）這個名稱只保留給較為寬廣的街道，大約是五公尺到六・五公尺寬，足夠讓兩輛馬車並行通過或對向交錯而不碰撞到彼此。令我們吃驚的是，在羅馬的心臟地帶只有兩條這麼寬的路。其餘的帝國首都則由「巷弄」（vici）、更狹窄的「街」（angiportus），最後是不折不扣的都市「小徑」（semitae）的複雜網

註　〈銀翼殺手〉（Blade Runner）：一九八二年的科幻電影，描述二〇一九年如人間地獄般混亂的洛杉磯。

絡所構成。古代人曾語帶諷刺地講述說，住在街道兩旁的人能夠伸出手來握手。

羅馬另一個讓我們驚詫的特色是陡峭的上坡路。在一個七丘之都，無可避免地會有許多像山區騾徑般彎曲的斜坡，羅馬人稱呼這種路為「小坡」（clivi，舉如蘇布拉努斯小坡、卡皮托利努斯小坡〔Clivus Capitolinus〕等等）。凱撒曾命令要將它們鋪上石板，卻從來沒有確切執行過。因此，它們在夏季灰塵滿天，在冬季則處處泥濘，還有各種垃圾覆蓋，可以輕易想像那些被引發的沼氣惡臭沖天的景象，如同我們在今日的第三世界國家所見一般。

這些狹窄迆邐的街道和過於靠近的建築物使得城市易受火災的危害，火災的蔓延非常迅速。

在西元六四年那場毀滅性的大火後，尼祿試圖以新的都市計畫重建羅馬。為了預防火災迅速蔓延，他將街道拓寬，加大建築之間的間距，他還建造了拱廊，好讓消防隊能在城市中更安全地穿梭。

事實上，從那之後起，太陽得以重新照射許多原本因建築物過於接近而隱藏在黑暗中的街道。但情況只得到部分改善。在投機商和無恥房地產大亨的運作下，許多地區再度毫無計畫地隨意發展，在四十年間就又將羅馬帶回舊時的混亂狀態。

我們在群眾間繼續走下街道。任何初次拜訪羅馬的人都會對其強烈的對比感到吃驚。帝國首都的風貌不斷改變，我們眼前就有一項證明。我們現在發現自己身處一條相當現代的筆直大道上，兩旁是陽光普照的高大建築、人行道和商家。但我們所需要做的僅是在街角轉個彎，便立即進入一個由陰暗小巷構成的迷宮

內，眼前雜亂無章地矗立著破敗骯髒的公寓大樓。

　　這就彷彿就好像是有人將紐約雄偉整齊的景致，和中東市集窄小蜿蜒的巷弄放在同一個城市裡一般。你感覺到，你僅只是轉個頭或轉個街角，便從現代世界回到中古時代。

　　我們開始走下一條巷弄。建築之間掛著等待晾乾的衣物。衣服的顏色繽紛，看起來像許多隨風飄揚的西藏彩旗。一位壯實的女人出現在一個可眺望街道的木製涼廊上，用繩子放下一個籃子。一個男人等在籃子下方，他是位街頭小販，他用袋子裝滿一袋蠶豆，準備將它們放進籃子裡。我們從他的穿著打扮，可判斷出他住在鄉下，來到城市裡販賣他菜圃裡的農穫。他和那位女人顯然彼此熟識；這點你從他們之間開玩笑、交換俏皮話和逗彼此大笑的方式看得出來。

　　數世紀以來，這樣的日常生活場景都沒有改變。這才是真正的羅馬：它是個由結合所有居民的日常儀式所組合成的網絡。我們往前走，經過那位街頭小販，他現在正在和另一位從窗戶往下望著街道的女人聊天。

　　探索這些小巷弄感覺很像走在威尼斯的街道（calli）之間，小街道的盡頭是片開放靜謐的小廣場。在這裡也是一樣，在遇到一位連招呼都懶得打的胖男人後，我們正在行走的狹窄小巷盡頭是個小綠洲：一個小廣場中間有座噴泉，噴泉兩旁長著兩株高大的樹，鄰近居民不斷前來此地，從噴泉裡裝滿水後，將水桶提走，他們所潑灑出來的水流到地上，滋養了樹木。廣場一側是白色大理石形成的明亮柱廊。那是一座神廟，門還是關著的。兩名乞丐坐在階梯上，身上穿的破布讓人說不出是什麼顏色。我們在此駐

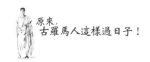

足幾分鐘，細細品味這個出乎意料的和平之島的靜謐氛圍，抬起臉龐，迎接早晨溫暖的陽光。

神廟旁有條非常狹窄、陰暗的小巷，我們開始走下它。突然間的昏暗迫使我們在前進時伸出手來向前摸索。事實上，它不僅缺乏光線，也缺乏新鮮空氣。這巷子被許多人拿來當公廁使用。我們摀緊鼻子，快步朝巷尾的光亮處走去，我們現在離它不遠了。它就在幾公尺外。我們到了。我們在完全沒注意的情況下，絆倒在某樣東西上。它看起來像一袋裝滿破布和木棍的袋子。這是什麼？誰將它丟在馬路中央？我們彎下腰好看得更清楚，用身上的短袖長衣摀住鼻子以抵擋那股惡臭，現在它變得令人作嘔，但又帶著些許甜味。

我們的眼睛已經習慣那片昏暗，一張臉從黑暗中慢慢浮現：一張僵硬的臉，深陷的眼睛，不自然的膚色……這是一具屍體！它至少在這躺了一天。是誰呢？那些無數的乞丐之一？不太可能。沒有乞丐會選擇在這麼骯髒的地方過夜。現在，我們能把屍體看得更清楚了，我們鼓起最後的勇氣，伸手碰觸他的手臂。他的短袖長衣製作精美，顯示他經濟狀況良好，也許不是有錢人，但日子還過得不錯。他缺了一根手指；搶匪將它剁了下來，搶走金戒指。這可能是發生在夜晚的慘劇。我們幾乎可以在眼前看見這個場景。這男人可能正從晚宴或浪漫的幽會後回家，或者他有可能喝醉了。但他做錯的不是這件事。他犯下的真正致命錯誤是獨自返家。他在沒有照明的街道上遭到攻擊，被刀刺傷，被拖到這裡，謀殺他的人在一片漆黑中從容不迫地解決他，將他的財物剝光。我們挺起腰，繼續朝光亮處走去，我們可以看見人們在那裡走來走去。我們快步走出小巷，猛力深吸幾口新鮮的空氣——

在那之後，我們注意到自己正在一條寬闊大街的中央，周遭都是人，我們像河裡的潮水般被群眾推著往前走。僅在幾秒鐘內，巷弄的黑暗和惡臭都消失了，我們不再感覺到暴力和死亡的沉重氛圍。現在圍繞著我們的是生氣盎然、繽紛色彩、濃郁香氣、人類臉龐，以及涼爽的早晨空氣。我們在幾秒鐘內，就從一個世界走進另一個世界。羅馬亦是如此。

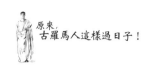

09:20
商家和工坊

　　商店店主已經展開新的一天。有些已經開始營業了；有些則還沒完成販售商品的陳列工作。有些店主則因為在夜裡運貨、喪失了幾小時睡眠的關係而來遲了，現在才正要拿下在關閉商店時，保護貨品的沉重木板。

　　商家的鎖門方式採納一種在整個帝國中通用的手法，與現代義大利商家幾乎全數使用鐵捲門的方法類似。店主使用狹長的厚重木板，一塊塊接起來。他們將木板插進大理石門檻的深凹槽裡（在今日所有的考古遺址中仍清晰可見，特別是在龐貝）。其中一片木板，也就是位於側邊的那片，可以當作門板，當其他木板都固定住時，這片門板可以打開。

　　幾根長長的鐵桿固定住整排木板，它們穿過木板上的圓環，然後固定在牆壁的凹洞裡。一道門閂或一個和今日我們所使用的鎖非常類似的鎖拴住木板，使它們不會亂晃；只有青銅鑰匙和今日我們所用的稍有不同，看起來像彎曲的叉子。

　　在今日的城市裡，一天始於商家和酒吧的鐵捲門的震動，但在帝都羅馬，你聽到的是門閂的嘎嘎聲響，鐵桿滑開和擺放在商家後方的聲音。今日某些地中海國家仍是循這樣的模式展開一天，比如突尼西亞的城市斯法克斯[註1]。

　　但這不是唯一的差異。我們現在站在一家正要開門營業的店家前。木板移動，門板打開，從裡面走出一個眼神朦朧、眼睛浮腫的男人。他仍舊提著油燈，因為他從裡面打開門閂時需要照明。他昨夜顯然是在店裡過夜。一個男孩也走出來。他的鷹鉤鼻長得和那位男子的一模一樣，顯然是他的兒子。那男人發出一聲咒罵。昨晚有人在一塊木板上刻了些污辱人的字句。那兩個男人在搬動木板時，一位嬌小的女人從門裡走出來，臉上罩著面紗。她是男人的妻子。她看看塗鴉，厭惡地皺著臉，然後走開，大聲叫著可能是罪魁禍首的人的名字：一名在昨天要求賒帳但被拒絕的顧客。那女人握著兩只大水罐，正要朝附近的噴泉走去。但她才走沒幾步路，就有一個微弱的聲音叫住她。她停下腳步，抬頭看看天空，轉過身來。一個不到三歲的小男孩從門口出現，臉和短袖長衣都髒兮兮的，他朝著她跑過去。

　　整個家庭都住在這個小店裡讓我們很驚詫。但他們不是例外；在羅馬和帝國境內，這幾乎是通例。這些人是誰？有時，他們自己就是店主或經理。但他們是如何一起擠在不到九或十二坪的店面裡生活的呢？

　　現在商店開門了，我們可以藉此一探屋內究竟。商店沒有展示櫥窗。我們先前提到過，玻璃非常昂貴，而且，在這時代，沒有人有能力生產這麼大片的玻璃。因此，商店的前方完全對街道敞開，就像今日的魚店或小雜貨店一般。開口處有座小型磚砌櫃台，用來展示商品。一根長桿在高處橫越過入口處的整個天花板，桿子上掛了數種地方特產，特產則以袋子包裹，或是放在用

註1　斯法克斯（Sfax）：突尼西亞東部港市。

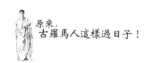
紅色標籤封裝的水罐裡。

　　父子兩人開始擺出裝滿椰棗、胡桃、李子和無花果乾的籃子。這家商店賣的是食物，特別是乾貨，後者很容易保存，放一整年都沒問題。

　　放在籃子裡，手拙的顧客和小偷無法拿到的是一些外型可愛、小而長的雙耳長頸瓶子，裡面裝的是遠近馳名、羅馬人非常喜愛的魚醬。這些瓶子裡裝的是品質低劣的魚醬，但它們的陳列方式和店主所賦予它們的誇張明顯地位，讓我們不難了解，它們正靜待著準備海削某些天真無邪的顧客。

　　我們往店裡一瞧，立刻就看見在磚砌櫃台之後，在商店後方，於袋子、長頸瓶子和商品之間，有條木製樓梯通往整個家庭住的樓上閣樓。那是一個沒幾坪大的小房間，就位於顧客的頭頂上。它唯一的室內光線來源是店門上方的那扇正方形小窗。

　　閣樓內部和我們在公寓大樓的中間樓層所看到的脫序、混亂和貧窮情景如出一轍：夫妻倆睡一同張床，兩個孩子擠在一張小床上，釘子上掛著衣服，兼具烹飪和保暖功能的火盆，一個可能裝有女人化妝品的小盒子。但床底下有另一個盒子探出頭來，它裝著非常重要的東西：商店裡的銷貨進款。鑰匙則由女人掌管，她現在正在噴泉處，鑰匙掛在火在她乳溝間的鍊子上。就跟幾乎所有的人類社會裡一樣（從非洲半游牧的辛巴註2民族到塞爾特人、維京人等等），儘管都是男人在發號施令，但掌管家庭財物的鑰匙的卻總是女人。

　　我們在此所見的是羅馬所有商家、作坊和倉庫的景象。這些

註2　辛巴（Himba）：納米比亞的游牧民族。

閣樓（或是後室）根據不同的情況，是工匠、店主、守夜人、書記，甚至妓女的家，比如在酒吧的例子裡，商家都是在一樓與顧客交涉，而消費則在樓上的閣樓裡進行。

現在，店主正穿越街道，拿著一個裝著早餐的盤子：有麵包、無花果乾，和他正嚼得起勁的乳酪。在他吃完早餐前，他有件非常想做的事。他抵達街角，抬頭看著牆壁裡的一個壁龕，裡面有個由灰泥製成、漆成鮮紅色、巨大的人類男性生殖器。他用手撫摸著它，喃喃低語了些什麼。每早，他都以這個迷信的儀式開始他的一天。

對羅馬人而言，直挺挺的生殖器是好運的象徵。它們在羅馬境內到處可見：雕刻在鋪設於街道上的巨大石板，或大道和商店入口的牆壁上。羅馬人甚至還將一串串不時搖晃的青銅陽具和會響的小鈴鐺，一起掛在房舍和商店入口的鍊子上。羅馬人叫它們「鈴鐺」或「風鈴」，而你每次經過時碰觸它們並讓它們叮噹作響都會帶來好運。

這也許讓你吃驚，但這個陽具好運符的習俗早已流傳到我們的世代，縱使這習俗的面貌經過偽裝，不容易看得出來。在過去的某個時期，直立的陽具變成著名的紅色珊瑚或象牙角，許多人仍然將這些物品放在口袋或皮包裡，或是繫在手鐲或項鍊上。更別提那些我們常見掛在行駛於公路的卡車的後視鏡上的龐大獸角。它們是迷信這領域確實的考古發現。

我們可以聽到從隔壁的工坊傳來的鎚子敲打聲。我們將身子從門口探出，發現剛剛拜訪的店主的鄰居是位銅匠。他骨瘦如柴，有著黑色鬍鬚和橄欖色皮膚，顯然來自中東。他盤腿而坐，正在用鎚子用力擊打一個鍋子的底部。他以令人讚嘆的精準和速

度搥打著：在鎚子拿起與落下之間不到一秒鐘的時間裡，他稍稍旋轉鍋子以敲擊新的部位。讓我們看得著迷的是，鍋子似乎是自己在旋轉，彷彿它是半懸在銅匠手中的空氣之間。

男人抬起頭幾秒，對著我們微笑，又繼續低頭搥打。可以確定的是，這個搥打聲一定嚴重干擾到他的鄰居。事實上，我們從閱讀古代人的紀錄中得知，銅匠和他們震耳欲聾的吵雜聲是羅馬街道上一個「色彩」（和噪音）特徵。

誰知道呢，也許這個他正在搥打、有著優雅裝飾的物品，將在一千八百年後被考古學家挖掘出來，收納於館藏中。那是個平淡無奇的物品，是那種人們去博物館參觀時不會太留意的物品之一，但看到它的製造過程和欣賞這位工匠所發揮的嫻熟技術和細心後，它幾乎就像個小型藝術傑作。我們很容易忘記這點，但這類工藝技巧是博物館裡展示的每個物品所呈現的層面之一，即使在最簡單和卑微的展示品上也是如此。我們只消好好思索它們的製造過程，或創造者所投注的心力和血汗，就會對安放在玻璃另一側的物品產生更大的興趣。

在工匠後方，於成堆的鍋子和平底鍋、水罐，以及蛋糕和派的模具之間，可以看見那常見的、往上通往閣樓的樓梯。

儘管如此，我們卻注意到一個罕見細節：最初的四到五個階梯是磚砌的，而其餘階梯則以木頭製成。這麼做可以省錢，也可能是一種防火措施，可防止由掉落的油燈所引燃的火焰延燒到樓上。或者，也許它是如同某人所主張的，是房東想出來的一種手段，他能在房客遲遲繳不出房租時將樓梯「切掉」，就像我們在公寓大樓裡所看到的一般。

如果這種說法屬實，那麼這些工匠和店主的生活也相當不穩

定。他們整個家庭的生活懸於他們微薄的收入，和是否有能力支付房租的微妙平衡之間。羅馬街道生活最廣泛的特色之一，就是不確定的未來。

我們現在不再走在街道中央，而是走在一道長長的拱廊之下，它讓我們想起義大利北部城市，比如波隆納（Bologna）、帕杜亞（Padua）和維洛納（Verona）城裡那些往往源自於羅馬的門廊。在它的拱門之下，有一長排店鋪。這景觀讓人眼花撩亂。每隔約四·五公尺，展示的物品便有所不同，店鋪的色彩也隨著商品而有所改變。從圍掛在店鋪入口的物品，和從吊在橫越整個門廊天花板的繩子上的貨品，我們可以判別每個商家賣的東西。不同的雙耳長頸酒瓶和籃子就宛如店面招牌。我們彷彿正在翻閱一張羅馬的行業列表。

第一家店的店主是個羽扇豆小販，然後是青銅匠和他的工作坊，之後是麵包師傅，一位也幫人裁製短袖長衣的布商，一個位於建築物內、供奉伊西斯註3的小神廟的入口，專做葬禮花圈的花店商，鏡子製造商，蔬菜水果零售商，男製鞋商，珍珠商人，隔壁則是他哥哥的店，他專門雕刻從非洲來的象牙。最後是羅馬日常生活裡不可或缺的酒吧，許多顧客現在正吃著廉價早餐。

摩肩擦踵的人群令人吃驚。他們有點像牧草地裡的蜜蜂，不斷地從一朵花飛到下一朵花，門廊下，顧客來來去去，不斷進出商家。這是羅馬早晨的典型景象。

帝國首都（就像現代羅馬）真正令人頭痛的問題是公共空間遭到占用：門廊下擺滿了各式各樣的商品攤子。商店往往會延伸

註3　伊西斯（Isis）：埃及的創造女神和大地之母。

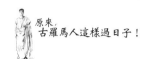

到人行道上，頻頻引發路人抗議，甚至還有幾位皇帝，比如，圖密善，他就曾經抱怨羅馬已經變成一座雜亂的大商店。圖密善曾經設法禁止「理髮師、店主、廚師，和屠夫占據街道」，但成效不彰。

羅馬並不存在著商業區，但台伯河附近或阿文蒂尼山丘上的通用倉庫是個例外。但羅馬的確設有特殊用途的街道，比如靠近蘇布拉的阿吉勒頓（Argiletum）地區的書店街。還有香水店街，或你能買或修鞋的街道。甚至還有一條銀行家街和一條專門兌換外幣的街道。

儘管如此，商店和各種行業經常混合在一起，散布在整個首都內。這絕對是個現代特徵。

還有另一項令人吃驚的資訊。店鋪涵蓋整個建築的長度。商店位於公寓大樓或多穆斯的一樓，過去通常是富裕人家的房間。屋主用一道牆將店面和一樓的其餘空間區隔起來。然後，他打通面對街道的那面牆，好將它們租給店主，以便從房產中增加收入。這個情況不值得我們大驚小怪；「賺錢」兩個字在羅馬的世界裡使用得非常廣泛。沒人以賺錢為恥；反之，房產理應提供收入，這再自然不過了。

有時候，如同我們在奧斯蒂亞廢墟的發現，一棟公寓大樓的整層一樓都會出租，創造出外側的商店和位於內部的某些重要服務業（洗衣店、工坊、神廟）。這是屋主多元化（和增加）其賺錢來源的方式──不只出租樓上公寓，還有靠路旁的店鋪和內院的工作坊。

但這些店主和工匠工作時數有多少？和我們差不多嗎？令人驚訝的是他們的工作時數比今日的我們來得短。從古代文獻進行

資料的估計和比較後，歷史學家卡科皮諾下結論說，羅馬人一天的工作時數大約是六小時：說起來，就是從黎明到午餐的這段時間。在一天的其餘時間，人們並不工作；他們去浴場或做其他的事。想當然爾，一定有許多例外。比如，理髮師和古董商的工作時數就較長，因為他們大部分的顧客只會在下班後才上門。

09:40
與一位神祇相遇

　　在我們仍沉浸在這類思緒中時，一股奇怪的味道撲鼻而來，使我們分心。味道很清淡，卻不容忽視，既不香也不臭。我們對它非常熟悉；那是焚香的味道。我們因此了悟自己正站在一個小型開放空間的門檻上，就在道路向外拓寬的地方。在它中央有個大理石祭壇，祭壇後面步上階梯就是小神廟。它屹立在街道一旁，就像在市中心忙碌街道一側會看到的小牧區教堂。樓梯上沒有準備拉扯你衣服的乞丐。這很奇怪。但我們立即恍然大悟；儀式已經結束了。我們走近一看，看到祭壇上（一塊雕刻精細的大理石，四周掛著花環）存有儀式剛剛完畢的跡象：幾道血跡、燃燒著灰燼的火盆，以及供品燒焦後的殘餘物，毫無疑問地，那些是食物。

　　數位工人正在清掃階梯。他們也會拿走火盆，將祭壇恢復原貌。我們走近神廟，走上階梯。神廟呈現古典風格，有個屋頂和圍繞著小屋（神像室）的柱廊，小室內有神祇雕像。雕像通常以金子、象牙，或珍貴的大理石雕刻而成。只有祭司才能進入神像室。信徒必須停留在室外，而公開儀式則在外面的祭壇舉行。

　　現在我們站在神廟前方的柱子之間。柱子以粉紅色埃及花崗岩製成。不知何故，每當你走近花崗岩時，都會感覺到一股涼爽

迎面而來，但這可能只是早晨的陰影所致。工人們在打掃階梯、柱廊內部和神像室時，讓青銅大門半開著。這是窺看裡面的大好良機。我們悄悄溜進去。焚香的味道變得更為強烈，如同神聖的無形霧靄從半掩的門裡裊裊冒出。我們的眼睛無法馬上適應這片幽暗。我們注意到有幾支油燈掛在牆壁上，四周還有分枝燭台（不是你在電影中看到的火炬）。我們的眼睛逐漸適應黑暗後，我們開始看出，在神像室遠方牆壁上有座肖像。那一定就是廟裡供奉的神祇了。在油燈的微弱光線中，祂看來肌肉結實；你幾乎要脫口說出他是赫丘力斯註1。雕像由鍍金青銅製成。但我們注意到一件怪事：這座雕像有兩張臉！第二張臉彷彿從後腦勺浮現出來一般。祂一定是傑納斯註2，那位雙面神祇。祂是主宰改變和過渡的神祇，一般而言，專司所有事物的起始和結束。

　　這位神祇也在現代人的日常生活中留下足跡。儘管大多數人都不知道，但其實，我們都在一年的某個特定期間不斷地引用祂的名字。

　　事實上，一月這個字便起源於傑納斯，一個要把舊的一年拋在後面並迎接新的一年的月份。這就是為什麼它要奉獻給雙面神祇的原因。

　　在這方面，我們今天所使用的月份名稱全源自羅馬一事，很值得我們探討。下列是它們的意義：

　　一月（January，拉丁文是Ianuarius）是雅努斯註3或傑納斯的月

註1　赫丘力斯（Hercules）：宙斯和阿爾克墨涅之子，為大力神。
註2　傑納斯（Janus）：天門神，頭前後各有一張臉，司守萬物始末。
註3　雅努斯（Ianus）：與傑納斯為同一神祇，起始之神，主司門和橋樑。

份。

二月（Feburary，Febrarius）是淨化（februare）的月份。

三月（March，Martius）是供奉戰神馬爾斯（Mars）的月份。

四月（April，Arpilis）供奉阿佛洛狄忒（Aphrodite源自Apru，愛神的伊特拉斯坎名稱）。

五月（May，Matus）供奉墨丘利之母，女神邁亞（Maia），主司所有生命的成長，包括花園和田野裡的植物。

六月（June，Iunius）是奉獻給朱諾的月份。

七月（July，Iulius）向凱撒致敬。

八月（August，Augustus）向羅馬的第一位皇帝，奧古斯都致敬。

九月、十月、十一月和十二月（September，October，November，December，它們的英文名字和拉丁文名字相同），我們憑直覺就可以知道，它們源自數字，而非神祇。

實際上，在西元前一五三年以前，曾經有段期間，一年開始於三月，而非一月。因此，從九月到十二月是一年中的第七、第八、第九和第十個月份，它們以數字的增長次序來命名——而我們直到今日仍舊沿用這個習俗。

在此要提提羅馬曆法的最後一項奇聞：假日。在共和時期[註4]，一年有二三五個「吉」日，相當於我們的工作日，在這些日子裡所有的公家機關都會開門運作，一年還有一〇九個「凶」日，

註4　共和時期（the Republic）：始於西元前五〇八年，持續四百八十二年，在內戰中被推翻。

萬事停擺，相當於我們的假日。在第二世紀，就在我們在古羅馬度過一天的這個時期內，假日的數字暴增到幾乎每隔一天就是假日。顯然，在羅馬時代的這個時間點上，假日不再是休息日，而是「聖」日，但在這些日子裡一般活動並未中斷。

會讓我們覺得最特別的節慶也許是農神節。這個節日在十二月的下半月舉行，慶祝播種季節的結束。它不僅是肆無忌憚的歡慶節日，在這幾天中，家中的角色還顛倒過來。主人在桌旁伺候，奴隸則可以盡情享受某些自由。但我們不知道，這份「自由」實際上開放到什麼程度，而它對奴隸而言，是否意謂著真正的活動和行為上的自由。

我們的沉思突然被祭拜傑納斯的祭司隨從之一的嚴厲斥責所打斷，他進入神廟，粗魯無禮地將我們趕走。我們並未進入神像室，所以並沒有污染任何神聖的東西。但他仍然得再執行一個淨化儀式。

神廟大門用力關上時，吐出一道強烈的焚香煙霧，將我們吞噬。羅馬人為何在神廟裡使用焚香，就像我們在教堂裡一樣呢？這習慣為何繼續延用了好幾個世紀，甚至到我們今日的時代，而且不僅是在歐洲？理由很有趣，卻不為人所熟知。

焚香似乎對病原體有溫和的淨化效果。這是數世紀以來，它被拿來「消毒」神廟的原因。事實上，緊鄰神像室外面的區域是信徒的聚集之地，他們之中有許多人生了病，前來祈求神祇賜福和療癒他們。因此，神廟往往是不潔淨的場所，滿是細菌，空氣渾濁而不健康。而使用焚香可以透過熏蒸消毒的方式來淨化這些地方。

宗教和迷信

我們離開神廟。宗教在羅馬人的日常生活中究竟占多重要的地位？

對羅馬人而言，神祇無所不在，即使祂們是無形的，卻每天都會介入他的生活，傳達各種徵兆，幫助或傷害他們。在我們旅遊古羅馬的行程中，我們往往錯過這個層面，因為我們總看不見對羅馬人而言顯而易見的許多訊息。

比如，對羅馬人來說，貓頭鷹意味著立即的厄運。神祇派牠過來警告人們，並阻止人們完成手邊正在進行的工作。同理，老鷹代表雷雨即將來臨。

又比如，對我們而言，看見蜜蜂沒什麼大不了。但，反之，對羅馬人來說，這是個好兆頭，因為蜜蜂被視為神祇的信差，因此會帶來好運。然後還有鳥兒的飛行方向；根據牠們飛翔的方向，會帶來好運或厄運。如果牠們飛向太陽升起的東方，那就代表好兆頭；倘若牠們飛向太陽下沉的西方，那就是厄運。羅馬將軍對此不敢輕忽，他們在打仗前，於慣常的獻祭儀式之後，都會非常小心地觀察飛過他們頭頂的物體。

能預測未來的大祭司觀察拿來祭祀的動物內臟，以作為占卜的依據。伊特拉斯坎祭司長期以來被視為這類占卜的高手。特別是，肝臟被視為命運的完美表徵。這背後的理念是神祇透過肝臟的外表來表達祂們的意見。祭司則檢查肝臟的形狀和顏色，審視是否有任何異常狀態，幾乎就把肝臟的表面紋路當作是未來的地圖。然後他們宣布裁決。

這看起來也許像是古代占卜手法，但現代仍有某些民族繼續沿用。比如，為了了解稻米收穫的好壞，寮國農夫會宰殺一隻豬

仔獻祭,然後像羅馬占卜內臟的大祭司般,仔細檢視牠的肝臟。

羅馬人的信仰是什麼?他們膜拜諸多神祇,多到我們無法在此一一列舉。我們就說祂們大致分為兩大類好了。第一類神祇專司每日家居生活的小層面,比如家神(家族的祖靈)和珀那弒(Penati,專司家庭物資儲藏)。這些神祇在家裡的小神廟裡受到膜拜,每日都有獻祭儀式,就像我們在富有的羅馬仕紳的多穆斯裡看到的一樣。

第二類神祇是羅馬萬神殿裡那些赫赫有名的神祇。就說祂們是官方的神祇吧,其中有許多是希臘神祇的羅馬化身。

最重要的神顯然是朱庇特(天神和雷電之神,為注定統治世界的羅馬人的保護者),朱諾(女性之神,專司生產)是祂的妻子。然後還有密涅瓦(Minerva,藝術、戰爭、智慧女神)。對羅馬人而言,這三位神祇最為重要,祂們是所謂的「卡皮托利尼三大神祇」,在所有羅馬帝國城市內,被放在(有三個神像室的)單一神廟中受到崇拜,而這些神廟都就坐落在城市廣場區的中央(在羅馬卡皮托利尼山丘的那座神廟是原型)。

然後是其他神祇:馬爾斯(戰神)、維納斯(愛、性和美麗女神)、狄安娜(狩獵和月亮女神)、巴克斯(Bacchus,酒神)、墨丘利、伍爾坎[註5],等等。

外來信仰

我們的思緒被一陣伴隨著樂器、節奏分明的唱頌所打斷,它

註5　伍爾坎(Vulcan):火與鍛冶之神。

非常像我們在重要節慶裡看到的許多宗教遊行裡的歌唱。我們轉身過去看。就在離我們不遠處，有一小群宗教隊伍在人群中開出一條通道。女人披散著直直的長髮，男人都理光頭，有些人前額上綁著一條緞帶。街道上的人自動為他們讓出一條走道，表達高度的敬意；沒有人相互推擠。這有點像在遠東地區看見一排和尚走過市場的景觀。

他們的穿著方式也很古怪：他們穿著白色長袍，質料非常輕薄，在腰部打個結。主祭司走在行列中央，捧著圓滾滾的雙耳細頸酒瓶，顯然和儀式有關。引人注意的還有兩個女人，她們分別是領頭和在行列尾端殿後的人。殿後的那位女人手上拿著一個嘩郎棒（sistrum），那是一種套索模樣的青銅樂器，上面有著小金屬棒。當她搖晃它時，金屬棒便發出一種類似銅幣在錢袋裡晃盪的聲音。它已經在埃及使用了好幾個世紀，它的名稱「she shesh」則是取自它製造出來的聲音。

這個樂器在今日衣索匹亞的宗教遊行中仍然可見，它是宗教儀式的活化石。

另一方面，帶領著儀式行列的女人則有個活生生的樂器。她邊走邊將一隻手臂往外伸直，彷彿想和人群握手。但沒人敢碰她；一條蛇纏繞在她的前臂上。那是一條眼鏡蛇，牠朝著旁觀者弓起身子，擺出威嚇的姿態。牠在儀式中肯定扮演了某種角色，但拿牠來在人群中開路，不失為一個好辦法。我們看到幾位直到最後才注意到蛇的人，驚惶地跳開，不敢相信他們的眼睛。

這個宗教隊伍信奉的是哪位神祇呢？原來是埃及女神伊西斯。實際上，羅馬人的宗教信仰裡，也有一些從征服的土地上流傳進來的重要外來神祇，比如，伊西斯和塞拉皮斯註6，祂們也有

自己的神廟、祭司和羅馬信徒。

伊西斯不是唯一的外來女神。第一位抵達羅馬的是西比爾（Sybil，或馬格納馬特〔Magna Mater〕，眾神之母），祂來自於現今的土耳其。

向祂致敬的儀式表演中，常常包括公牛的血腥獻祭。新的信徒躺在從地上挖出的壕溝中，再蓋上一片有洞的木板。公牛在木板上進行獻祭，牠的鮮血大量滴落到新信徒身上，就像基督教受洗禮的水一般。

這個儀式原先是要讓新的信徒得到公牛的力量，但在我們所拜訪的羅馬，這個儀式的目的主要是淨化，而且它還得定期反覆舉行。

另一位值得探討的外來神祇是密特拉[7]。祂來自遙遠的波斯，由在帝國極東疆域打仗的軍團士兵帶來羅馬。公牛在這個宗教裡也扮演了重要角色。當我們看到密特拉的肖像時，祂總是在殺公牛，公牛的鮮血則成為宇宙的生命之血。密特拉教後因深植於羅馬社會，成了基督教的主要競爭對手。

令人吃驚的是，密特拉與基督有幾個共通點。兩者都宣揚全世界的兄弟情誼，兩人都在十二月二十四和二十五日之間的夜晚出生！

而我們則更吃驚地得知，埃及人的鷹頭人神何露斯[8]、希臘酒神狄俄尼索斯（Dionysus），和佛陀（悉達多）的生日也都在一年中的這個時刻。

註6　塞拉皮斯（Serapis）：埃及的冥神。
註7　密特拉（Mithras）：古波斯神話裡的太陽神。
註8　何露斯（Horum）：法老王權的守護神和天空之神。

這些重要神祇的生日為什麼都在同一天呢？

答案在天文學裡。冬至是十二月二十一日，為一年中白晝最短和黑夜最長的一天。在那天之後，白晝開始越變越長。

神祇的誕生與光線的回返對許多宗教和文明而言，具有重大的象徵意義。因此，對羅馬人而言，十二月二十五日是太陽的誕生日此點，絕非出於偶然。

在圖雷真治下的羅馬也有一些基督徒。但與接下來的世代相較，此時的基督徒人數仍然很少，且大部分散布在城市邊緣人口較為稠密的社區。

在圖雷真治下，基督教儘管正在興起，但仍舊是個少數宗教，仍因尼祿在大約五十年前的殘酷迫害而戒慎恐懼。另一方面，較為繁盛的是猶太教。那時已有一些猶太教堂，比如在奧斯蒂亞的那座，而猶太人也在許久以前便來到羅馬。提圖斯於西元七〇年時毀滅耶路撒冷後，猶太人四處奔逃，其中有一大批湧進羅馬，壯大了那裡的猶太社群（他們的根源可追溯自西元前第二和第一世紀）。

基督徒，猶太人，密特拉、伊西斯、西比爾的信徒，朱庇特、朱諾和密涅瓦的崇拜者……在在顯示我們所拜訪的羅馬，如同帝國的其餘地帶，享有宗教自由。沒有人因宗教或信仰而遭受歧視。

當然，在羅馬的歷史上並非總是如此。未來也將不會是這樣。在君士坦丁大帝治下，基督教將成為國教，並且時有排斥他教的情況發生，將其他宗教驅逐到邊緣地位。

但在圖雷真治下，宗教在實質上取得平衡。為什麼呢？

首先，因為宗教自由是保持帝國穩定的重要策略。賦予人們

崇拜的自由，可以避免造成危險的對立和暴亂。因此，每個人都能相信他所要信仰的宗教，條件是他必須對皇帝做出一些小小的犧牲，即認可他的絕對權力。基督徒遭到迫害就是因為他們拒絕承認皇帝為神（並參與崇拜皇帝的儀式）。

這麼做主要也是為了讓帝國的子民對羅馬帝國宣示效忠。我們必須記得，當時也存在著帝國宗教，或是對以奧古斯都為首（在他之前則是凱撒）等已故神聖皇帝的崇拜，這些皇帝也擁有自己的神廟和祭司。

關於羅馬偉大的信仰自由，有另一個較理論性的解釋。奉行實際主義的羅馬人不想因為拒絕外來神祇而與祂們為敵。

但我們對宗教和羅馬人還有一個疑問。

為何外來宗教在羅馬人間如此成功，並廣為各階層的人口接納？這答案真的很有意思，並讓我們聯想到某些典型的現代現象。

許多外來宗教提供一種目標，一種未來幸福的願景。許多羅馬人在本能上需要相信未來將會更為美好，尤其是在羅馬歷史上的黯淡時刻，比如在共和時期的最後時日，這類氛圍使得新宗教的傳播更為容易。

除此之外，一旦完成了一種祕密的入會儀式，新信徒會發現新宗教的祭司和他們過去所熟悉的祭司非常不同。祭司們將整個生命奉獻給神祇，並與信徒維持親密關係，傾聽他們的困難，指引他們。這恰恰與羅馬官方宗教相反，它過於嚴厲、冷淡，對教徒的精神需求抱持著疏離的態度，最重要的是，執行儀式的祭司比較像公事公辦的公務員，而非神職人員。

最後，不排斥女性信眾也是這些新的宗教能成功的另一祕訣。除了罕見的例外之外，羅馬官方宗教大致說來是男人的活

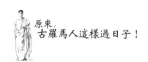

動，傾向排斥女性參與。

因此，這些新宗教發現了一整個它們可以向其傳播教義的新人口群體，也許更重要的是，拜女性扮演的教育者地位之賜，它們可以深入家庭，發現新的聽眾和信眾。

09:50
為什麼羅馬人的
名字這麼長？

　　當我們正在思索這個議題，並作出結論時，走在我們前頭的男人轉過頭來，像某些足球隊員在比賽中所做的那般，用手指擤擤鼻子。為了將手指頭弄乾淨，他在空中甩了甩指頭，然後繼續往前走，彷彿什麼事也沒發生過。在古羅馬，手帕尚未發明。

　　在前面的群眾之間，我們看見一個男人騎在馬上，緩緩朝我們這邊過來。他手中握著一根長矛。他穿著一件短短的短袖長衣，顏色非常淡，披著一件紫色斗篷，以一個漂亮、閃爍不已的青銅別針固定住。毫無疑問地，他是位軍人，他那軍人式的短髮和自信堅定的眼神也透露出他的身分。

　　他是位騎兵。直到大約二十年前，這些軍人於圖密善治下組成一個直接聽命於皇帝的特殊騎兵隊。現在，在最高統帥已經換人的情況下，他們被收編入圖雷真的禁衛軍。

　　現在他很靠近了，我們可以仔細端詳他。他年約二十五歲，五官比較像塞爾特人，而非地中海人；他有藍色的眼睛和棕金色的頭髮。他頸背上的一道長疤顯示他曾經打過非常艱辛的戰役。也許，這位騎士在開始軍人職涯時曾經隸屬於一個軍團，後來才被轉調此地。

　　我們聽到有人大叫，「佩瑞格林努斯！佩瑞格林努斯！」接著

是逐字發音清楚地說，「普布利烏斯・蘇皮西烏斯・佩瑞格林努斯！」那位年輕騎兵轉過身，朝我們這邊看。我們完全丈二金剛摸不著頭。發出大叫的男人就站在我們身後，而那位騎士正定睛看著他。那男人接著將我們用力推開，往前快步走，臉上帶著燦爛的笑靨，向騎士伸出手臂。騎士認出他來，靈巧地從馬背跳到地面上（我們因此發現羅馬人的馬鞍上沒有馬鐙；馬鐙要到中古世紀才會引進歐洲）。這之後，兩個男人彼此擁抱良久。他們是久未重聚的兄弟。現在他們並肩走著，牽著馬的韁繩。他們可能要去小酒館喝杯酒敘舊。街道盡頭就有一家。每走一步，那位禁衛軍的紫色斗篷就在他的小腿上優雅地前後擺動。不到幾秒鐘，他們旋即為群眾所吞噬。

可惜這位禁衛軍的命運多舛。他將會在三年後死去。我們不確定他是怎麼死的。我們只知道他的哥哥和父親將在一個大型火葬柴堆上火化他的遺體。他們將在他的墓碑上寫著，「普布利烏斯・蘇皮西烏斯・佩瑞格林努斯，生於梅狄歐拉烏姆（Mediolanum，米蘭），享年二十八歲，從軍九年。」他們也會將他的雕像豎立在他的墳墓上，雕像中的他牽著一匹用後腿站立的馬兒，準備前往戰場。

考古學家將在一九七九年於安齊奧[1]挖掘出他的墓碑和他的骨灰罈，後者現在展示於位於戴克里先[2]大浴場的國立羅馬博物館中。

但這個場景裡最讓我們印象深刻的是羅馬人的名字：普布利

註1　安齊奧（Anzio）：距羅馬南方五十六公里的海岸城市。
註2　戴克里先（Diocletian, 224~311）：羅馬皇帝，在位期間西元二八四至三〇五年。統治期間四帝分治，曾迫害基督徒。

烏斯‧蘇皮西烏斯‧佩瑞格林努斯。羅馬人的名字為什麼總是這麼長？

　　原因在於羅馬名字由三個部分組成：名字、姓氏和綽號。

羅馬人的名字

　　名字亦即人們稱呼我們的名字：馬爾科斯、卡伊烏斯、盧西烏斯等等。

　　姓氏則標示著一個人所屬的部落。如果要打比方的話，它相當於一種擴大後的姓氏，屬於許多家族，有時包括數千人。

　　最後，綽號是種通稱，差不多就等於一個形容詞，用來指稱一種精神或外貌特徵。魯夫斯（紅色）、辛辛納圖斯（鬈髮）、布魯特斯（愚笨）、卡維斯（禿頭）、卡俄卡斯（瞎眼）、西賽羅（鷹嘴豆）、納斯西亞（大鼻子）、登塔圖斯（大牙）。

　　三個名字的用法在蘇拉註1治下變得更為普遍。問題在於從那時候開始，所有的子孫都得保留那一長串的名字（包括他們不再擁有的祖先特徵：禿頭、長鼻子，等等）。有時候，一個新綽號會加到已經夠長的名字後面。這是普布利烏斯・科內利烏斯・史西皮歐註2在大勝迦太基人後，也變成阿非利卡諾斯註3的原因。

　　有趣的是，羅馬人在歷經數個世紀和世代後，逐漸改變他們在公共場所稱呼彼此的方式。

　　在共和時期，用名字和綽號來稱呼一個人已然足夠（類似

我們以名字和姓氏辨識一個人：卡伊烏斯・凱撒），後來，把三個名字都叫完整成了一種時尚。在帝國時代初期，人們認為光是使用綽號便已足夠。因此今天我們只說圖雷真（而非馬爾可斯・尤皮烏斯・特萊安努斯）或哈德良（而非普布利烏斯・艾利烏斯・哈德利安努斯）。

註1　蘇拉（Lucius Cornelius Sulla, 138 BC~78 BC）：古羅馬政治家，軍事家，獨裁官。

註2　普布利烏斯・科內利烏斯・史西皮歐（Publius Cornelius Scipio）：死於西元前二——年，羅馬共和國將軍和政治家。

註3　阿非力卡諾斯（Africanus）：意指「非洲人」。

0 9:5 5
羅馬人的娛樂

孩童的遊戲

有幾個孩童正在門廊的兩根柱子間玩耍。羅馬孩童都玩些什麼遊戲？大理石彈珠！他們顯然不會用玻璃或陶瓷彈珠，那太貴了。大自然提供了遊戲的原物料：胡桃。我們現在正在看的遊戲規則很簡單。孩子們從遠處輪流試圖擊中幾個胡桃金字塔。這需要瞄得很準！每擊出一次，這群把街道變成遊戲場的淘氣鬼就發出一陣叫喊。事實上，另外還有其他小孩在玩瞎子捉人的遊戲，在擁擠的街道上玩這個遊戲會讓大家的興致變得更為高昂，因為被矇住眼睛的小孩老是抓錯人，他每次都抓到陌生人，他的玩伴見狀往往發出一陣大笑。再遠一點的地方，兩個小孩正假裝自己是騎士，將竹竿當馬騎。

這些都確定了哲學家賀拉斯[註1]對於孩童遊戲的描述：騎竹竿是最受小孩歡迎的遊戲之一，同樣受歡迎的還有將小動物（比如老鼠或雞）綁在小車子前，或搭建小房子。

儘管如此，我們知道羅馬孩童愛玩的遊戲也包括用細繩轉陀螺、跳馬、蹺蹺板和捉迷藏。就只是如此嗎？也許不是。有個小

註1　賀拉斯（Horace, 65 BC~8）：古羅馬詩人，著作有《書札》等。

女孩從我們頭上的公寓大樓二樓陽台，俯瞰著在街道上玩耍的男孩子。她想下樓玩，但她母親不准她獨自在壅塞的街道上玩耍。因此她待在家裡，玩她的洋娃娃。

洋娃娃是個古代發明，可以追溯到史前時代。但她玩的洋娃娃很特別。它是赤陶材質，手臂和腿可以轉動。連羅馬孩童都擁有芭比娃娃此事，很讓人驚訝。

考古學家在幾種場所裡挖掘到這類玩具，尤其是在小女孩或青少女的墳墓裡。有些娃娃以象牙製成，有些則是木頭，有些的組合連接方式非常複雜，類似於後來的小木偶皮諾丘。不管是哪個例子，它們總是雕刻著當時的流行髮型，為它所被使用的年代和時期提供最佳辨識記號。

成人的遊戲

我們繼續往前走，經過一處地方，從它的裝飾判斷，看起來都像是當地小酒館，有兩個老頭正在進行一項奇怪的活動。他們激烈生動的手勢讓人覺得他們好像在吵架。但我們走近一點後發現，事實上，氣氛很輕鬆。聚集在他們四周的顧客臉上的微笑更加肯定了我們的直覺。兩個老頭在玩猜手指（morra，真正的名字叫micatio）遊戲。他們舉起前臂，用力將它們往下拉，叫出一個數字，一次只露出幾根手指。大部分的現代義大利人都知道，這遊戲的目的在於提前猜出兩名玩者會露出的手指頭數字。但，看到這麼熟悉的遊戲出現在如此古老的年代，還是不免叫人吃驚。這是真實的考古發現，和我們在博物館的玻璃展示櫃裡所看到的物品一樣歷史久遠。而這並不是唯一的遊戲。在羅馬街道上，人們也玩著「正面或反面」的遊戲，還藉此打賭。事實上，他們說

的是「船或頭像」，因為當時的銅板一面是雙面傑納斯的頭像，另一面則是有槳帆船的船首。時代更迭，銅板的肖像也變了，但表達方式卻沒有改變，它流傳到我們的時代，這之間曾有數不清的銅板被拋到空中。

另一個流傳到我們時代的羅馬遊戲是「單數或雙數」（他們在此稱其為par impar）。事實上，它與我們的遊戲版本稍有不同，因為它要猜你的對手握在手裡的石頭數目。

我們走進小酒館，經過那兩位仍舊埋首於玩遊戲的老頭。較矮的那位禿頭，牙齒掉光，鼻子大而挺，真的玩得很起勁。他每叫個數字，就吐出一大口唾沫。反之，另一位則非常鎮定。他僵硬而毫無表情的臉上有著數不清的皺紋，他理了個平頭，頭髮根根直豎。他半閉著眼睛，節奏分明地移動著他的手，每次都叫出一個不同的數字。

從這個遊戲衍生出一個很棒的形容方式。在圖雷真治下的羅馬，人們會說，「那傢伙非常誠實，你甚至可以在黑暗中和他玩猜手指。」

在酒館內，我們注意到有片簾幕；它後面一定就是後室。但為什麼有那麼多叫喊和狂吼聲從後面傳過來呢？我們走到簾幕邊，將它拉開，然後走進一個小房間。原來這是個賭場！房間中央有張桌子，幾個男人正在擲骰子。這兒的賭注一定很高。每賭完一局，店主就在牆壁上劃上一道刻痕，記錄贏錢的數字。

但賭博不是違法嗎？是的，沒錯。打賭也是一樣（除了在圓形競技場和馬西姆斯競技場以外）。法有明令：違法者將被處以賭注四倍的罰金。更有甚者，羅馬法律不承認賭債，因此，沒有律

師能替你討回在賭博中輸掉的錢。

但賭博是全民運動。雖然法律禁止打賭和賭博,但當局睜隻眼閉隻眼,沒有人貫徹這條法條。你所要做的不過是克制自己不要公開聚賭 —— 也就是說,躲在後室裡私下賭博即可。這地方和你在電影裡看到人們玩撲克牌的場所一模一樣。撲克牌顯然要好幾個世紀以後才會出現,但骰子是個很好的替代品。

大量金錢浪費在這個遊戲上。許多玩家玩到賠上小命。甚至還有作弊用的骰子。牆壁上釘了一個這樣的骰子作為警告。它彷彿在說,我們不容許作弊。我們的好奇心被挑起,於是走近點以便看得更清楚。骰子是中空的,有兩個用來掩飾騙術的蓋子。它的外表看起來毫無破綻。但一小塊鉛被固定在一邊的蓋子上,因此骰子會比較常落在那一面。店主和他的朋友一定識破了這個騙術。天知道老千後來的下場。房間角落的一些小污漬和沒完全清洗乾淨的棕色斑點,讓我們對事情後來如何收場有了粗略概念。

我們謹慎地靠近桌子。每丟一次骰子,男人們就發出一陣叫罵和詛咒聲。依據賭局規則的不同,他們會以一個有奇怪短腳的赤陶平底杯,一次丟擲兩個、三個或四個骰子;杯子看起來像被鋸短的高腳杯。你很不容易讓它站穩,且最輕微的碰觸都會使它倒下來。也許這是要確定沒有人會偷偷丟進一顆假骰子的手法。

規則是我們熟悉的那些規則:將骰子朝上那面的點數加起來。唯一的不同在於各種投擲結果的名稱。當所有骰子都出現數字一時,這實在是個很倒楣的一擲,它被叫做「狗點」;但,反之,如果所有的骰子都出現數字六時,則被叫做「維納斯點」。

在桌角放著好幾小堆的塞斯特斯銅幣和狄納里厄斯銀幣,顯示賭局的賭注下得很大,我們正好可以藉此仔細思索羅馬人對

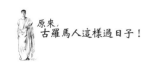

賭博的狂熱。在羅馬，每個人花在賭博和打賭上的高額數字，著實讓人瞠目結舌。我們談的還不只是下層階級。奧古斯都自己就是個惡名昭彰的賭棍，一天內就能賭輸二十萬塞斯特斯（相當於五十八萬美金）。倘若他活在現代，這個羅馬史上的龐大數字會讓他必須接受心理治療。奧古斯都真的是有賭癮；當他邀請客人上門時，他會發給每個人裝在小袋裡的二十五狄納里厄斯銀幣，這樣他們才能陪他賭博。（他還常常把他贏來的錢分出去，這樣大家才能繼續賭下去！）

我們離開賭場。緊張和吶喊已達到沸點，場面可能會越來越難看。

我們走出酒館時，又碰上那兩個還在高聲玩著猜手指遊戲的老頭。再往前走一下，注意到兩位士兵坐在桌旁，正開始要玩「十二字」的遊戲（和我們的巴加門遊戲註2非常類似）。這是另一個深受羅馬人喜愛的遊戲。

註2　巴加門遊戲（backgammon）：雙方各有十五枚棋子，投擲骰子決定行棋的格數。

10:00
羅馬大街小巷裡的拉丁文

　　我們在學校裡學的拉丁文在羅馬街道上派得上用場嗎？這是在我們這天的旅程開始時，我們就一直在納悶的問題。因此，我們決定做個實驗，我們走過去到門廊下，加入兩位正在七嘴八舌地評估店家所展示絲綢品質的婦女。她們是地位頗高的女人，本來不該與購物的平民一同擠在擁擠的街道上。但我們感覺她們是因特殊理由才會來到此地；她們在挑選參加婚禮要用的布料。她們是一對母女。以下是她們的對話：

女兒：母親，妳喜歡我想拿來做婚紗的這塊布料嗎？
母親：有點太低俗。妳不能在自己的婚禮上穿得像妓女，我的女兒。當然，這雖然不是妳的第一場婚禮，但我們還是得遵照傳統。
女兒：媽，快點，因為我們還得決定婚宴的菜單、僱請樂師和挑選證人。

　　這兩個女人進入商家，繼續聊著天。但我們不能跟她們進去。一位高大壯碩、理著光頭的僕人擋在我們的正前方，惡狠狠地瞪著我們。他的意思很清楚；我們得滾蛋。但，無論如何，我們偷聽到的字眼相當有用。我們得知那個女兒要再婚了，而這並

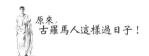

不是丟臉的事（在羅馬社會中，離婚的情形就像在現代一般很常見）。

另一個有趣的層面是語言。比如，cena的「c」發音很輕柔。這是個重要的細節，因為許多歷史學家相信，從羅馬歷史初期，也許延續到凱撒時代，這段時期的拉丁文和我們在學校裡學的不同。

我們把ancillae這個字唸成「anchille」，實際上古羅馬人是發音成「ankilla-e」。簡言之，古羅馬人把「c」這個音發得很強，聽起來就像「k」，而「a」和「e」則是分開發音。凱撒也許就是用這種發音方式說話，他不會將自己的名字發音為「Cesar」，而是說成「Kaesar」。

因此，我們所偷聽到的女人對話，在更早的一百五十年前會截然不同。

換句話說，拉丁文的發音經歷時光更迭變得較為輕柔，並且有所修改，直到衍生出許多歐洲語言共通的音標和字眼發音，如義大利文、西班牙文、葡萄牙文、法文、羅馬尼亞文和英文。

在我們所探索的羅馬裡，語言正在改變，這使得我們能分辨出我們所聽到的許多字眼。這過程將持續整個羅馬時代和中古時代（它將在我們現今的歐洲語言上留下基本記號）。另一方面，羅馬大街小巷中所說的拉丁文和我們在學校裡所學的不同之處，在於它被說的方式。句子的語調有它自己的抑揚頓挫，使得字眼發音變形，往往讓我們聽不懂。

這也是發生在現代的事；你只需要從一個城市移動到另一個城市，或從一個地區轉移到另一個地區，便能聽到以不同方式說出的相同語言。你可以想像，一位僅懂得基本義大利語的觀光

客在試圖分辨出威尼斯人、佛羅倫斯人和拿坡里人的口音和腔調時，所會面對的難題了吧。

同樣的事情也發生在羅馬的街道上。我們在人群中就可以聽到不少語尾腔調的變化，不僅隨義大利半島的區域而有所不同，也與在帝國的哪個角落息息相關。

這就是為什麼經過我們身旁的兩位高大金髮士兵，他們所說的生硬拉丁語洩漏出其北歐出身的原因了。這情況和現代如出一轍。

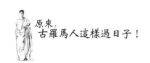

10:10
在街道上……上學

　　我們稍微停下腳步,可以聽到從遠處傳來孩童頌讀的聲音,孩子們掙扎著不讓街頭小販的叫賣聲和工匠工作坊的吵雜聲淹沒他們的聲音。

　　我們試圖弄清楚頌讀聲來自何方。我們轉進一條小巷,越走頌讀聲變得越大聲。我們加快腳步,與兩個頭上頂著裝滿物品的籃子的奴隸擦身而過。

　　小巷通往一條較不擁擠的小街道,上頭有一道長長的門廊。這裡就是頌讀聲的源頭。在門廊轉過街角處,約莫有三十位幼小孩童坐在許多簡陋的矮凳上,背誦著一段文章。太陽光輕撫他們小小的頭,將他們的頭髮變成明亮的光環。我們可以看見蒼蠅在光線中嗡嗡飛舞,數不清的塵埃飄浮在空中。太陽也照亮了一支在空中擺動的木棍,木棍配合著頌讀聲,節奏分明地搖擺著。那是老師的木棍,老師是位散發著成熟氣息,身材削瘦,蓄著濃鬍的禿頭男子。他身旁有個粗劣的寫字板。人們從他身旁走過,對正在進行的課程完全視而不見,但倒是有幾個人停下來,靠在柱子上,試圖藉由偷聽上課內容來弄懂某些基本概念。

　　孩童們剛背誦完二十三個字母,現在他們開始一起背誦羅馬最早的明文法律《羅馬法典》註1。但不是每個人都很專心。木棍

突然用力打在一個肩膀上，甚至連蒼蠅也都連忙倉皇逃開。有那麼一剎那，一聲壓抑的叫喊打斷了背誦聲，接著彷彿什麼事也沒發生般，背誦聲又繼續下去……

羅馬時代的學校允許體罰。詩人尤維納利斯和哲學家賀拉斯都對它記憶深刻。賀拉斯無法忘記他那位年邁老師的身影，他稱他為「打我們的人」。這就是在羅馬和帝國境內小學上課的情形。有時學生在破敗的房間或以前的店鋪裡上課，但更常在室外的門廊下聽講。

大部分的羅馬人只上到小學。他們學會基本的讀、寫和算數後便去工作；童工在羅馬不是犯罪行為。

而那些來自富裕家庭、不需要工作的小孩則繼續接受教育，因為他們的父母知道，良好的學術預備教育對他們將來的職業和社會地位至為重要。因此這些青少年從十二歲開始便去上私立學校，研讀希臘和拉丁文法和文學。的確，在貴族家庭裡，懂希臘文是高貴地位的象徵。

你在這類課程中學習些什麼呢？老師得從古代的詩開始教起 —— 我們則將其稱之為古典文學。為了好好解釋這些作品，老師得有能力深入探究如天文學、音樂韻律學、數學和地理學這許多多元化的題材。透過以此方式組織而成的課程，老師嘗試傳授他的學生一種通盤的文科教育。

儘管如此，值得一提的是，如同我們今日常說的，羅馬「中學」主要偏重於文科，而忽略科學和技術課程。他們也教授一種今日幾乎已不存在的科目：神話學。

註1 《羅馬法典》（the Twelve Tables）：羅馬法典被視為奴隸制國家法律的典範，對後世西方國家的法律有重大影響。

　　這裡要提一個奇聞。研習文本的選擇對出版市場有直接的衝擊。當書商在書店裡囤積某些古典作品之時（荷馬註2或羅馬詩歌之父恩尼烏斯註3的作品，以及稍後的維吉爾註4、西塞羅和賀拉斯等等），許多其他作家的作品卻因為不再發行而逐漸消失。多虧這些不知名的學校老師挑了這些作品，而讓它們流傳到我們的時代，不然它們可能會在歷史洪流中銷聲匿跡。家境富裕的學生在十五或十六歲時讀完中學後便會換老師。現在，他們請的是修辭學家，他教導他們雄辯的金科玉律，為他們在公共生活中的職涯做準備。

　　因此他的學生勤練書寫和口頭表達方式。他們得分析某個特定命題的正反論點並且做出獨白，並提出過去某位著名人物的論點來做支持。這是個極為有用的練習，因為它精進了他們在參與羅馬關鍵的公共生活 —— 政治 —— 時的修辭技巧。第二種練習則讓兩位學生闡述和辯護正反兩方觀點。這技巧將讓他們在法律界如虎添翼。羅馬人分別稱呼這兩種技巧「勸服」和「論辯」。

　　初中和高中學生顯然並非在室外街道上的滾滾塵土中上課，而是在家裡或特別的教室中學習，比如，圖雷真在羅馬心臟地帶的圖雷真廣場裡特別設立的教室。

　　儘管老師和修辭學家能接觸到羅馬的菁英社會，卻無權享受任何特權。除了很特殊的例子外，他們就只被視為像書店或電腦這類的東西。但真正遭受不平待遇的是小學老師。那位我們見到揮舞著木棍、指揮孩童頌讀的老師，在羅馬社會的階級地位非常

註2　荷馬（Homer）：西元前九至八世紀。希臘吟遊詩人，著作有《奧德賽》等。
註3　恩尼烏斯（Ennius, 239 BC~169 BC）：羅馬共和時期作家。
註4　維吉爾（Virgil, 70 BC~19 BC）：古羅馬詩人，著有《埃涅阿斯記》等。

低下。羅馬人稱呼這些小學老師為ludimagistri或litteratores註5，相當不尊重他們。學生家長直接付薪水給他們，但他們賺的錢太少了，以致他們得做其他雜活才能養活自己或家庭。他們之中有許多人也身兼寫字員。就像那位在對街坐在柱子旁的男人一樣。一位老男人正在對他口述信件，他將內容寫下來。那位老男人衣著奢華。他以前可能是位奴隸，因為經商而賺了大錢，卻沒上過學。我們現在所看到的這個場景，也許可在現代印度或東南亞的某個國家裡見到，在那裡，街頭寫字員是個常見景觀。

羅馬人有多少人能讀書識字？

我們現在注意到孩童們的頌讀聲漸漸沉寂下來。老師的桌上空空蕩蕩。老師已經站起來，跛行在學生之間，而學生們則彎著腰，在上了蠟的寫字板上寫字。我們稱之為寫字課的課程開始了。老師在寫字板上寫下前十個字母，孩童們在每個寫字板的第一行，小心翼翼地描摩著字母。

有些小孩過於用力，將筆尖深深壓進蠟中，在木頭寫字板上畫下刻痕，其他小孩則沒辦法將兩個字母寫得一樣大。我們觀察坐成一排排的小孩，感受到他們非常專注於課程中，他們吐出舌頭，臉貼得離寫字板極近（眼鏡那時尚未存在），但有些小孩的鼻子也朝著天空，思緒看來早已飄到其他地方。木棍清脆地在做白日夢的學生背上一擊，將他拉回現實。

一個小男孩似乎正面對比其他人還要多的困難。他寫的字更為古怪，比較不對稱。他是個左撇子，但沒有人對此表示寬容。

註5　都是指「老師」。

143

每個人都得用右手寫字。老師在成排的學生間走上走下，檢查學生的作業，他常常得停下腳步，將手放在學生的手上，引導他們描摩字母的正確形狀。

我們發現有一排學生沒有上了蠟的寫字板，他們只有簡單的木板，上面刻著字母。孩子們耐性十足地用一根木筆描摩字母的形狀。這個練習能幫助他們學會正確的筆畫，並記下字母的形狀。他們描摩時就彷彿像老師的手正在指引他們一般。這個木板的功用宛如代替老師的機器人，可說是教室科技的原始形式。

最後要提的一項奇聞是他們朗讀的方式。在羅馬時代，你必須大聲朗讀，即使你是單獨一人。在最不打攪旁人的情況下，學生們掀動著唇瓣小聲低語。默讀最初出現在修道院，這是一種默默背誦經文而又不會干擾到祈禱者的方法。

我們離開在門廊下的教室，在不經意間注意到一面牆壁上的字句。那是將在馬西姆斯競技場舉行戰車比賽的公告。極為端正的字母以紅漆書寫而成。這些字是真正的藝術品，人們花錢委任書法家來寫這些廣告。

但有多少人能真正能讀懂這類公告？一般而言，在羅馬時代，有多少人能讀書識字？比之於今日，人數顯然較少，但和過去比較，人數較多。實際上，羅馬是第一個民主化字母的文明。在古代，從來沒有一個時代能有這麼多在各個階級都能閱讀、寫字和計算的人 —— 不論男女老少，富翁或貧民。

比如，埃及人只有書記知道如何寫字。在中古時代，則是僧侶。而其餘人口則處於無知狀態，包括統治階層。查理曼大帝^{註6}會讀書，卻不會寫字。倘若你覺得這很奇怪，不妨想想繪畫。我們都能欣賞繪畫，但不是每個人都會畫畫。同理，閱讀和書寫亦

是如此。

　　文盲在好幾個世紀以來廣泛存在。在一八七五年，百分之六十六左右的義大利人（三分之二的人口）仍然不會讀書識字。大部分的文盲集中在鄉下地區，而在城市裡，會讀會寫的人數目較多。在圖雷真治下的羅馬也是如此。

　　這也解釋了為何在羅馬城市中到處出現文字書寫；從神廟書寫到商店價碼，從寫在奴隸項圈上的名字到雙耳長頸酒瓶上的標籤，從墓碑（即便是在奴隸的墓園）到牆壁和妓院的塗鴉。

　　就連當時的統治階級都與其他時代的大相逕庭。許多貴族能說兩種語言：他們會說希臘和拉丁文。而我們應該記得，在這個時代，只要會說一種語言便已能暢行天下。

　　在思考這些層面時，我們已經經過一連串的門廊，順著路走向羅馬早晨的一個重要地點：那就是市場。

註6　查理曼大帝（Charlemange, 742~814）：在位期間西元八〇〇至八一四年。原為法蘭克國王，神聖羅馬帝國開國皇帝，治內擴張領土，幾乎統治整個西歐。

10:20
波利安廣場：牲畜市場

　　幾世紀以來，羅馬有兩座著名的市場：奧利托利安廣場（果菜市場）和波利安廣場（牲畜市場）。兩者都與羅馬的發源息息相關。羅馬建立在位於台伯島（Tiberine Island）下方的一個戰略據點，靠近可以渡過台伯河的第一處淺灘。想當然爾，那時的羅馬並非永恆之都，也沒有駐紮的軍團。當時在帕拉蒂尼山高處只有原始聚落，定居在那兒的異種人拉丁人控制著所有貨品的流通，以及在河流上南來北往的人們。那就像控制當時的蘇伊士運河一樣。那麼，這個名符其實的交通和運輸樞紐後來演變為繁榮的大市場，販賣農田和牲畜養主的產品一事，實在不該會讓我們太過驚訝。奧利托利安廣場和波利安廣場的起源可追溯到那個時代。

　　我們現在正在穿越的是第二個市場，牲畜市場。它真是占地廣闊。一個由柱廊環繞的巨大廣場在我們前方開展。我們也可以看見某些有著柱子和屋瓦的棚屋庇護著牲畜和小販。但，整體而言，這個市場保留了它的傳統風貌：廣場上目光可及之處蓋滿了綿延不斷的攤子、畜欄、簡陋小屋和帳棚。在廣場中央是個巨大的青銅公牛雕像，許多人在攤子形成的迷宮中移動時都拿它做參照點。我們也將這麼做。

　　我們試圖擠進市場。第一個感覺近乎恐懼；幾乎可以確定我

們會在人海中迷失。我們會被推推撞撞 —— 誰知道呢，也許甚至會遭到搶劫……但人們目標堅定地在市場內移動，彷若螞蟻匆匆忙忙地來回蟻窩。

最令人印象深刻的是這片吵雜聲；我們只不過走進去幾步，便被聲浪所吞沒，狂吼、大喊，呼喚朋友的叫聲，還有牛的哞叫聲、豬的哼聲和咕嚕聲。你得不斷移動，免得某人撞上你。我們得時時閃到一邊讓男人們通過，他們不是牽著馬的韁繩，就是抓著兩捆雞的雞腳，雞頭朝下垂著，雞眼大睜，絕望地拍動著翅膀。

就所走過的區域，我們可以聞到畜欄或雞舍的味道。市場區隔成好幾個專門的賣場。我們現在正在穿越羊區。在柵欄後方，於震耳欲聾的咩咩羊叫中，我們看到山羊角糾結在一起。牠們的眼睛因緊盯著路人的短袖長衣而不斷轉動。血的味道使牠們深為恐懼。牠們畜欄後方的攤子是屠夫區的起點。

我們看到的第一印象令人難忘：一個櫃台上疊滿了山羊被切下來的頭，眼神呆滯，舌頭從嘴角一側吐出。一群蒼蠅盤旋在這些死神的戰利品上，彷彿無法決定是要降落在頭上或身體其餘部位。羊被剝了皮，吊在尖銳的鉤子上，掛在羊頭上方前後擺動。

攤子上也有兩頭赤鹿。不像今日，羅馬市場裡充斥著獵人獵殺的野生動物：野豬、野兔、狍和各種用網子捕捉的鳥類。

一個沉重的重擊聲吸引我們的注意。一把厚重的肉斧正將另一具畜體切成大塊。這隻被宰殺的動物不是山羊，而是更為大型的動物：公牛。斧頭每一次砍下，就在脊椎處開個大口，彷彿它是個巨大的拉鍊。奴隸揮舞斧頭的手臂渾厚有力，他半裸的身軀濺滿鮮血。另外兩個奴隸則抓著開始要切割的四分之一大的公牛畜體。我們隨即離開。

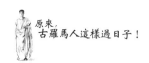

現在的攤子和剛才有所不同；從腳倒掛著的是去了毛的雞隻。在牠們下方，是一些由木籠整齊排列而成的櫃台，小兔子則從木籠的柵欄間伸出黑鼻子。經營這個攤子的女人將頭髮整個往後梳成髮髻。她會出現在此很不尋常。事實上，當我們環目四望時，看到的都是男人。不像現代，市場（和商店）是男人的領域。小販是男人，顧客也是男人。女人很罕見，她們裹著袍子走在邊緣，也許還正推著一個正值青少年的兒子往前走。購物和採買食物是男人的職責；你永遠不會看見一個女人拋頭露面地交涉或購買商品。出面的總是丈夫，或僕人和奴隸。大多時候，女人靜靜站在一旁，讓她的丈夫處理一切。從這方面來看，帝都羅馬的市場氛圍和許多伊斯蘭國家的市場與後巷氛圍如出一轍。

女人的解放是上層社會的典型特徵，女人致力於音樂、文學、運動，有時候甚至是法律和商業。但在街道上，下層社會的女人必須遵守傳統規範。

想當然爾，在必要時，還是有許多例外。在這個櫃台後方的女人可能是位寡婦，或者，她是暫時代替她生病的丈夫。儘管如此，她身邊有位奴隸陪伴此事絕非巧合；那位奴隸身材壯碩，蓄著鬍鬚，彷彿代替了店裡男主人的位置，為女人的存在更添一份正當性。

現在，她正在為一籃蛋在討價還價。她擺出惡狠狠的姿態，這樣她才不會被她面前的這位男人欺負。當我們觀察這場買賣時，我們發現某樣非常奇特的事物：羅馬計數的方式。它與我們使用的方法完全不同。

羅馬計數的方式

　　那位女人用大拇指、食指和小指做出獸角的手勢。但那位顧客卻沒有勃然大怒；顯然那並不是侮辱。但它意味著什麼呢？這手勢挑起了我們的好奇心，我們於是走近一點。「四，」她說。獸角手勢一定代表著四。那位女人開始平靜地為那位顧客計數，後者毫無疑問地是位外國人。對我們而言，我們不能錯失這個發現羅馬人如何計數的機會。那位女人對顧客伸出手掌，所有的指頭伸直。然後，她彎起小指說「一」。然後，她也彎起無名指，然後說「二」。現在，她彎起她的中指，然後說「三」。我們原本預期她會彎起食指說「四」，但卻不然，她做出獸角的手勢；也就是說，她重新伸直她的小指。當她再度伸直她的中指時，她說「五」，等等。

　　我們不會在此逐一細數，但這樣說吧，手槍手勢代表九，而另一個非常類似我們的「OK」手勢，但食指卻碰觸著大拇指中央內側的手勢則代表十。簡言之，手指的姿勢代表數字符號。

　　令人吃驚的是，羅馬人用一隻手來表示一百以下的數字，用另一隻手來代表百和千。因此，如果用一隻手表示的話，獸角手勢代表四，但倘若是用另一隻手表示的話，則代表是四百。以這種方式組合左手和右手，你可以數到一萬！我們在現代可沒這麼靈巧。根據哲學家老普林尼的說法，甚至連雕像都能計數。一座傑納斯雕像用雙手表示一年的天數：三百六十五。

　　不幸的是，這尊雕像早已遺失，這真是可惜。它原本能幫助我們了解左手和右手各自代表什麼數字。實際上，在今日，我們不清楚它們是如何組合。如果我們相信詩人尤維納利斯的說法，左手便是用來從零數到一百，右手則用來數百和千。但聖比得[註]

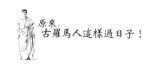

的著作中卻出現完全相反的說法，他是中古世紀早期的本篤會修士，他從古代文獻中複製珍貴的羅馬計數列表，並流傳到我們的時代。

我們從聖比得處得知，一旦數到一萬（舉起一隻張開的手，彷彿說「夠了」），便開始使用其餘的身體部位：碰觸心臟（三十萬）、肚子（五十萬）、臀部（六十萬）、大腿（八十萬）、腰部（九十萬）。最後，像芭蕾舞者般將雙手往頭頂伸展並碰觸手指則表示一百萬。

我們唯一能說的是，這個實用的羅馬計數系統在今日阿拉伯世界的某些市集中仍可見其痕跡。

現在，在屠夫店櫃台後方的女人真的耐性全失。「我們來用石頭算吧，」她說。她把奴隸叫來，要他帶算盤過來，那是羅馬人的計算機。它是一個小型算盤，由青銅薄板製成，上面有凹糟，小球則在金屬桿上前後滑動。這些球就叫「石頭」（因為孩童們用石頭來學會數數），而我們今日所用的兩個字詞計算法（calculus）和計算機（calculator）就是源自於此。那位女販以閃電般的姿態將小球就定位，並將算盤放在顧客面前。「不管你怎麼殺價，你都得給我四塞斯特斯！」

我們在波利安廣場的篷頂下繼續我們的旅程。現在我們抵達最重要的區域：他們賣牲畜的地方。在我們的前方，帳棚消失，彷彿是廣場中還有一個廣場。放眼望去，只有多如繁星的牛角和牛的哞叫聲。我們橫越主要大道，周遭萬頭鑽動，盡是在討價還

註　聖比得（Venerable Bede, 673~735）：英國盎格魯－撒克遜時期歷史學家，被尊為英國歷史之父。

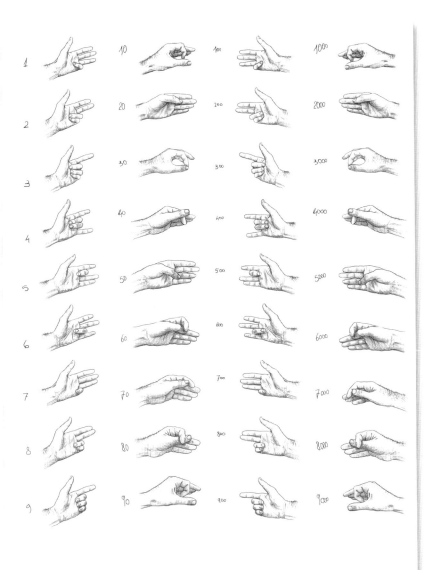

圖5　這是羅馬人計數的方式。依據手指的位置各代表一個數字。一隻手用來數到一百的數字，另一隻手用來數百和千。組合兩隻手的話，可以數到一萬。

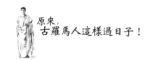
價的男人和奴隸。空氣中充滿著動物的刺鼻臭味，免不了會踩到
一些軟軟爛爛的東西（到處都是牛糞）。我們靠在一根柱子和欄
杆旁；我們看到的公牛和母牛和今日我們所熟悉的不盡相同。牠
們的個頭都比較矮小。在帝國全境內都是如此。如果古羅馬人能
拜訪我們的牲畜農場，一定會對動物的體型大感驚訝。對他們而
言，母牛會很巨大，豬也是（由於現代畜養業引進精選技術，使
得母豬能一次哺乳更多小豬，因此，現今母豬的乳頭也比他們時
代的還要多），甚至連馬都會讓他們覺得巨大無比。羅馬人所騎的
馬比我們的矮小許多，我們會覺得牠們看起來像大型的迷你馬。
但牠們精力充沛，且適合在崎嶇的地勢上奔走，相較之下，我們
的大型馬容易疲憊，一走入險惡的地域，便很容易跛腳。

　　儘管如此，在另一方面，他們則是擁有一些我們馬上便會喜
歡的動物。比如，豬隻往往能在附近的森林裡自由奔跑，與野豬
交配。這種雜種豬的肉很稀有，非常美味。

　　某些興奮的叫嚷聲攫住我們的注意力。我們可以感覺到那股
緊張氣氛。依據傳統，牲畜會在公開的議價中進行買賣。買方和
賣方因此無可避免地被一小群看熱鬧的路人和專家團團圍住。但
現在聚集在此地的這群人相當特殊。實際上，就在這當口，一頭
壯碩公牛的買賣正好成收。兩名奴隸用力拉住牠的鼻環，不讓牠
亂動。我們現在所看到的這場交易於今日已不復存在：這頭動物
將被宰殺作為祭品，獻給東方之神密特拉。

　　買方是位顯赫的貴族，他的土地上有一座密特拉神廟，這座
洞穴般的神廟是信徒定期聚會的場所。公牛獻祭通常是很特殊的
儀式，你只能在帝國和國家儀式中得見，但公牛獻祭也是密特拉
教的基本儀式之一。可以想像，這個儀式在某些罕見的場合裡，

會象徵性地重新搬演。

顯而易見地，那位貴族不願意親自出面。他個人專屬的自由人正在為這項買賣討價還價，而大家都知道，他的交易手腕有多高明。因此，一小群看熱鬧的人湊了上來。賣方滔滔述說著他的牲畜品質、牠們的罕見特徵、他作為牲畜業主的辛苦之處，以及將牠們帶來市場的漫長旅程。儘管如此，他的對手是位修辭學藝術的頂尖專家，在許多人眼中，他很狡猾、犀利，能在敵手的論辯中找到漏洞，讓他的辯論自相矛盾。而這就是他現在正在做的事。根據奠基在傳統上的慣例，討價還價的聲調越來越高昂，姿勢幾乎變得戲劇化起來。最後，賣方投降；他知道他的對手代表了一位權高位重的顧客。但在他的內心深處，他知道，當他在未來以客人的身分前去這位貴族的多穆斯請求幫忙時，他將能好好利用他現在的這份慷慨。兩人以握手和虛偽的微笑結束交易。他們兩人都是贏家。

人群散開，我們跟著他們向前走。他們帶領我們到市場另一邊的盡頭。我們在一路上，看到櫃台上展示著我們從未料到會在此看到的動物。如豪豬、孔雀、金翅雀、烏龜、鸚鵡和火鶴。

一個奇特的攤子吸引了我們的注意：沒有四分之一大小的動物肉塊高掛在頭頂上，沒有裝著動物的籠子，只有幾只排成一排的赤陶罐。它們都裝了些什麼？小販請我們打開一些罐子。我們小心翼翼地拿起蓋子。裡面黑魆魆的；好像是空的。然後我們注意到有東西在罐底移動；好像是老鼠；原來是睡鼠。羅馬人飼養牠們，在這類酒瓶裡將牠們餵胖，瓶身有洞，可供牠們呼吸，酒瓶內側有一道如旋轉樓梯般往上攀升的奇特彎曲小溝槽。它能提供這類動物一些運動（有點像大頰鼠籠子裡的轉輪）。現在，有一

隻睡鼠爬到樓梯頂端，用亮晶晶的黑眼睛和小鼻子盯著我們。我們難以想像牠最後的下場是成為烤肉。羅馬人認為牠是道美味佳餚。

但這並非這市場裡唯一的驚喜。在隔壁櫃台上有兩隻猴子。牠們來自非洲。牠們的脖子上都纏著一根繩子，牠們在櫃台上不安地前後走動，企圖咬傷幾位正在逗弄牠們的小孩。牠們最後可能會被某些富有的羅馬人買走，放在花園裡供他的賓客嘖嘖稱奇；但牠也有可能會被以另一種方式來讓賓客大吃一驚：在宴會中端上煮熟的猴子。

羅馬：各種物品的集散地

　　現在，在市場外面，繽紛色彩和各種氣味吸引了我們的注意力。這是一家香料店，很像你今日會在葉門或巴基斯坦看到的店家。店裡面沒有空間讓你走動；舉目四望，到處都是裝著各種香料的赤陶罐和袋子。店鋪中央是一排盤子和高腳杯，裡面裝著堆成錐形的彩色粉末，黃色、黑色、紅色等等非常醒目。在這個時代已經可以找到販賣所有香料的店鋪，這一點著實叫人吃驚；這些香料透過一長串的交易，從遠方運送而來。

　　這裡有一些來自遙遠的馬來西亞和東南亞的蘆薈，它被當作藥品和化妝品。樟腦從相同的地方轉運而來。裝著肉桂的高腳杯訴說著一個遠至中國的漫長旅程。另一方面，丁香來自摩鹿加群島，辣椒、薑和肉荳蔻則來自印度。另一種來自東南亞的香料是薑黃，添加在食物裡可增添菜餚的香味和色澤。

　　但它們是如何抵達此地的？答案離我們現在的所在地不遠。這趟市場之旅將我們帶到一座橋附近：普羅布斯橋（the bridge of Probus），羅馬八道橋梁中最南端的一座（現今羅馬的第九道橋在帝國時代遠在郊外）。我們走上橋坡，然後抵達頂端，從那往下俯瞰，台伯河就在我們的眼前。就如同羅馬人所稱呼的，金黃色的台伯河。實際上，台伯河會呈現金黃色，是因為羅馬城外的阿涅

內河（Aniene river）的沉積物流入其中所致。當我們往外望向地平線時，可以看見人們在河堤釣魚，年輕男孩們潛著水，船夫們將船停泊靠岸。從這個角度看去，首都的紅色屋頂僅僅隱約可見；從這裡望去，羅馬看起來是一片亮白，我們看見神廟、長柱廊和公寓大樓。

在下游處，河堤兩旁似乎都覆滿了奇形怪狀的建築結構；那些不是房子或神廟，而是低矮的長形建築。這地區看起來就像個工業區。它們是首都的大倉庫。這是城市的「脂肪層」，堆積儲備貨品的地方：裝著酒和橄欖油的雙耳細頸酒瓶、穀物和大理石。每種原物料最後都堆積在這些建築裡，建築有數百公尺長，好幾層樓高，有些還有地下室。在倉庫後方，我們依稀可以辨識一座小山丘，這座小山丘只比周遭的河谷高一些。經過下幾個世紀後，小山丘會逐漸變得高大雄偉，矗立在建築物的屋頂上。今日我們稱它為特斯塔奇歐山（Mount Testacchio）。它不是羅馬的第八座山丘。實際上，它是個……垃圾堆！它的現代身影令人印象深刻：約三十七公尺高（從海平面算起約五十二公尺），表面面積將近一萬八千六百平方公尺。它單單由細頸酒瓶的破裂碎片組成（testaceus，特斯塔奇歐便是源於此字，意為「由陶器碎片製成」）。據估，這山丘由超過四千萬片酒瓶碎片組合而成！

10:30
羅馬街道上的印度氛圍

　　在現代，某些國家仍能給我們會在古代羅馬街道上所能感受到的氣氛的些許概念。印度是個好例子。在那裡，我們也可以看見人們用長布包裹成長袍，戴著面紗，穿著涼鞋，或是打赤腳。

　　如同在印度，羅馬的街道常常是泥土路，小孩們成群到處奔跑，在許多街角，你可以看見擺著供品，奉祀神祇的小祭壇。同樣地，在印度，人們也會對衣著和陳列在商店和攤子的貨品的鮮豔色彩感到驚詫。

　　在帝都羅馬，宛如在印度，你在咫尺之內從一個極端走到另一個極端：從女人身上的異國香味，到後巷的刺鼻臭氣和烹煮食物的油膩氣味。街道上還可見另一種不斷的極端交替：珍貴飾品和黃金珠寶受到最絕望的貧窮所包圍。簡言之，許多羅馬的日常常見場景仍存在於現代，廣泛存在於許多不同國家：如中東市集、某些北非社會習俗，甚至是印度的都會社區或亞洲的某些村莊。倘若某天我們能前去拍攝這些快要絕滅的景象，以便記錄它們，並將它們拿來做古代研究的佐證，一定會是件相當有趣的事。

　　但，還是讓我們回到古代羅馬的步行之旅吧。

　　一個女人和我們擦身而過，從面紗下對我們拋來一瞥。她的眼珠是深黑色，畫著黑色眼線，她的凝視深刻而強烈，稍縱即

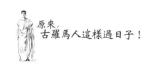

逝。我們也注意到她的金耳環和上面吊掛的珍珠所散發的光芒一閃而過。然後她消失在茫茫人海中，只在身後留下一抹撲鼻的濃郁香水味。我們停下來，試圖自這場短暫的幻夢中醒轉。

但我們並非真的有時間恢復鎮定。更多人和更多臉龐在我們周遭出現和消失。那些不斷擦撞過我們身旁的人們的臉龐，其多樣性讓我們感到驚訝。拉丁詩人馬提雅爾[註1]留給我們一段有關羅馬街道魅力的絕佳描述。你可在此碰到來自世界各個角落的人：俄羅斯大草原的撒馬利亞人習慣喝自己馬兒的血；小亞細亞南部西里西亞（Cilicia）的居民身上飄散著濃郁的番紅花氣味；色雷斯（Thrace，大致上相當於現代的保加利亞和土耳其）的農夫；在尼羅河裡游過泳的埃及人；阿拉伯人和西卡布里人（Sicambri，來自日耳曼土地），後者把頭髮在頭側挽成一個結；以及擁有如炭般的黑色皮膚和髮辮的衣索匹亞人。

我們逐漸走下街道的某個特定路段，這裡人群如此洶湧，難以往前邁進。我們只能將眼前此景拿來與現代世界的兩個場景做比較：一是電影院散場時，二是在尖峰時刻走過地下鐵隧道。我們不妨想像這同樣的場景在我們周遭的街道上重複上演著。圖雷真的羅馬總是帶給我們新的驚喜。事實上，這些擁擠熱鬧的群眾每天都有辦法吃飯、睡覺和滿足他們自己的需求等等，著實令人難以置信。

想直直走過街道是不可能的。我們得避開小販和他們凸出在人群中央的攤子，我們不斷和路人以及旁觀者發生擦撞。就像在今日的亞洲和東方，人與人之間保持一定距離的這種概念並不存

註1　馬提雅爾（Martial, 38/41~102/104）：拉丁詩人。

圖6　女人在羅馬街道的群眾間相當醒目，當她們經過時，她們色彩繽紛的衣著和
　　　香水餘味立即受到注意⋯⋯

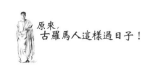

在。而來自西方國家的我們，總是有那種大家都過於靠近我們的感受。

突然間，人群散開，我們看見一位變戲法的人用某些聰明的戲法在娛樂觀眾。我們稍稍駐足觀看。而就在前面，一個單調的曲調吸引了我們的注意。我們從人群中殺出一條路，發現一個弄蛇人正站著靠在牆壁上。一隻眼鏡蛇從籃子裡緩緩上升，前後擺動身軀，頭朝著弄蛇人的長笛尾端不斷移動，長笛上面則掛著一撮彩色羽毛。就我們所知，使這隻爬蟲類動物陷入催眠狀態的不是音樂，而是長笛和羽毛的移動。但，停下腳步看熱鬧的群眾並不知道這點，他們不斷丟錢，表達他們對弄蛇人所展現的音樂才華的激賞。

群眾像潮水般突然散開，讓路給一位騎馬的人通過，他邊叫邊咒罵，努力為自己開路。馬蹄用力濺踏在一個臭氣熏天的大水池，大家連忙避開，臭水潑濺在兩位穿長袍的男人身上，他們及時制止了騎士前進。接連而來的是一陣叫罵。我們最好繼續往前走。

我們走上人行道想避開人潮，但馬上又被擠下街道。一隊軍團士兵的巡邏隊正好經過，顯然正趁著休假參觀羅馬。他們以高傲的姿態向前踏步，踩在那些不趕緊閃開的人的腳丫上。那可是很痛的：我們稍早時曾經提過，他們的涼鞋鞋底有金屬圓釘（像我們在早幾年時所穿的靴子），這樣他們在打仗時，鞋子能有更大的摩擦力。

一隻手從後方拉住我們的短袖長衣，阻止我們前進。我們轉身。那是一位有著畸形腿的乞丐，他向我們討錢。兩個銅板讓他的臉龐綻放微笑。

　　但事情沒有這麼順利。當我們繼續往前走時，一個街頭小販擋住我們的去路；他想賣我們幾盞油燈。他的表情友善，一頭紅髮，帶著一抹會感染他人的微笑。我們掙扎著想從這場強迫推銷中脫身，縱使他不斷堅稱，這些稀罕的油燈來自東方，「比其他油燈還要耐用」。

　　我們為了在人群間奮勇向前而感到疲憊，於是索性靠在牆壁上，看著人來人往。現在我們注意到，不是每個人都用走路的。有些人騎著騾子。你可以看得出來，哪些人的騾子是租來的；租騾子時會附送一位「司機」，一位努比底亞註2奴隸牽著騾子的韁繩往前走。

　　但在街道上行進還有其他不必接觸地面的方式。我們知道，羅馬白天禁行馬車，只有少數情形例外，比如古代相當於「官方政府」的車輛、服侍女灶神維斯太的女祭司的馬車，還有少數幾位人脈廣闊的人。人們因此發明了其他的通行方式。其中最典型的是，有一定社會地位的羅馬女人在拜訪朋友時坐的轎子。現在就有一座轎子搖搖擺擺地穿越人群，就像詩人尤維納利斯所描述的那般。轎子裡是一位戴著面紗的女人，儘管轎子在擁擠的人群中不停晃動，她也因此不斷被拋前拋後，她還是試著閱讀，或是故意裝出高傲不屑的姿態。

　　坐在大轎輿裡的旅行方式比較沒這般顛簸，它氣宇昂然地在人群中勇往前進，由八位敘利亞奴隸扛在肩上緩緩向前。它看起來像艘有著三層木槳、在海中破浪而行的希臘戰船。白色轎輿裝飾著雕像、繪畫和彩色花環，還掛有許多簾幕。它是羅馬街道

註2　努比底亞（Numidia）：阿爾及利亞的古國。

上真正的勞斯萊斯。我們和每個人一樣，在它經過時怔怔地望著它。兩名肌肉結實的奴隸在人海中開路，用力推開人們，在頭頂上揮舞著木棍 —— 堪稱兩艘人類破冰船。轎輿緩緩在我們前方經過。轎夫踏著大步，節奏明確地往前走，彷彿換崗時的士兵，讓這一刻染上莊嚴肅穆的氣氛。我們試圖看清是誰坐在裡面。可惜的是我們不可能看得見。在簾幕後方還有一長排鏡子，讓坐在裡面的人可以從裡看出來，但外人卻無法一探究竟。鏡子就相當於我們轎車上的黑色玻璃。

在這艘「城市遊艇」後方還有另一種交通工具，正試圖利用前方轎輿為自己開路。那是手推車，類似一種人力車，乘客是位白髮蒼蒼的男人。這場景很逗趣，不是因為這兩種交通工具所形成的對比，而是坐人力車的這個男人過於嚴肅，鷹鉤鼻傲慢地朝向天際，比轎輿裡的乘客還要氣勢凌人。一名削瘦、臉色蒼白的奴隸推著車，手兒猛用力，嘴巴喘著氣，他作為人力引擎的壽命好像已快到尾聲。他們兩人消失在群眾中，節奏分明的車輪嘎扎聲亦跟著褪去。不久後，我們聽到從群眾中間傳來濺水聲。如果我們估計的距離正確的話，他們一定正巧落在我們稍早看到的那一灘臭水池裡。我們可從群眾爆發出的哄堂大笑判斷出結果：人力車不慎翻覆，老頭整個人飛進池子裡，那一幕肯定相當精采，甚至連弄蛇人都停止吹奏手中的長笛。

像紐約或倫敦的羅馬

讓我們在此嘗試總結我們到目前為止所見到的風光。羅馬令人如此吃驚的一點在於，它在帝國和一般古代世界裡的獨特性。我們自然而然會拿它與紐約和倫敦相較。第一次拜訪城市的人會

為其高聳的建築、稠密的人口，和能買到從帝國各地運來的各種貨品此事，大為驚異。這在義大利半島較小型的城市裡為不可思議之事，在那裡所供應的貨品選擇性要少得多（有些貨品從來沒運抵這些城市），而且，要等貨品送達，得花費更多時間。

這是個機會處處的城市，許多種族和宗教團體混居在一起（第一個真正的熔爐，我們很習於聽到這個詞被拿來形容紐約）；這是個追求時尚和古怪穿著、瘋狂節奏，以及鋪張浪費的城市。這些特徵在其餘的義大利、帝國行省，更別提鄉下地方，更是毫不存在。

的確，那些習慣在農田裡努力勞動和遵循傳統的嚴厲規則的人，往往對羅馬街道存有下列印象：他們來到一個毫無價值觀的地方，為一群膚淺過日的人所圍繞，羅馬人一到別處就根本活不下去，連老老實實做天工也做不來。每件事都和利益與權勢息息相關；你得很狡詐，腦筋得動得很快，巧妙運用人際關係去交友和認識門客，這說來似乎沒什麼，卻絕對必要，因為詐騙犯和騙局到處都是，暴力也是。

另一方面，對那些久住或出生於羅馬的人（相當於典型的紐約客）來說，他們是以全然不同的眼光看待這個腐敗和吵雜的世界。積年累月的經驗使得他們產生真正的抗體，能夠在走在街道上，或進入商店時派上用場。對這些人來說，如同詩人馬提雅爾所說的那般，這城市和它的世界「以愉悅和活力十足的脈動跳動著」。

10:45

在有藝術傑作的
靜謐綠洲稍做停留

　　我們可以到哪裡逃離羅馬的繁忙喧囂呢？城市裡可有比較安靜的地方？答案是有的。城市裡有數處羅馬人喜歡去漫步的靜謐綠洲：皇家花園，以及馬提烏斯廣場（戰神馬爾斯的廣場），它有廣場、神廟和聖地，沒有任何商家或公寓大樓；因此是遠離城囂和短暫放鬆的理想所在。

　　但有一處地方格外美麗，甚至連老普林尼這位博物學家和哲學家都曾經記上一筆：那就是奧泰薇雅門廊（the Protico of Octavia），也就是我們現在正要前往的地方。入口氣派壯觀，讓我們聯想到一座大神廟。走進入口幾公尺後，我們停下腳步，驚詫地怔住。於我們眼前開展的是一片廣闊的庭院，每邊都超過一百公尺長，並且環繞著精緻的門廊。中央矗立著兩座神廟，分別祭祀朱庇特和朱諾。

　　氣氛夢幻縹緲。靜寂籠罩，這裡幾乎就像修道院的迴廊。當然，傳到我們耳際的有人們高談闊論和縱聲大笑的聲音，還有小孩子跑來跑去的碎步聲。但他們的腳步聲迴盪在大廣場中，未被群眾的聲音所吞噬，這點真是奇妙無比。我們身處於一座超過百萬人來去匆匆的城市中，但，現在，這些似乎都被我們拋在背後

咫尺之外。

我們進入門廊，濕壁畫和灰泥肖像異常鮮豔。我們立即了解哲學家老普林尼為何認為這裡是個夢幻之境。雕像紛紛屹立在柱子間、壁龕裡，或甚至小房間裡。而它們不是一般的雕像。

這些是偉大的希臘雕刻家，比如，波利克里托斯[註1]或他的學生狄奧尼修斯（Dionysius）的傑作。它們是羅馬人最愛戴的神祇的雕像，舉如朱庇特和朱諾。

這些地方（在羅馬還有其他像此處之地）可說是貨真價實的藝術博物館，其所展示的藝術傑作讓任何現代世界的古典藝術博物館望塵莫及。我們震驚地繼續往前走。我們在一排三十四座士兵騎馬的青銅雕像傑作前，再度停下腳步。中央那座是亞歷山大大帝；他很年輕，頭髮在狂風中飛舞。其他人是他的軍官，戰死於西元前三三四年的格拉尼卡斯河戰役[註2]。

這個雕像群是隊騎兵聯隊，永遠凝止在邁向榮耀的行進中。這是希臘雕刻家利西波斯[註3]的作品。

欣賞這些傑作時，我們了悟到，羅馬不僅是貨品、也是藝術作品的集散地。這些令人屏息的雕像全數來自希臘，羅馬人在他們第一次開疆拓土時征服了希臘，掠奪了這些戰利品。

雖說他們喜好掠奪和毀壞是事實，但這並非事實的全部。在古代世界，掠奪是征服者的慣例，是戰敗者必遭到的毀滅性結果。但，羅馬人不像許多其他的征服者，並未系統性地毀壞他們掠奪而來的所有傑作，比如，西班牙征服者在征服拉丁美洲時，

註1　波利克里托斯（Polyclitus, 450 BC~420 BC）：希臘雕刻家，擅長雕年輕運動員。
註2　格拉尼卡斯河戰役（the Battle of the Granicus）：亞歷山大大帝與波斯三大戰役之第二場戰役，地點靠近特洛伊，波斯戰敗。
註3　利西波斯（Lysippus, 370 BC~300 BC）：希臘雕刻家。

便大肆隨意破壞。反之，羅馬人常將戰利品帶回羅馬，好好欣賞、甚至是尊崇它們，因為羅馬人認為希臘是古代世界的真正文化發源地，而他們自己則是那個偉大文明的繼承人。

那是為何我們在今日，常在地中海深處挖掘到某些傑出雕像的緣故，比如里阿色註4青銅雕像、現在存放於雅典的海神（或宙斯）雕像，或最近在西西里外海出土的跳舞薩梯。這些希臘藝術傑作在運到義大利的旅途中因船難而沉沒。而誰知道還有多少偉大的藝術品仍舊深埋在海底？羅馬人的態度與拿破崙的迥然不同。拿破崙征服外國純粹是不合時代的隨意掠奪，顯然與培育他的「自由、平等和博愛」之文化精神自相矛盾，更與在他勢力崛起前幾年頒布的〈人權宣言〉註5大為衝突。許多他所掠奪的藝術品，尤其是那些從義大利偷走的傑作從未物歸原主，今日還大剌剌地展示在巴黎的羅浮宮，彷彿它們原本就屬於那裡。

在門廊的陰影處，我們碰到許多出門散步的人，還有三三兩兩談天說地的人們。人們不僅是來這裡跑腿或購物。許多人用眼角餘光偷偷在觀察其他路人。這氣氛很像在我們的現代城市裡，沿著大道和街道所進行的週六傍晚散步。事實上，帝都羅馬這種邊散步邊看人的活動，就發生在這類地方。可供羅馬人散步的地方很多，除了奧泰薇雅門廊外，還有阿格納烏門廊（the Porticoes of the Argonauts）、麗薇雅門廊、龐貝門廊和百柱門廊。總之，多到難以選擇。

註4　里阿色（Riace）：兩尊希臘赤裸士兵雕像，成於西元前四六〇至四三〇年間。
註5　〈人權宣言〉（Declaration of the Rights of Man）：一七八九年於法國大革命時期頒布。

　　幾個小孩嬉鬧著，攀爬一座瀕死的鹿的雕像。攀爬的訣竅是爬到鹿角處，然後你可以把手伸進牠張開的嘴巴內。你看得出來這是廣受歡迎的舉動；青銅雕像的背部被磨得平滑光亮。一個年輕男孩在等著輪到他。就像大部分的青少年，他的脖子上掛著一條墜飾項鍊，裡面裝著他的幸運符。但就在他要開始攀爬時，他母親抓住他的手臂，大聲斥責他──不是因為她尊敬這尊藝術傑作，而是因為他要把手冒險放進一個陌生的地方。現在，他的父親走過來，告訴他少年伊拉斯[註6]的故事（正如百柱門廊所描繪的一般）：少年將手放進青銅熊像的嘴巴內，結果熊的喉嚨裡有一條蛇，咬傷了他。那個咬傷非常致命，男孩後來死了。我們不知道這是否真有其事，但這個故事在首都間廣為流傳，嚇壞許多人，包括詩人馬提雅爾，他在描寫羅馬的門廊時，也曾提到這個故事。

註6　伊拉斯（Hylas）：赫拉克勒斯和寧芙之子，長相俊美。

羅馬猶如第三世界城市？

　　漫步於奧泰薇雅門廊間的人群中時，我們注意到一把火紅的陽傘跟著主人的每個步伐上下跳動。它和維多利亞時代的女士於十九世紀撐的陽傘相當類似。但真是如此嗎？我們嘗試走近點，趕過幾位悠哉散步的人，直到我們就在那位女人身後，她正優雅地跟著兩位朋友一起緩緩前進，也許那是兩位侍女。傘面以絲綢製成，但傘骨卻是以骨頭製成，構造和我們今日熟悉的一樣，滑動幅條直到整個傘面撐開。伊特拉斯坎人在兩千六百年前左右就已經開始使用它們。但這把傘的目的卻不盡相同。

　　它就如同十八和十九世紀的女士所用的陽傘，不是用來擋雨，而是用來遮陽。在羅馬帝國，陽傘主要是由中上階層的女士用來防止曬黑，與今日大部分西方女性所做的恰恰相反。

　　因此，我們可以看出，羅馬人對曬黑的態度和我們的有所不同。你只消觀賞幾面濕壁畫就能看出，男人總是被描繪成皮膚曬成麥褐色，臉則呈現深紅色光澤，而女人的膚色則非常淡，接近白色。繪畫所要傳遞的訊息非常清楚：男人有著黝黑皮膚，因為他們很多時間都待在室外，進行各種活動（工作、旅行、會晤、打獵、戰爭）。但女人則不然；她們蒼白的肌膚表示她們多半的時間都待在室內，窩在家裡，遵循傳統規範從事著「女性」活動：

照顧小孩、處理家務、監督伙食、接待和準備晚宴等，這些活動都不需要她們出門。因此，蒼白的膚色就如同她們的髮型和妝容，是羅馬女人的魅力之一。對上流階級的女人而言，這更是她們不用離開家到外面與平民接觸的證明，也是經濟寬裕與身分高貴的清楚標記。簡言之，白皙的肌膚是地位象徵，所以出門時要打陽傘。

但觀察那三位女性時，我們為另一個細節感到驚訝。雖然她們的臉蛋長得不同，眼睛顏色不同，身材不同，但她們都差不多高；她們的高度還不及我們的肩膀。

事實上，和今日的人比起來，羅馬人都很矮。當你走在街道上時，你就可看出這點。真正鶴立雞群的那些人是塞爾特人或日耳曼奴隸，或遠從高盧來的羅馬公民。但，還有另一件事讓我們感到吃驚：街道上有很多年輕人，卻鮮少有老年人。

個頭矮小的人口和許許多多的年輕人，就像我們今日在第三世界所看到的一模一樣。這麼說來，圖雷真的羅馬是座第三世界城市嗎？

羅馬，移民充斥的城市？

羅馬居民的相貌為何？他們的臉與我們今日所見相同，或是有所不同？顯然，作為一個擁有一百五十萬人口的城市，你在羅馬的大街小巷中一定會碰到形形色色的人種：金髮、褐髮、紅髮……儘管如此，就如同在商店、後巷或多穆斯裡所見到的奴隸，我們碰到的往往是具有地中海或中東五官特徵的人。

事實上，帝都羅馬的大部分居民會在今日被歸納為移民或外國人，因為他們大部分來自帝國的東部行省；這些行省位於今日

的土耳其（羅馬人以各式各樣的名稱來稱呼前者）、希臘（亞洲、加拉提亞[註1]、西里西亞、卡帕多西亞[註2]、比希尼亞[註3]）、或整個中東地區，尤其是敘利亞。

數量可觀的羅馬居民也來自北非：來自埃及或昔蘭尼加[註4]這個富饒行省以及另一個非洲行省（利比亞和突尼西亞），更別提還有來自茅利塔尼亞（阿爾及利亞和摩洛哥）的移民。

移民或移民的後裔並不僅限於那些在羅馬白手起家的商人，或是那些為了找工作或其他數不清的理由來到首都的民眾，這和今日所有義大利的主要城市所發生的景況十分相似。但，事實上，大部分的人是在暴力脅迫下被帶至羅馬，成為奴隸。有些人仍是奴隸，有些人則已經得到解放，還有些人是幾代前便重獲自由的奴隸的後代，他們現在安安靜靜地經營著自己的生意。

一項統計調查顯示，百分之六十的羅馬居民的名字來自希臘文，而非拉丁文！有些學者主張這個比率還要高些；甚至可能高達百分之八十。但這並非表示，這些人全都真的來自希臘；我們先前探討過，對羅馬而言，「希臘」指稱一大片延伸至中東的土地。更有甚者，不管奴隸來自哪個國家，羅馬人慣於替他們取希臘名字。儘管如此，這些資料顯示，至少有十分之六的首都居民（可能還更高）並非來自羅馬或義大利半島。這點令人相當訝異。

這還提供了進一步的證據，在數世紀以來，羅馬曾經是、也將會是一個巨大的種族熔爐，它組合且融合了來自極端不同源頭

註1　加拉提亞（Galatia）：土耳其中部安納托利亞高原。
註2　卡帕多西亞（Cappadocia）：土耳其中部。
註3　比希尼亞（Bithynia）：小亞細亞西北部。
註4　昔蘭尼加（Cyrenaica）：利比亞東部海岸區。

的人口和DNA，而這在古代世界中可謂獨樹一格。因此，考量到
自從古代開始，這座城市就已經如同現代國際機場般融合了各色
人種，要是還有人斬釘截鐵地界定自己是「道地的羅馬人」的話
（就像我們今日常聽到有些人說的），實在沒有太大意義。

古羅馬的人口

　　醫學、人類學和人口統計學資料是如何評估羅馬人口的？讓我們稍稍離開西元一一五年的門廊和羅馬街道，進入人類學家和考古學家研究這遙遠時代的實驗室。

　　第一眼看來，它是個繁浩且令人氣餒的工作。這兩個時代中間已經經過了十九個世紀。但藉助各種技術，研究者對我們到現在為止在羅馬帝國首都的街道上所碰到的人們，有著相當精確的概念。

　　不妨想像你正在一個犯罪現場，觀察鑑識小組的調查作業。研究古代羅馬人的技術也與此相當類似。我們從墳墓中的骨頭和骨骼以及考古的一般挖掘中，發現了許多珍貴資料，其中有一大部分令人震驚。

　　我們所探索的第一和第二世紀交替之際的時代的人口平均高度，男人為一六四公分，女人為一五五公分！而以各種方法估計的平均體重，男人為六十五公斤，女人則為四十九公斤。

　　這數據看起來也許過矮，但它在數世紀以來一直是歐洲人的平均身高。在一九三〇年，男人的平均身高仍然只有一六七‧六公分，直到在第二次大戰後（更精確地來說，是在一九六〇和七〇年代），才攀升到一百七十公分。今日，歐洲

人口的平均身高,男性是一七五公分,女性為一六三‧八公分;義大利人口的平均身高較矮,分別是一七二‧七公分和一六二‧五公分。

骨骼則提供我們其他令人驚異的資料。人類學家為許多較長的骨頭,比如脛骨,照了X光片,他們的目的不是在尋找骨折的跡象,而是研究羅馬人的孩童時期。他們發現在骨頭濃度中出現了細白的線(哈里斯線),這顯示他們在童年或青少年時期,曾因疾病、飢荒或單純的營養不良而發生成長遲緩或停止的現象。

從牙齒的研究也得到類似的發現。檢視牙齒表面的研究發現,琺瑯質上有與牙齦平行的溝痕。這也顯示在牙齒生長期間,曾有一段時間的成長遲緩或停滯。

與我們所預期的相反的是,最深受其害的人往往不是鄉村貧民,而是都會裡的羅馬人,甚至是有錢人。而這揭露了一個以前從未被指出的古羅馬特色。

比如,在戰爭時期,鄉村反而從來不缺糧食。但是,在城市,你往往很難買到某些食物。即使是在最太平的時代,古羅馬人也無法獲得完善均衡的營養。最貧窮的階級總是瀕臨營養不良,不然就是根本缺乏營養。雪上加霜的是,住在大城市裡意謂著你會持續暴露在各種疾病和傳染病之中。古羅馬人的骨骼以及他們的身材矮小等發現,都解釋了古羅馬人曾經遭受過那類苦難。

但還不僅於此。羅馬人的壽命並不長。如果他們能熬過童年的疾病,則男人的平均壽命是四十一歲,女人則是二十九

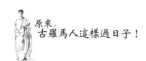

歲。女人的短壽是由難產造成。想當然爾，這些只是統計學上
的平均數字；撐過四十一歲生日的羅馬男人並不會突然倒地死
亡，即使在那時都有人活到老年，但這類例子實在很罕見。

　　由於這類例子如此稀少，即使在今日它都是大新聞。梵蒂
岡的聖羅莎大公墓裡埋著奴隸和被解放的奴隸，學者們最近在
那發現，有塊墓碑上寫著一位被解放的奴隸，某位盧西烏斯‧
蘇托利烏斯‧阿巴坎圖斯，他活到九十歲。這份墓誌銘甚至讓
發現它的人大為驚訝。在他的時代裡，他肯定被視為一位真正
的馬士撒拉註。

　　在這方面，奧斯蒂亞的墓碑研究中也有一項有趣的發現。
羅馬人有在墓碑上記載死者卒年的習慣，有時這種習慣甚至成
為一種執念──他們會書寫壽命的年數、月數和日數，有時連
時數都不放過！想當然爾，這些墓碑純粹只能作為指標象徵，
因為我們並沒有所有奧斯蒂亞人的墓碑。何況，碰到死者年齡
老邁的情況時，他們的死亡年齡幾乎都不會被記載（除了我們
剛剛提到的罕見例子），因為年邁而死被視為自然死亡。

　　一項有關六百個墓碑的研究，得到一個有趣的發現。我們
得知，當時就如同所有貧窮和科技尚未發明的年代，嬰兒的死
亡率非常高。令人吃驚的是，並非每個人都是如此。在十歲以
下，男孩死亡的比率（四三％）遠高於女孩（三四％）。這可能
該歸咎於男孩比女孩擁有更大的行動自由（因此也暴露在較大
的危險中）。古怪的是，在二十到三十歲這個年齡區間，比率
反而顛倒過來：女人的死亡率（二五％）高於男人（一八％）。
在這個例子裡，造成差異的原因在於分娩所導致的死亡。

　　雖然尚未經過深度分析，骨骼研究產生另一項有趣的發現：在有些例子裡，根據骨骼是屬於主人或奴隸，牙齒的健康狀況亦會有所差別。在做為農莊用的鄉村別墅的例子裡，我們發現別墅主人的蛀牙比奴隸要多。主人含糖量較高的飲食解釋了這個矛盾現象——這是有錢的壞處之一。

註　　馬士撒拉（Methuselah）：希伯來文聖經中年紀最大的人，為大洪水前諾亞的族長，據說活到九百六十九歲。

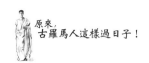

古羅馬的八大問題

如羅莫洛・奧古斯都・史塔奇歐利（Romolo Augusto Staccioli）教授所觀察到的，古羅馬人認為最困擾的難題與現代羅馬人（以及其他所有大城市的居民）的非常類似。我們發現，在不到二千年的歲月裡，情況完全沒有改變。而下面這張列表著實叫人驚訝：

交通

街道上的吵雜和混亂

在城市裡前進時所浪費的時間

垃圾和髒污

房屋短缺和天價

建築倒塌和不安全的建築物

移民氾濫

夜晚街道不安全

如我們所見，就像今日，在古代羅馬中想要到任何地方都是個問題：儘管凱撒在西元前四五年頒布了一道法令，街道上只允許公務車行走（我們早已提過這點），從黎明到黃昏則禁止私人

圖7　擁擠街道的景觀。羅馬已經有許多現代問題：混亂的（行人）交通，小販的攤子阻礙人行道。

交通工具通行。但就像在現代一樣，在古羅馬，某些官員和特權人士獲准使用他們私人的交通工具。換句話說，即使在那時，就已經有官方公務車。另一個問題則是大街小巷中的噪音污染。下面是詩人馬提雅爾對羅馬的嚴重噪音所發表的描述：「在羅馬，一個可憐的傢伙找不到沉思或休息之所。在早上，學校老師不會讓你安靜度日，在晚上，則是烤麵包師傅，而一整天銅匠的槌打聲不絕於耳。在這裡，兌換錢幣的人用力搖晃著他骯髒的桌子，桌上高高堆著尼祿銅板……金匠用他閃閃發光的鎚子搥打著西班牙

黃金……貝婁娜（Bellona，一位女戰神）的瘋狂信徒從未停止他們的唱頌，被漂流木所拯救的船難倖存者不斷訴說他的故事；經過母親訓練的小猶太人永遠在哀哀乞討；滿眼眼屎的木柴小販總是在大聲叫賣。」詩人尤維納利斯附和他的哀嘆，納悶道：「在羅馬哪裡有租房可以讓你安靜入睡？只有坐擁豪宅的人才能好好入眠。」

今日，即使只是短程距離，想從羅馬的這點抵達那點鐵定要浪費許多時間；城市交通為汽車所壅塞和癱瘓。同樣的情況也發生在皇帝時代的羅馬，縱使讓街道阻塞的不是汽車，而是行人。有些古代作家抱怨，他們無法在一個早上安排兩個約會，因為他們所需行走的距離和花費的時間過多。

那時在城市裡的外國人就已經是真正棘手的難題。尤維納利斯甚至宣稱，羅馬已經遭到他們控制，而從敘利亞的奧龍特斯河註1所流進台伯河的水「帶來了他們的語言和服裝、吹笛者和〔敘利亞豎琴的〕斜弦樂器、異國風情的鼓，以及被迫在馬西姆斯競技場附近賣淫的女孩。」你無法不從中看到，當代羅馬所存在的斯拉夫和阿爾及利亞女性賣淫問題猖獗的類比。就像在今日，你最有可能碰到移民和外國人的地方是火車站一樣，在古羅馬則是主要道路進入城市的區域，比如，從南方來的阿庇亞大道註2和從西方來的歐斯提恩塞大道註3。它們是從地中海東岸和非洲前來羅馬的外國人的必經之路。他們在布林底希註4、波佐利註5和奧斯蒂

註1　奧龍特斯河（Oronte River）：源於黎巴嫩，向北流經敘利亞、土耳其，然後注入地中海。
註2　阿庇亞大道（Via Appia）：古羅馬最早和最重要的路。從羅馬延伸至亞德里亞海岸。
註3　歐斯提恩塞大道（Via Ostiense）：羅馬到港市奧斯蒂亞的道路。

亞海港下船，然後沿著這兩條大道走到首都。顯而易見地，人數如此眾多的外地人抵達羅馬（甚至還有被大城市吸引的羅馬帝國公民）只會使得房價攀升；我們稍早時曾經提到，羅馬的房價比半島上任何地方都要高四倍之多。這情形導致貪婪的房地產投機買賣，大型公寓大樓像雨後春筍般紛紛冒出，它們建得又高又匆促，使用的建築材質低劣。結果是，房屋倒塌之事時有所聞。尤維納利斯對此大膽直言，他寫說這個城市「大部分是由脆弱又尺寸過小的橫梁所撐起」。他宣稱，「當管理員用灰泥修補牆壁上的一條陳年裂縫時，他命令我們乖乖安靜睡覺，但塌下來的東西還是繼續懸掛在我們的頭上，晃動不已。」羅馬某些地區街道上的垃圾和某些中東城市的情況很類似，你走在從瓶子到丟棄的豆莢所形成的各種垃圾「層」上。「一邊是一位長了疥癬的骯髒老婦，另一邊是身上覆滿爛泥的豬隻，」哲學家賀拉斯這般寫道。最後，入夜後，街道不安全，這在今日仍舊是個治安問題。然而，幸運的是，現今這問題似乎不若古代嚴重，那是說，倘若尤維納利斯寫的是真實情況的話，「如果出門吃晚飯而沒有先立遺囑的話……你會被視為一個粗心大意的人」！

註4　布林底希（Brindisi）：位於義大利南部。
註5　波佐利（Pozzuli）：那不勒斯省的港市，位於義大利西南。

11:00
奴隸市場

　　值此之際，我們已經在城市裡閒逛好一陣子了，現在正走近一處廣場。我們看見它位於街道的盡頭。它不怎麼大，但從我們身邊的熱鬧和喧囂判斷，可以想像廣場上正在進行著某種不尋常的活動。我們用力推擠過人群，越往前走，越是困難，就像我們在牲畜市場時一樣。突然間，我們看見一位穿著得體的男人朝我們這邊走來，他邊走，邊推開擋在他前面的人。他矮小粗壯，態度粗魯無禮又傲慢。我們猜想，他應該不是一位貴族，比較可能是位已被解放的奴隸，他的態度比他以前的主人還要蠻橫。我們驚訝地看見，他用繩子拉著一個人在他身後走動。一位英俊年輕的金髮男子身上只穿了一件纏腰布，長得高大結實。那個矮小的胖子不斷轉頭往後望，狂吼著要他走快點，用一根類似鞭子的柺杖威嚇著他。那位年輕男子應該可以在一秒鐘內制服他；他倆之間的體格差異顯而易見。但他卻沒有反抗；他的雙手被捆，表情沮喪不已。他默默加快腳步，與我們擦身而過。他的眼神裡只有認命和對他的命運將如何發展的期待。他顯然是位歐洲野蠻人，但我們很難判斷他來自哪個邊陲地帶。他也許來自萊茵河上游，或是多瑙河附近，或是新近征服的達契亞，誰知道呢？我們唯一能確定的是，我們知道自己現在所進入的廣場正在進行什麼事

了：這是個奴隸市場。

我們現在正要探索的世界對我們而言很陌生，但在整個人類歷史上，它卻是所有文明的一部分，從中國人到阿茲特克人都不例外（阿茲特克人在市場中保留一塊特定區域，販賣要用來做人類獻祭的敵軍）。在歐洲，奴隸制度早在羅馬時代之前便已存在，數世紀以來，它持續到羅馬衰亡，直到文藝復興時期之後。到了某個階段，基督教徒禁止了奴隸制度，但它繼續存在於其他人的社會裡，比如穆斯林。

我們越走越近，一個場景逐漸在眼前展開，使我們目瞪口呆。等著被販賣的奴隸在一長串木頭看台上展示，如同水果攤般被排成一排。但這裡的貨物是人類。裡面有男人、女人和小孩。他們的脖子上都掛著一個牌子，上面寫明他們的特徵，彷彿他們是超級市場裡的酒或橄欖油。奴隸販子以寥寥幾個難以想像的粗野字眼註明他們的國籍、品質，甚至是某些缺陷。「努比亞人，身體強健，吃得不多，不會惹麻煩」；「高盧人，麵包和糕點廚師，但能幹任何活，一隻眼睛是瞎的」；或「學識豐富，會說希臘文，曾在東方的顯貴家庭裡服務過，是教授哲學或在晚宴裡背誦詩歌的理想人選」；「達契亞王子的女兒，是位處女，可做女僕或替你暖被。」有多少這類牌子上說的是事實？羅馬人知道，你不能信任奴隸販子，因為他們為了賺錢會做任何事，盡力掩飾奴隸的缺點，哲學家西尼加還說他們會「用某些手段隱藏不討人喜歡的地方」。

奴隸們往往都面無表情。在紅色或黑色鬢髮的圍繞下，他們眼眸中沒有一絲反抗、憤怒或沮喪的痕跡。但每個奴隸背後都有一個他們是如何被帶來此地的悲慘故事。現在他們認命地等待

著。許多人被恐懼的面紗所圍繞。他們深知他們以前的生活已經永遠結束了，而在下幾分鐘內，他們的人生將轉向另一個也許是決定性的新方向。但他們會變成什麼？他們最後會成為一位貴族的豪邸中的僕人嗎？這個前景說來還不錯，因為撇開可能的性剝削不說，如果主人是顯赫人士，他們不僅有希望在某天重獲自由，還能得到許多好處。但他們的前途也可能大大不同，那是說，倘若他們最後是被賣進商店的話，他們就得在以前也是奴隸的主人的命令下整天來回扛著重物。還有更悽慘的命運，那就是淪落到妓院。這些奴隸原本出生在具有特定社經地位的家庭，遵循某些社會規範被撫養長大，在一夕之間淪為純粹的性工具，被使用到「破爛」或「消磨殆盡」（精疲力竭、染上惡疾或年華老去）為止。但還有更悲慘的下場呢。有人奴隸最後被賣到採石場或某些富裕貴族的鄉下農莊裡。每個人都知道，鄉下奴隸的生活最糟糕，食物稀少，頻頻挨打，被剝削到生命畫下句點。

　　我們看著這些生命的買賣，彷若它是種人生的盲目摸彩。我們從一個看台走到另一個看台，我們被殘酷和毫無人性、只該在牲畜市場出現的景象震懾得啞口無言。在一個看台上，一個奴隸販子扳開奴隸的嘴巴，讓買家檢視他的牙齒和聞聞他的口氣。另一個奴隸販子則在肥胖、冒著汗的買家那猥褻的眼神下，捏捏一個女人的乳房，撫摸她的小腹。還有另外一個奴隸販子，為了示範他所賣的奴隸身強體健、力量無窮，竟然打起一名高大條頓人註1的肩膀和胸肌，並揉搓他的大腿和小腿。

　　我們聽到的對話應該不至於使我們太過驚訝。

註1　條頓人（Teuton）：日耳曼民族的一支。

「看看這個英俊的小子，他可以幹一輩子的活。」

「他眼睛有問題，我不想買他。」

「把她轉過來！讓我們看看她的臀部！」

「這個可以做抬轎的奴隸。你瞧，他身高相當，而且像其他人一樣是金髮。」

「我要深褐色頭髮的。我告訴過你。我的主人不喜歡這些蒼白的金髮奴隸。」

「他不貴，我賣你的是公道價。努比亞人這陣子可不好找。」

「這個在搬了第三個瓶子後就會倒下來。你看不出來他太瘦了嗎？」

「不，不要那個。我比較喜歡這個。他要賣多少錢？」

「把他前額的瀏海撥開。你瞧，我就知道。他額頭上烙印個F大字！我不是跟你說了嗎？他逃跑過！」

（在羅馬時代，一個逃跑後被重新抓到的奴隸會在額頭上被烙印 fug，意味著逃跑者，如果他是小偷的話，則會被烙印 fur。）

我們持續在廣場上漫步，穿梭在買家、賣家和新近成交的奴隸之間。奴隸買賣公開在幾種地方進行：在廣場區以及商店內。規則很簡單：就像在任何市場裡一樣，你得審視貨物，評估品質，然後討價還價。

依日子的不同，奴隸市場往往販賣不同種類的奴隸；一天專門販賣適合重度勞動的強壯奴隸，隔天則販賣職業奴隸 —— 麵包師傅、廚師、舞者、按摩師等等；再一天則販賣男孩和女孩，他們是家僕和宴會（以及其他消遣）的理想人選。然後有專賣畸形奴隸的日子或區域：侏儒、巨人和身體有缺陷的奴隸，他們可供

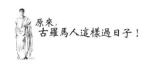

做不同的用途。

奴隸的世界

在奴隸市場裡，我們最能看見羅馬世界主義的一面。奴隸來自帝國最偏遠的地方，甚至超越帝國邊界，他們屬於各式各樣的種族團體。我們要特別指出，有趣的是，帝國裡並不存在著種族歧視，沒有人因膚色而遭到歧視。歧視來自於社會地位：視你是否為羅馬公民、外國人或奴隸而定。

奴隸市場受到高度法律規範。奴隸販子得為進口和出口執照付一筆錢，還得付交易稅。羅馬人往往看不起這些奴隸販子，而他們多半來自中東。但他們是如何取得他們所販賣的奴隸的？有各種來源。有些人出生就是奴隸。如果你母親是個奴隸，她的主人便可隨意處置你，因為你生來就是他的財產。他能留下你，或把你賣掉，賺點小錢。從這方面來說，擁有許多奴隸的羅馬人彷彿有自己的「繁殖場」，向市場提供貨源。

儘管如此，大部分的奴隸出生時是自由人，他們可能來自帝國境內或境外，後來才淪為奴隸；他們是羅馬國賣給私人販子的戰俘（即使在和平時代，帝國總有某處進行著軍事活動，每個軍團後面都跟著準備好要買戰俘的販子）。許多奴隸被奴隸販子從帝國境外帶進來，來源遠自東歐、亞洲或非洲（就像在比較近代的世紀裡，奴隸從黑色非洲被帶到阿拉伯半島和歐洲的富裕宮廷，或有錢美國人的豪宅和農場）。來源之一還有被定罪的犯人，以及被拋棄在街頭的小孩，後者被一些厚顏無恥的人撫養長大，然後轉手賣為奴隸（被罪犯或海盜綁架的小孩也有類似的命運）。

最後，也有一些普通人因負債過重，而被債主賣為奴隸。雖

圖8　奴隸販子以寥寥幾個粗鄙的字眼，註明奴隸的國籍、品質和缺陷。在幾秒鐘內，奴隸的命運將永遠改變。

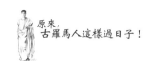

然在這些例子裡，法律對他們與一般奴隸有所區分。

也有另一種令人驚訝的奴隸制度，我們姑且稱之為「自願為奴」——某些出生自由的人會因太過貧窮而願意賣身為奴。

如我們稍早討論過，城市奴隸和鄉村奴隸之間有著巨大差異。前者較少受到虐待，因為主人不想在需要賣掉他們時，賣不到高價。但鄉村奴隸的生活就不是這麼一回事了。他們的生活非常艱辛。他們都得聽從一位前奴隸的命令，代理主人掌管財產或農場。就主人的想法而言，不工作的奴隸就沒有生產力。因此，奴隸的所有時間都得奉獻給工作，他沒有時間休息、放鬆，或享受些許親密關係。

在這些名符其實的集中營裡（從這個角度來說，別墅是強迫勞動營；只要舉奴隸的住所被稱為「一輩子的監獄」此點便可見一斑），奴隸沒有自由結婚的決定權，必須由工頭決定他是否能結婚，以及和哪位伴侶結婚。從這方面來看，奴隸和母牛或狗並沒有太大不同。或，我們可以更精確地說，奴隸和動物間的差異很小，我們可以用幾個字眼做總結：一個會幹活的牲口被界定為會發聲的工具，而一位奴隸則被界定為會說話的工具。唯一的差異只在於奴隸會說話！

擁有許多奴隸是富裕的象徵。一般公民的私宅裡通常有五到十二位奴隸，但從來不會超過二十位。儘管如此，有些貴族在城市裡可能擁有多達五百位奴隸，而在他們羅馬外的農莊裡可能還擁有兩到三千名奴隸。

顯而易見地，還有城市或國家擁有的公共奴隸，以及皇帝的奴隸。他們從事各類公共活動，比如，在浴場、消防局、食糧倉庫、配給單位工作，或者參與造橋鋪路和其他公共工程。

　　儘管如此,這類奴隸中有許多人受雇於公家機關;他們負責行政機關和財務。在這類例子裡,這些奴隸能讀書識字,至少受過基本教育。因為這樣,他們所受到的待遇好過農田勞工或碼頭搬運工人這類奴隸。

　　這些奴隸維繫了羅馬的經濟運作,但法律並不將他們界定為生物,而是物品。他們的主人可以隨意處置他們,甚至取走他們的性命。至少在一個例子裡,他們逃不過死亡。根據一條後來遭到廢止的舊法條,如果一個主人被他的一名奴隸殺害,那他所有其他的奴隸都會連帶落入被處死的命運,因為他們顯然無法保護主人,甚至沒有提前告發的能力。如此一來,你便可以想像在每個多穆斯裡工作的奴隸之間的氣氛……

　　除了在幾個少數案例裡,國家通常完全不會介入主人奴隸之間的關係。這是個封閉的世界。主人可自行決定是否要和奴隸維持友善關係,或只想盡情剝削他們。法律也不會介入。換句話說,法律如果介入的話,那就會像國家插手阻止人們虐待家電用具或刈草機。主人能決定他是否要折磨、殺害他的奴隸,或砍斷他們的手腳。

　　但難道沒有人抗議嗎?許多人發出不平之鳴,比如哲學家西尼加,或斯多葛派註2,他們相信奴隸是人類,而非物品,必須給予其人道待遇。儘管如此,由於奴隸對帝國的經濟和財務極為重要,沒有人相信能廢除奴隸而不動搖國本。但,無論如何,奴隸的遭遇隨著時代演進仍然有獲得逐步改善。

　　儘管在共和體制下,奴隸的處境真的很不堪,但到了帝國統

註2　斯多葛派(Stoics):西元前第三世紀早期由芝諾(Zeno)創立的希臘哲學學派,主張禁欲,視平靜為美德,並相信命定論。

治後，歷經數個世紀的改善，奴隸開始得到一些還不能說是「權利」，但算是人道的某些「特許」。舉如，他們可以存下他們自己賺來的錢以在日後為自己贖身，而根據某種奴隸婚姻法規，他們也可以自由結婚（儘管他們的小孩會成為主人的財產，永遠是奴隸）。奴隸受到非人道對待的比率將會降低，後來還立法禁止主人殺害奴隸。但無法改變的是一些小習慣，比如將奴隸租給商店、麵包店，或城市裡的另一個行業以侵吞奴隸的薪水。即使身為窮人，這種不費吹灰之力就能賺到的錢也能讓他在羅馬勉強生存下去，你所需要的只是一或兩名奴隸。

反之，對富裕的主人而言，可以對奴隸做某種投資。你將一筆創業金撥給一位特別有才能的奴隸，也許是替他買一家店，或是幫助他在他一定會賺錢的行業裡創業。奴隸當然會有興趣讓他的生意興隆，因為這樣他就能比其他奴隸擁有更好的生活，並贏得主人的器重，而如果他最終能獲得自由（倘若他得到主人的器重，這點非常有可能辦到），他便能獨立自主，為自己爭取到某種社會地位。

但你如何在羅馬街道上辨識出一位奴隸？這並不容易，希臘歷史學家阿庇安註3也為我們確定這點。奴隸在外表上看起來和自由人無分二致。他的五官和種族特徵無法幫助我們辨識他是否為奴隸，這有部分是因為許多羅馬公民以前是奴隸，或他們是前奴隸的後代。因此，你得觀察他們的衣服，它通常比較樸素，並要注意某些細節。奴隸往往在脖子上掛有牌子（或甚至套了固定的項圈），就像我們今天對待貓狗一樣。牌子上寫有名字，有時還會

註3　阿庇安（Appianus, 95~165）：古羅馬歷史學家。

寫明將他們送回還原主人的賞金價碼。考古學家在奧斯蒂亞（位於狄安娜大道）的一家商店裡發現一只正要放在奴隸脖子上、然後加以焊接的項圈。項圈上寫道：「抓住我，這樣我才沒辦法逃跑，我正在逃跑。」

另一個掛在一個青銅項圈上的牌子，今日是戴克里先大浴場國立羅馬博物館館藏的一部分，上面有銘文寫道，你若將奴隸歸還給一位叫做佐尼諾的主人的話，將會得到一索度斯（soldus，君士坦丁大帝所引進的金幣）的賞金。這個奴隸所生活的年代在我們現在所探索的時代很久之後（三百到五百年間），但這習俗顯然在整個帝國時期都未曾改變。

我們邊擠邊走出奴隸市場，剛好看見一名被一個男人帶走的女孩淚眼汪汪的眼睛。命運之神眷顧著她，但她還不知道這點。她不會去那種小妓院，而是要在一個富裕家庭工作，這家人會在她的社會地位的限制內，給予她適當的尊重。我們觀察她的臉，她雜亂的頭髮，還有她在看台上被冷酷展示的小女孩般的身軀，不禁問自己這個問題：她能重獲自由嗎？也許能，如果她夠幸運的話。

實際上，許多奴隸經由解放重獲自由。解放的方式很多。主人可以寫一封信正式宣布，或立遺囑交代（這事非常常見）。或者，比如，主人可以去圖雷真廣場上，搬遷至烏爾比亞巴西利卡中（Basilica Ulpia）的古老「自由之家」（Atrium libertatis）裡，在戶口普查的名單上將奴隸登記為羅馬公民。從這一刻起，這名奴隸便重獲自由，得到羅馬公民權，自動享有每位羅馬公民所有的公民權力，也就是說，享有和他主人相同的權力，但在法律上，他每年仍必須提供主人一些時日的免費勞動。主人成為他的保護

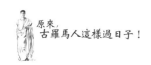

人，這些義務勞動則被稱做工作。

　　毫無疑問地，在羅馬和帝國全境內，被解放的奴隸的生活比自由的外國人還要好些。

　　解放是羅馬社會真正的生命線，因為它使得羅馬社會得以不斷增添新的公民（而他們都有往上爬的強烈動機）。法律鼓勵個人解放，卻在同時阻止群體解放，我們很容易便能了解箇中道理。奧古斯都時代的一條法律限制了遺囑所能解放的奴隸人數，藉此建立被擁有的奴隸和被解放的奴隸人數之間的比率；這條法律規定，在任何情況下，被解放的奴隸人數不能超過一百名。事實上，我們就知道，擁有大約一千名奴隸的小普林尼註4便在他的遺囑中解放了一百位奴隸。

　　從那一刻開始，前奴隸的生活產生激烈改變。他們往往很幸運，人生似乎宛如遵循〈朝代〉註5的劇本搬演著。我們從銘刻在墓碑上的名字得知，某些古老羅馬家庭在經濟困難下，會和這些新近富裕的前奴隸聯姻。前者獲得經濟改善，權力得以穩固，後者則得到高貴血統的庇護，這在他們攀爬社會階梯上至為重要。

　　當我們在圖雷真治下的羅馬裡漫步時，就在幾公里遠外的奧斯蒂亞，有個這種結盟的顯著例子正在形成。盧西利‧嘎馬拉的老家族一直將財富建立在土地和農業生產上，卻眼見自己的財富逐漸衰微。實際上，在圖雷真建造新海港後，這城市的經濟結構突然轉變：一個與商業有緊密關係的新階級興起，來勢洶洶。

　　因此，普布利烏斯‧盧西利‧嘎馬拉決定採取大膽的一步，

註4　小普林尼（Pliny the Younger, 61/62~113）：。希臘悲劇作家和詩人，最著名的
　　　作品為《書信》。
註5　〈朝代〉（Dynasty）：一九八〇年代紅極一時的美國電視劇。

我們可以想像,他必須不顧家族中無數較為保守的成員的大力反
對。他與敵人進行聯盟。或確切說來,他成為某位西涅歐・森慈
烏斯・費利斯的養子,後者為被解放的奴隸的移民後裔。他是個
新人,一位真正的當地「大亨」,想成為政治和商業界的領導角
色,前途遠大。現在他倆的勢力都因此變得更為強大。

試圖了解羅馬的奴隸制度

　　一個像古羅馬如此成熟、高度發展和先進,致力於法律,
追求哲學和藝術之美,並在人類創造力的每個層面都留給我們偉
大傑作的文明,怎麼會想出和接受展現這般殘酷的人類關係體系
的奴隸制度呢?如同我們所討論過的,部分原因在於,羅馬人深
知,沒有奴隸,他們的世界會立刻分崩瓦解。無論如何,羅馬社
會是個科技社會,但它仍存在於工業革命前,從這方面來說,它
唯一的能源就是人力,它尚未研發出能取代人力的機械。因此,
它需要奴隸。何況,為什麼要廢除奴隸呢?他們的勞動價碼低廉
得不得了(或在最糟糕的例子裡,他們的薪水與他們的用處根本
不成比例),而作為能源的來源,奴隸在理論上是取之不盡、用之
不竭的。

　　在帝都羅馬作為奴隸真的是天底下最悲慘的事。這是我們所
無法想像的。當然,在現代,我們有諸如斯拉夫或阿爾及利亞妓
女的人口販賣,或孩童被迫乞討或淪為孌童等問題。但這些都是
例外,並被歸類為非法活動。

　　反之,在整個古代世界裡,不僅是在羅馬,奴隸普遍存在。
為了了解圖雷真的羅馬的奴隸苦境,我們必須試圖進入那個時代
的羅馬人的思維。不妨想像家畜的生活,比如狗或貓,這也許能

幫助我們更接近他們的想法。不是因為我們也在牠們的脖子上套上項圈，而是因為我們對牠們的生命擁有絕對權力。我們買賣牠們，閹割牠們。我們販賣牠們的後代（就像羅馬人對待他們的奴隸一般）。反對虐待動物的運動的確日益高漲，我們已經制定「虐待動物」的罪刑，並處以相當嚴重的處罰。但這是相當新近的概念，而且是社會越來越富裕所造成的結果（現代人能提供寵物越來越精緻和昂貴的食物和玩具）。

但我們或許可以舉個更好的例子：電器用品和科技創造出來的便利使我們的生活更為舒適。實際上，我們在家裡所使用的家電用品便執行了在過去由僕人或奴隸所完成的相同工作。從某種方面來說，科技已用機器人取代了奴隸：

- 洗衣機取代了洗衣女僕
- 瓦斯爐、微波爐、烤麵包機、果汁機和電動攪拌器，取代了俯身在爐灶上為主人準備食物的廚師和奴隸
- 水龍頭取代了去噴泉用水桶打水的奴隸
- 沖水馬桶取代了必須執行這項任務的奴隸
- 冰箱取代了將冰運至房舍的冰工
- 洗碗機、吸塵器和地毯除塵器，取代了負責打掃房子的奴隸
- 熱水器取代了替房舍或浴場熱水的奴隸
- 電燈泡使得負責點燈的奴隸變得多餘
- 中央暖氣系統取代了負責火盆的奴隸
- 電視、收音機、CD和DVD放映機，取代了為主人提供娛樂的奴隸（如七弦琴手和鼓者、啞劇演員、舞者、朗

誦者和詩歌背誦者）

● 打字機和現代的電腦取代了抄寫員和祕書，比如，像老普林尼所擁有的奴隸，他對他們口述信件和著作，而他們則為他朗讀他想研究的書籍

● 汽車取代了轎子和轎輿（以及轎夫），頭燈則取代了守燈人（為主人照亮道路的奴隸）

● 吹風機和電動脫毛器取代了許多負責個人衛生和美容照顧的奴隸的工作……

　　當然，上述許多工作是由同一位奴隸執行。但你只消想想，我們每個人家中有多少電器和機械「奴隸」即可！倘若你認為一般富裕家庭所住的多穆斯裡，擁有五到十二位奴隸太多的話，不妨看看自己的情況，你就會發現你和這平均值相去不遠。那是電器用品的真正用途：人造奴隸。它們是我們在商店中精挑細選後買回來的物品（現代版的奴隸市場），我們常毫不在意地使用它們，在它們故障時殘暴地對待它們，也往往不把它們當一回事。最後，如果它們壞掉或過於老舊，我們就把它們扔掉，去買新的（還大大抱怨價錢）。我們可沒人為此良心不安而失眠。

　　這情形在古代世界裡沒什麼不同，只是他們的奴隸不是馬達和晶片，而是活生生的人！

　　我想這是進入羅馬人思維的最佳方式。我不是要為這習俗辯護，我只是想了解它。有些學者甚至研究得更為深入，對汽油和奴隸所能提供的能源量進行換算。結果他們發現，一瓶汽油相當於五十名奴隸連續拉一台小車（如Smart車款）兩小時的能量。

　　還不只如此。一項類似的估算得到一個結論，家電插頭提

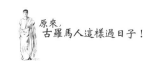

供我們相當於三十位奴隸的勞動能量。插頭遍布家中各個角落，這些隱形奴隸史無前例地使我們的生活方式起了革命性的轉變。而這樣的變化基本上只發生在短短兩代之間。我們視此為理所當然，因為我們出生在早已有電燈的房舍裡。但，今天七十五歲老者的上一代，其成長方式與過去幾世紀的人（包括羅馬人）無多大不同：他們使用油燈、馬車、水盆，而非淋浴和浴缸等。

因此，我們可以開始了解，我們的社會因科技而有多大的轉變：舒適、閒暇時間、燈光、音樂等等都是科技進步的直接結果。

我們視我們日常生活的許多層面為理所當然，或將它們視為社會運動的結果，實際上，它們都是可用能源的副產品，包括女性的解放。沒有能源和科技的話，女性可能仍然處於她們的曾祖母所處的情境 —— 幾乎全是文盲，每天被迫在農田裡辛苦勞動，用雙手洗衣服，去井邊打水，洗碗盤，在火爐上煮飯，在油燈的照明下修補衣服，不斷地生小孩（因為嬰兒死亡率如此之高）。

我們還要提一個最後的考量。羅馬這奠基於奴隸制度的系統能在今日運作嗎？答案是否定的。這並不全是因為文明社會的法律和規則，也有實際的理由。奴隸制度在像我們這樣的社會體系中並不怎麼管用，還可能會阻礙生產力。為什麼呢？

首先，如果一位現代企業家想像羅馬人一般雇用奴隸，他還得提供他們吃住和醫療照顧。在這個奠基於靈活變通和追求利益的時代，沒有企業主能為他的企業承擔如此沉重的經濟負擔。奴隸制度只在兩個條件能同時獲得解決的情況下運作：奴隸處在非人道環境，以及主人擁有巨大財富和權勢。這兩個特點是過去社會（甚至是在較為近代的過去，比如美國內戰前的南方）或當代社會，受到古代文化或極端貧窮和剝削宰制的特徵。

　　再者，奴隸制度在今日無法運作的原因在於，它會排除許多潛在的買家和產品的消費者。由於工業體系的運作需仰賴龐大的消費者，倘若收入的廣泛成長沒有創造出市場需求，這體系便會崩解。因此，工業發展便逐夠終結了奴隸制度。

　　我們因此可以下結論說，我們的世界和羅馬世界的巨大差異之一在於生產體系：我們的世界奠基於科技，而羅馬世界仰賴奴隸制度；我們的世界複雜而深具彈性，但他們的世界則古老而食古不化。這兩種體系無法同時並存；你只能選擇其中之一。我們顯然也能在我們所探索的街道上感受到這份差異。我們為某些吼叫聲所吸引，駐足在一家商店前。就在我們眼前，一位前奴隸正用力打著他的奴隸，一個年輕男孩的耳光。不知道這位奴隸做錯了什麼事，但他所受的連番侮辱讓我們心情大壞，他還被用力踹了好幾腳。儘管如此，最讓我們驚訝和感受深刻的是路人的漠不關心。當然，有些人是假裝沒看到，因為他們不想蹚這趟渾水（就像在現代也會如此一樣），但更有可能的是，這份漠然是源於習以為常。奴隸所承受的羞辱和暴力虐待是正常日常生活的一部分。大部分的人在經過這一幕時，可能都像在家裡一樣，佯裝冷漠。

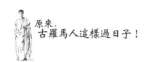

與維斯太見習女祭司的短暫相遇

　　有那麼一陣子，我們穿越門廊、拱門、裝飾著雕像的小廣場，在等著從噴泉取水的人群中殺出一條血路，或與短短的宗教儀式隊伍擦身而過。人們都似乎朝著相同的方向走去。因此，讓我們隨著人潮向前走吧。我們現在正在經過的城市部分以帕拉蒂尼山和卡皮托利尼山為界，我們知道它通往廣場區；這解釋了街道上的人潮為何都往那邊走。

　　現在，群眾開始走進一條長長的大道，兩旁是非常高大的建築，使得這兒簡直就像座座史前峽谷。它是伊特拉斯坎街，以這地區的古代居民命名。這條街頗具盛名，任何人都耳熟能詳。儘管如此，奇怪的是，到處都看不到街道的名稱。的確，古羅馬不像現代有街道標誌或建築號碼。但居民知道到哪裡怎麼走，因為他們熟悉羅馬的地理，可是對初來乍到的人來說，在沒有任何幫助或某些標示可供遵循的情況下，想要找到朋友或街道並不容易（「想找到你的朋友，你得走到有座這個或那個雕像的那個廣場盡頭，然後有條街會引導你到某個噴泉，在噴泉對面有個公寓大樓的入口，進去後爬樓梯到四樓；他就住在那裡」）。這也許會讓你很驚訝，但這類指示在今日許多現代城市裡仍可聽到，尤其是在日本。

　　話說回來，我們現在看見一位郵差，正逆著人潮往我們這邊走來，他的任務是挨家挨戶遞送信件或文件（它們通常是以蠟封的卷軸或用布包起的寫字板的方式寄送），這些郵件裝滿了他的袋子。他似乎很能認路。事實上，羅馬郵差熟悉當地路況，尤其是人們的地址。他的名字是普力穆斯。他是位被解放的奴隸，似乎以他的職業為傲，和他過去的奴隸身分相較，他現在的社會地位真的是高很多。他甚至將把這寫在他的墓碑上，後人會於現在梵蒂岡的聖羅莎大公墓中看到它，這座公墓專門埋葬奴隸和被解放的奴隸。

　　街道越來越窄，群眾令人窒息。人們不斷踩到我們的腳趾或和我們相撞。因此，我們決定轉進一條通往一個平行街道的小巷，那兒的人潮顯然沒那麼擁擠。我們一轉進那條街道就發現，自己已經加入了某支宗教隊伍。許多人正唱著宗教頌歌。

　　我們往前走時被洶湧的人潮困住，注意到我們正沿著一座巨大神廟的一側向前走，神廟雄偉壯觀，挺立在藍天之下。這表示我們已經非常接近廣場區了。

　　在我們跟前有輛馬車，那是少數被允許在白天的羅馬街道上行進的馬車之一。它顯然得到特許。我們看到街道上的人群自動讓出路來讓它經過，因此，我們推測，裡面的乘客一定是相當重要的人。馬車前甚至有個小型隊伍，隊伍中有人拿著宗教標誌，還有樂師演奏；我們瞥見其中有幾位隨扈。儀式隊伍散發著莊嚴的氣勢。到底是誰呢？我們實在看不出來；窗戶被厚重的簾幕遮住。事實上，它是輛有頂馬車，類似距現在幾世紀後的街道上所會通行的公共馬車和四輪馬車。唯一不同之處只在於它不是用來載送一般大眾。它的色彩、鍍金雕像和裝飾的花環在在都顯示，

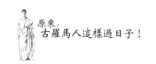

它是用來作為儀式交通工具，而乘客則是城市生活中最尊貴的人。

這輛有頂馬車抵達一個小小的開放空間。就在它旁邊，在一道高大的護牆之後，屹立著一座優雅的圓形神廟的身影，一縷輕煙從神廟頂端裊裊冒出。柱子間的空間為玻璃板封閉。神廟看來像燈塔頂端，從它陰暗內部燃燒的火所發出的閃閃火光更加強了這個印象。警衛駐守在神廟周遭，這是此地為羅馬重要地域的另一個表徵。

馬車現在停下來了。警衛和僕人用身體形成人牆，將旁觀者擋在一段距離之外。車門打開，反射在玻璃板上的陽光剎那間發出一道刺眼閃光（安裝著玻璃板的車門極其罕見）。第一位走出來的乘客是位戴著頭紗的老婦人。然後，一位嬌小的女孩被人攙扶著走出來，她看起來不到十歲，穿著過大的衣服，笨拙地走著。

突然間，謎團解開。這座圓形神廟是維斯太註1處女的神廟，而那些象徵，也就是馬車上的鍍金雕像，則是女祭司的象徵。司鐸神學院的老者攙扶著的小女孩是位見習女祭司。她來自顯赫的貴族家族，在經過精挑細選後被大祭司圖雷真親自選中。所有過程都在數天前一個重要的儀式中隆重舉行。今早，這女孩離開家再也不會復返，現在正要進入和神廟相連的修道院，展開羅馬最受人尊崇的精神和宗教見習生涯之一：成為一位維斯太女祭司。

跟隨著馬車的群眾恭敬地閃到一邊，以極度尊敬的眼神看著小女孩。有些人做出誇張的宗教姿勢。的確，儘管她很年輕，她是被選為守護羅馬聖火的人之一，這道象徵羅馬（和其帝國）命運的聖火，在那座圓形神廟內永不止歇地燃燒著。

註1　維斯太（Vestal）：羅馬的女灶神。

　　等著她的人生將非常類似修院修女的生活。實際上，維斯太女祭司在不到十歲時便被選中。然後，她們得見習十年，執行宗教職務十年，最後再教導新見習生十年。她們沐浴在榮耀中並受到所有人極高的崇敬（她們在觀賞表演時甚至有貴賓席可坐），她們得主持羅馬最重要的典禮、獻祭和儀式。她們還有守護重要聖物的職責，比如說，帕拉狄昂（Palladium），或說是從特洛伊帶來的雅典娜女神木製雕像，羅馬人相信它是由埃涅阿斯[註2]親自帶來羅馬，保持這座雕像的安全才能確定帝國的存續。

　　但，就我們所知，維斯太女祭司最重要的職責是守護聖火，讓它持續燃燒，免於熄滅。除此之外，她們還得在執行宗教職務期間保持處女之身（一旦職責結束，她們差不多四十歲時，便能自由結婚）。

　　如果聖火熄滅，或是如果女祭司失去貞操，處罰將極為嚴厲。她的愛人將在廣場上被鞭打至死，她將遭到殺害，但法律規定不能流任何一滴血。因此她將遭到活埋，被關在一間地下牢房，只給一條麵包和一盞油燈。這個名符其實的墳墓，名字則恰如其分：邪惡場（Campus Sceleratus）。

　　總而言之，那位現在正消失在維斯太修道院大門後的小女孩，是為羅馬犧牲了自己。在那扇門後，於有著大型內院的修道院建築裡，等著她的是禁錮的生活。圍繞著建築物的雙門廊裝飾著最受尊崇的維斯太女祭司雕像，修道院看起來和中古修院沒啥兩樣。在未來的三十年間，這裡將是她生活的世界。爾後，大門砰然關上。

註2　埃涅阿斯（Aeneas）：為希臘羅馬神話及歷史中的重要角色。據說從埃涅阿斯從特洛伊逃出後，建立了羅馬城。

羅馬各廣場簡史

　　你看著廣場區的輝煌大理石列柱和建築物，不由得為它們所展現的精美和雄偉所震懾。每個人都對羅馬廣場和帝國廣場耳熟能詳，卻並不熟悉它們的歷史細節，即使這些廣場已遠遠超越羅馬時代屹立了一千多年。它們也許值得我們做個短暫的歷史回顧，如此我們便能更加了解所要探索的區域。

　　最初，在西元前第十和第九世紀，廣場區只是個濕軟的沼澤，為非常不衛生的地區，蚊蟲滿布，小溪維拉布魯恩河（Velabrum）流貫其間。在那時，它是埋葬第一批羅馬居民的遺體之處，這些居民生前居住的木屋位於卡皮托利尼山和帕拉蒂尼山山巔。沒有人能想像到它後來的巨大改變。數世紀後，構造卓越精巧的大排水溝註1讓整個地區煥然一新，引開了不斷堆積在山谷裡的髒水，使得在此地區鋪上硬土變為可能，並標示了其超凡歷史的開端。它成為城市的政治和宗教生活中心，也是其經濟樞紐，市場和商店逐漸進駐。幾世紀以來，新的建築紛紛矗立，取代舊的建築。羅馬在西元前二〇二年大勝迦太基後，成為地中海區域的主要樞紐，因此又添建了四座巴西利卡，並修復現存的神廟。

　　共和時期結束後，羅馬廣場對羅馬而言肯定已不敷使用，

因為羅馬現在有五十萬人口，管理的帝國以數千公里為單位計算。因此，凱撒決定在它旁邊興建一個新廣場。這只是個開端。在奧古斯都和其他皇帝治下，於接下來的一百五十年間，接連興建了五座廣場。今日，我們統稱它們為帝國廣場，以和最初始的羅馬廣場做區別。這些是凱撒廣場、奧古斯都廣場、（韋斯巴薩建立的）和平廣場、涅爾瓦註2廣場，以及其中最美麗的圖雷真廣場。

整片廣場群是逐漸興建完成，夷平城裡大約八・九公頃的土地，徵用和拆毀了許多建築，甚至夷平了接連奎里納爾和卡皮托利尼山丘的一片山腰。此方案規模甚大。想像五座建築、小廣場和雕像整齊排列的廣場；你可以穿越分隔它們的優雅門廊和列柱，從一個廣場走進另一個廣場。它們因此形成一個單一、獨特的大型廣場，以灰泥、大理石和鍍金雕像裝飾……這裡是帝國行政機關和司法部門的重地所在；這裡是羅馬的精神所在。

各廣場在整個羅馬時期都處於使用的狀態，直到六〇八年佛卡註3圓柱興建為止。這是最後一項興建活動。然後中古時代來臨，整個地區逐漸開始慢慢消失在塵土和菜圃之下，宛如一艘緩緩沉入大海的船隻。弔詭的是，它的現代風貌，那一大片溝渠廢墟，並非中古時代遭到掠奪的結果，反而該歸諸於文藝復興時代的破壞。在十六世紀，教皇尤利烏斯二世註4發布一道命令，將這幾座廣場當成採石場來開採，而開採來的大理石和石灰華則全被拿來重建羅馬的建築物。根據當時的目擊者說，當時的神廟和紀念碑原本幾乎全部保存良好，卻在轉瞬間就被

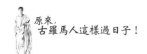
掠奪和毀壞殆盡。僅在幾十天內，構成羅馬帝國心臟地帶的那些建築物，就這樣消失在大家眼前。

許多人提出嚴正抗議，包括米開朗基羅和拉斐爾，但毫無用處。柱子、柱頭和大理石被運到烤爐內燒為灰泥，用來製造新建築所需的磚塊，或做為黏接磚塊的膠泥。最後，它就像文化原子彈發生了大爆炸，僅餘下廢墟和建築殘骸，也就是今日數百萬遊客的鏡頭下所拍攝到的景象。這地區後來恢復了原先用途，成為供人散步的區域和動物吃草的牧草地，即無人不知無人不曉的法其諾廣場（Campus Vaccinus），或母牛牧草地（Cow Pasture）。

註1　大排水溝（Cloaca Maxiumus）：全世界最早的排水溝之一。
註2　涅爾瓦（Nerva, 30~98）：在位期間九六至九八年。羅馬皇帝。
註3　佛卡（Foca）：東羅馬皇帝。
註4　尤利烏斯二世（Julius II, 1443~1513）：在位期間一五〇三至一五一三年，致力於政教合一。

11:00
抵達羅馬廣場

　　群眾散開，三三兩兩地回到他們原先走的路上。我們前方的一小群人匯集起來，一起穿越一座有三個開口、由奧古斯都所興建的壯麗拱門。它們看起來像三張大嘴巴，接連吞噬一小群又一小群的人們 —— 現在輪到我們了。人群的密度阻礙了視線，我們看不見拱門後方有什麼。但隨著越來越接近拱門，我們可以感覺到光線越來越強。然後，突然間，羅馬廣場的遼闊空間出現在我們眼前。這是個非凡的景象。

　　主要的色彩是亮白色，襯映在深藍的天空下格外耀眼迷人。我們為巨大的廣場所包圍，感到不知所措。我們試圖一眼望進廣場的所有細節，但這根本不可行，因為人們推擠著我們，有人還辱罵我們。這便是羅馬廣場。

　　該如何描述它呢？第一個會聯想到的類比是威尼斯的聖馬可廣場，它由長長的門廊所圍繞，廣場中央的柱子上屹立著雕像，巨大的建築高聳，人潮如織。

　　但兩者之間還是有許多不同點。首先，羅馬廣場上沒有圓頂（像聖馬可大教堂上的圓頂）。然而，取代它們的是無數像籬笆般排列在廣場一側的神廟。它們看起來像一長排大理石噴泉。

　　我們眺望大廣場的另一邊，景觀更為壯麗。

得到的印象是，我們正在欣賞一座石化的巨大瀑布，呈露台般依次落下。事實上，神廟群緊緊嵌入了卡皮托利尼山山坡，幾乎彷若它們正試圖集體攀上山頭。這景觀看起來像座冰凍的伊瓜蘇瀑布註1，兩座象徵性神廟矗立在卡皮托利尼山，如同作為一種古怪的景深配置方式（和意義）的起點：朱諾神廟位於右方，而朱庇特神廟則位於左方。

在我們的左手邊，熙來攘往的人群在一座神廟的寬大階梯上走上走下：那是卡斯托和坡呂克斯註2神廟。這般的人潮並沒什麼特別；這裡是制訂匯率的地方，這倒解釋了為何有那麼多來來往往的兌換商和銀行家。但這裡也有許多剛做父親的人，因為這裡是新生兒登記之處。

一位看起來頗為機敏的男孩走近我們。他知道我們是外國人，並問我們是否需要幫助。他可以提供任何我們需要的東西。他認識好的律師，知道提供食宿的地方，甚至也知道在哪裡可以找到價碼公允的「伴侶」。我們對他所說的一切不感興趣，但問他是否能帶領我們參觀廣場，他一口就答應了。

我們走進廣場，走在鋪著白色石灰華的亮麗石板人行道上，人們來來去去，將它們磨得閃閃發光，清澈透亮。男孩停下腳步，指著要我們看一則青銅銘文，大部分的人在行經時都對它視而不見。上面有個名字，L・納威烏斯・沙第努斯，他是在奧古斯都治下鋪設這個美麗人行道的地方長官。他說，這裡在整個共和國時期是格鬥士比武的地方，但記得這件事的人並不多。那

註1　伊瓜蘇瀑布（Iguaçu）：位於巴西和阿根廷邊界的瀑布。
註2　卡斯托（Castor）和坡呂克斯（Pollux）是天上的「雙子星」，為指宙斯和勒達的雙胞胎兒子。

時，圓形競技場還不存在。他們會搭建臨時的木製看台，人們來此觀看比武。有時，他們甚至在看台上搭上帆布，以為觀眾遮陽。那男孩說的沒錯；老普林尼曾經描述過一起這類事件，在凱撒治下曾出現歷史上少見的悶熱氣溫，那時便搭了帆布蓋。那男孩不知道的是，在距今十七個世紀後，考古學家就在我們現在站著的腳下，挖掘出地下走廊，甚至還有在比賽中所使用的木製升降機的遺跡。

當他滔滔不絕地介紹時，我們注意到身後的廣場中央有三棵樹：一棵葡萄樹、一棵無花果樹以及一棵橄欖樹。他說，它們是聖樹，象徵性地被栽植在廣場中，儘管有人說它們是自己長出來的。

我們的導覽旅行繼續著。我們經過屹立在高大大理石基座上的精緻雕像，上頭雕的是騎著馬的皇帝。對穿越廣場，來去匆匆的人群而言，這是司空見慣的場景。在羅馬時代，沒有人只為了遊山玩水而旅行；他們為工作、朝聖或家務而旅行。沒有人會為了純觀光而去觀賞金字塔、帕德嫩神廟、圓形競技場或羅馬廣場。儘管如此，你總是會在這些地方碰到願意為你做導覽、且收費低廉的人。

走到廣場盡頭時，我們發現自己面對著另一大群神廟，它們隸屬不同的層級，男孩仔細地為我們講解。但我們不在此逐一詳述。

我們的嚮導在講解時，我們注意到其他令人驚奇之物。那男孩漫不經心地為我們指出一個可眺望廣場的長露台。那是一座大型矮牆，裝飾著被俘虜敵艦的船首。這些是演講台。我們依靠在迴欄上時突然發現，馬可・奧勒利烏斯[註3]就是在此發表哀悼凱撒

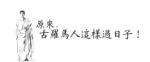

的葬禮演說；數不清的電影裡都這樣演過。這個廣場融合了歷史和建築。

　　現在演講台在我們身後，我們望見前方有樣奇怪的東西：一根鍍金的大柱子。它像珠寶般在薩杜恩神廟註4的腳下閃爍不已。這裡是所有離開羅馬的道路的起點：稱之為金色里程碑（the Melarium Aureum）。羅馬和帝國主要城市之間的距離都銘刻在其鍍金青銅的表面上。沒有比這更能驗證「條條大路通羅馬」這句諺語的真實性，反之，我們亦可說，條條大路出羅馬。

　　還不僅於此。就在前方，甚至還有一個更具象徵意義的地方。那男孩指著一棟小建築物。「都市的臍帶，」他說；換句話說，也就是羅馬的中心。既然羅馬是帝國的中心，那麼那棟建築便是整個羅馬世界的中心。

　　然而，這棟建築有著令人毛骨悚然的陰暗面。這建築物由兩個部分所構成。上面部分是羅馬的臍帶，下面部分則是「世界」（Mundus），也就是活人的世界透過地面上的一條裂縫與死者的世界有所接觸的那個點。男孩說什麼也不肯靠近它。根據羅馬曆法，冥府的大門每年只打開三次。這些時候被視為凶日，而就在昨天，那道大門再度象徵性地關上。但男孩不怎麼放心。他擔心還會有些地獄鬼魂在外面飄盪。

　　我們謝謝他的嚮導，給他兩枚阿塞銅幣。他開開心心地離開（他現在應該相信凶日真的結束了）。我們轉身面對廣場，從這個制高點可以眺望壯麗的全景。我們俯瞰所有的紀念碑，只有在現

註3　馬可・奧勒利烏斯（Marcus Aurelius, 121~180）：在位期間一六一至一八〇年。羅馬皇帝，即安東尼。也是斯多葛派哲學家。
註4　薩杜恩（Saturn）為農神。

在，我們才能更清楚地觀察到兩座壯觀建築，它們標示著廣場長邊的盡頭。它們巨大輝煌，有好幾層的拱廊和柱子，頂端有一圈俯覽廣場的雕像。你想它們應該是什麼？

它們是艾米利亞巴西利卡和朱利亞巴西利卡。「巴西利卡」這個詞也許會造成誤解。但這裡並非神廟或供人膜拜的地方。它們單單只有民事用途。法院位於此地（有時，經濟或政治活動也在此舉行）。但巴西利卡裡上演著什麼戲碼呢？

讓我們去一探究竟吧。

從廣場的人群中走向巴西利卡

我們回到廣場，注意到此地的人潮永遠那麼洶湧。它是個不斷轉動、活生生的萬花筒。這裡真的是城市裡最生氣盎然的地區之一。然而，它也是個社會時鐘。根據詩人馬提雅爾所言，廣場最擁擠的時刻大概是第五小時（大約相當於早上十一點）。因此，人們常依據廣場是半滿、四分之三滿或全滿來訂定約會時間。由於人們的習慣非常規律，因此這些計算方式幾乎都能與準確的鐘點相對應。

廣場也等同羅馬時代的日報；你在這裡聽到各路消息。你可以找到想要高談政治的人，對最新的稅法感到不滿的人，還有一些知道政府工作機會內幕消息的人。然後，你會碰到某人，他的兄弟在軍團裡服役，他會告訴你某些軍事活動的進展，或你甚至會碰到一名士兵對你描述一場戰役的內幕。更別提人們對即將舉行的格鬥士搏鬥和戰車比賽，或是社會焦點所在的顯赫家族的八卦消息議論紛紛。總而言之，走過一趟廣場就像翻閱一疊報紙；有財經版、運動版、政治版和影劇版。

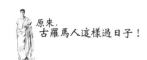

　　但羅馬時代有報紙嗎？答案是有的，但它不是今日我們所熟悉的形式。當時有所謂的「日常紀錄」，但這些其實是保存在政府檔案室裡的官報。而最有趣和刺激腥羶的新聞則在廣場裡流傳。

　　廣場有另一項令人驚詫之事：雕像和浮雕上都塗有顏色！今日，我們習慣在博物館裡看見它們展現大理石的自然色澤 —— 也就是白色。真實情況是色彩隨著時光更迭而褪去。倘若羅馬人在我們的博物館中看見它們，一定會對它們像褪色的T恤一般變得如此蒼白感到吃驚。羅馬人為他們的雕像上色，而且顏色亮麗繽紛：嘴唇是紅色，臉是粉紅色，長袍是藍色、紅色等等。說老實話，我們很不習慣，而且在看到繽紛色彩時有點嚇到；上色後的效果很像天真派繪畫註5。

　　一個裝飾在演講台兩旁的精緻浮雕色彩鮮亮奪目。但撇比起它的色彩，我們更為它所傳達的訊息感到不可思議。它顯現出幾年前發生在這個廣場的一個事件：免除稅收！一些公僕在圖雷真面前，搬來一堆堆的登記簿，上面記載著羅馬公民必須補繳的稅額。那些登記簿全在廣場裡被燒掉了。想像所有關係人鬆一大口氣的模樣。一場戰爭讓這些人得以免除繳稅。藉由一場分為兩大階段的偉大戰事，羅馬不僅征服了新行省達契亞，亦掠奪了大批金銀珠寶。這時的羅馬正處於帝國征服外族的顛峰。

　　廣場的人潮包含各式各樣的人。裡面有遊手好閒的人，或想騙一頓晚餐的人。這對我們來說也許是件怪事，但在皇帝治下的羅馬，人們到最容易下手的地方探底，然後誘騙一位有錢人請吃晚餐，是很常見的事。

註5　天真派繪畫（naïf painting）：十九世紀交替之際的一種畫風，為不遵循傳統的自由表達方式。

　　實際上，對有錢人來說，羅馬廣場是誇示他財富的最佳地點之一。就在此刻，我們看見兩座轎子經過。有名男性把手伸出轎子外搖晃著，手上還戴著引人注目的金戒指。那男人顯然過著養尊處優的生活。另一頂轎子則展現不同景象。轎子的簾幕開著，裡面坐著一位穿著高雅的男人，眼神流露著貴族氣息，頭抬得老高，眉頭緊皺。一位祕書走在他身邊，恭敬地對他說著話。他顯然是個受過教育的奴隸，能記住他們所會碰到的人的名字、地位和有趣的八卦。簡言之，他是本活的旋轉式名片架，能告訴你在帝都羅馬或密室交易的世界中舉足輕重的人的底細，即使你還不認識他們。當轎上的男人聽到一位正在穿越廣場的男人的大名時，他驚跳起來，命令轎夫抬著轎去找那個男人。轎子突然轉向，轎頭朝著那位不知名人士而去，雙方即將不期而遇。

　　現在，轎上的男人在離他的目標咫尺之內，叫出那名正在走路的男人的名字，後者吃驚地停下腳步。他試圖想記起這個從轎子高處低頭對他說話的男人的名字。但他什麼也想不起來，他就是不記得。這很正常；因為這兩個男人從未見過面。但他是新就任的水利工程師，他負責今日奎里納爾山麓地區的水道橋工程，他因為新職務的關係，注定將和轎上的男人變得更加熟稔。轎上的男人會利用禮物、晚宴邀請，以及所有的施壓手腕，以及這個男人的從中斡旋，從皇帝那得到他嚮往已久的水管，如此一來，他的宅邸中就會有自來水了。

11:30
朱利亞巴西利卡

　　我們朝著朱利亞巴西利卡走過去。長長的亮白色柱子和拱廊讓它看起來像個巨大恐龍的骸骨。人們不斷在其寬廣的階梯上走上走下。只有七道階梯，但其寬闊的外觀讓它們看起來像是體育館的大理石看台。

　　這些階梯是在公聽會或審判會舉行前，人們主要碰面或約會的場所。觸目所及，到處是三三兩兩聚集在一起的人們。我們可以辨識出律師，他們散發著隱約的貴族氣息，還有跟在他們身旁、腋下夾著厚厚一疊文件的助理。我們通常可以從警戒的眼神和擔憂的表情，輕鬆辨識出哪些人是訴訟委託人。這裡比較像市場，而非法院。有些人則躺在階梯上，無精打采地俯瞰著魚貫走進廣場的群眾：他們是「應要求前來的證人」；他們願意出庭作證的交換條件是豐厚的報酬。其他人則零零落落地坐在一起，將注意力放在發生於階梯上的事；我們可以從他們的姿勢判斷，某些人正在給中間的那個人一些建議，其他人甚至正在打賭。我們的好奇心被挑起，於是走近點好看得更清楚。在證人之間，我們注意到兩位對手正在玩像是西洋跳棋的遊戲，而棋盤被蝕刻在階梯的表面上（遊戲的娛樂價值使得這種破壞行徑受到容忍）。在許多現代城市裡的公園和廣場也可以看到相同的場景，人們彼此挑戰

棋藝。

我們繼續走上階梯。我們碰到一位正在走下階梯的男人，他穿著搶眼華麗的紫色長袍。他不知是打哪弄到那件長袍的；它對他來說，顯然過大。他身材削瘦，臉頰凹陷，頂著染得很不高明的黑髮；他小小的眼睛裡閃爍著仰賴各種法律花招存活的市儈和狡猾。一群人緊跟在（或更確切的說，是緊追在）他的身後。他們連番詢問他，拉著他的長袍，最後終於迫使他停下腳步。我們因此恍然大悟，他是個律師，而追他的人是打輸官司的委託人。他們憤怒地要求他做出解釋。他們從他回答的腔調和他試圖躲避他們問題的方式，了解到他們委託他處理自己的案件是犯了大錯。他根本沒有能力打贏官司！

人們開始火冒三丈。我們停下來觀賞，有些人也停下腳步加入我們。「看那些被拔毛的雞，」靠近我們的某人低聲說。「這些鄉下土包子輕易相信了他們碰到的第一個律師。現在看看他們的下場，這些可憐蟲，」另一個人低語。律師從人群中突圍而出，加快腳步，試圖逃跑。但他的委託人不肯放棄，努力追他，最後，整批人消失在群眾中。

這名律師是眾多的「訟師」之一，這些人會在巴西利卡開門前，在廣場周邊鬼鬼祟祟地出沒，四處尋找委託人和案件。羅馬人稱他們為「訟棍」，那些熟悉羅馬的人看不起他們，因為他們是都市中騙人不眨眼的大騙子。他們很奸詐，能騙取委託人的信任，他們甚至可能個個舌燦蓮花，但卻不善於打官司。他們最屬害的能力是說服他們的委託人，後者通常是沒什麼經驗的老實人，頭腦簡單，沒受過什麼教育。根據著名的演說家和修辭學家昆提利安註1所言，「他們所需販賣的只有他們的聲音。」在廣場碰

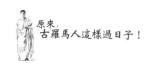

第一次面後，他們與其被害者隨即在家中約定見面，討論案件內容。為了使委託人印象深刻，並誘使委託人相信他們是備受尊崇的律師，他們花招百出，使用任何想得到的藉口。一個至今仍然著名的例子是，一位訟棍竟然在家裡的前廳擺上自己騎在馬背上的青銅雕像，彷彿他是位執政官，以此來誇示他那（根本不存在的）聲望。

我們回頭爬上樓梯。我們即將進入羅馬的法律和審判訴訟的世界。

房間非常寬敞；混亂無秩序的人潮熙來攘往，亂闖其間，轟隆隆的聲音和各種吼叫聲成了這片景象的背景配樂。我們覺得不自在，也弄不清楚該往哪走。

感覺起來像是我們走進了一座教堂；內部被巨大的柱子區隔成五個長長的本堂。中央本堂占地最廣，有個非常高的天花板，大約有三層樓高，頂端開著的大窗戶照亮了下面的空間。多虧牆壁和柱子上巧妙運用了淡色大理石，陽光因而能到處反射，使得滿室生輝。

然而，這一切都承載著羅馬歷史上幾位最名聞遐邇的人物的名號。這座巴西利卡的創建始於凱撒，終於奧古斯都。而在我們的腳下則是史西皮歐‧阿非利卡諾斯的遺體。

從早上一早開始，在朱利亞巴西利卡主持法庭的著名百人法官就已經在主廳各就各位，主廳長八十二公尺、寬十八公尺。然而，在此刻，有些小型或中型審判會已經在進行，而為了善用時間和空間，法庭的位置彼此平行。為了使審判順利進行，大帷幔

註1　昆提利安（Quintilian, 35~100）：羅馬辯論家。

從上方垂掛而下，與木製分隔板一起將寬廣的中央本堂隔成四個法庭。百人法官也分成四個小組。在古羅馬，審判是如何進行的呢？讓我們走過去，到其中一個法庭裡一窺究竟吧。

古羅馬的兩件訴訟案

在法庭盡頭有個高台，而主持審訊的大法官早已在此就位。四十五位百人法官分別坐在他的兩側。在前方，案件的原告與被告雙方和他們的朋友、親戚和律師坐在木製長椅上。我們幾乎看不見現在正在說話的律師。在我們和審訊區之間，擠了一大群旁聽者；那些是喜歡聆聽法庭中的證詞和口頭辯護的羅馬人，彷若它是一場不容錯過的表演。他們只是一般百姓：男人、女人和老人。我們身後也有人，他們盡量擠進可以站的地方，就算是站在審訊室外，或巴西利卡小本堂的柱子間也可。甚至連我們的上方都有人，他們在上層夾樓上。這些人為何都擠到這裡來呢？

有一段時間以來，羅馬人會為了一些雞皮蒜毛的小事鬧上法庭。比如，今天，在這個法庭裡審理的就是偷竊幾頭山羊的案子。

古羅馬就像現代的義大利和其他地方一樣，法院的訴訟案件清單長到難以想像。早在韋斯巴薩統治時期，歷史學家蘇埃托尼烏斯便觀察到，「審判清單長得不成比例，因為除了有尚未判決的案子，還會不斷增加新的案件。」蘇埃托尼烏斯評論說，若不是韋斯巴薩本人採用了新的措施，「訴訟關係人傾其一生恐怕也無法完成所有的審判。」

羅馬帝國司法的第二個現代特徵是法庭景觀。就像在我們的時代，許多暴力犯罪最後會出現在我們的報紙和地方、甚至國家電視新聞上一樣，在古羅馬，公開審判也吸引了大批聽眾。從這

些法庭人山人海的情況判斷，人們是很喜歡這項活動。說他們是聽眾可能不夠正確，也許該說是觀眾。

巴西利卡裡炙熱難耐。我們周遭的每個人都汗如雨下。但是沒有人想離開；他們為審判深深吸引。偷竊受害人的律師正在為他陳述案情。他的表現非常誇張，姿態手勢極具戲劇性。他看起來活像是默片演員。儘管如此，他所表演的啞劇似乎並未打動在場的百人法官。有些人漫不經心地凝視遠方，有些人竊竊私語，有一位扯著他的鼻毛，另一位的身軀驚險地前後搖晃，就快睡著——他的鄰居早已鼾聲如雷。大法官盯著從頭上窗戶飄過的雲朵，瞇著一隻眼睛想看得更清楚。

甚至連旁觀者都注意到那位律師的無能。許多人自得其樂，甚至開始大笑出聲。唯一笑不出來的人是那位五官突出的受害者，他來自羅馬境外，習慣農田裡的苦勞。當一位百人法官陷入沉睡，將頭靠在鄰居的肩膀上時，他察覺這是該喊停的時候了。他厭倦於他律師的冗長漫天亂扯，不斷引述歷史上偉大人物的話語，最後，他粗魯地打斷了他，「不是為了暴力，不是為了屠殺，也不是為了毒藥；我是為了失去三隻山羊而提出告訴！我認為是我的鄰居偷了牠們。法官想要證據，但你滔滔不絕地說著坎納戰役註2和馬特里戴特（Matridate）戰役，以及布匿戰爭註3的偽誓。你以如雷聲般的聲音和誇張的姿態引述蘇拉、馬略註4和斯凱沃拉註5

註2　坎納戰役（the battle of Canne）：第二次布匿戰爭的重要戰役。西元前二一六年在義大利東南的坎納發生。
註3　指古羅馬和迦太基之間發生過的三次戰爭，羅馬當時稱迦太基為布匿。第一次布匿戰爭發生在西元前二六四至二四一年，第二次發生在二一八至二〇一年，第三次則發生在一四九至一四六年。三次皆迦太基戰敗，最後成為羅馬的一個行省。
註4　馬略（Marius, 157BC~86BC）：羅馬將軍，在羅馬從共和國到帝國轉變期間占舉足輕重的地位。

的話。得了吧，波斯圖穆斯註6，說說我的三隻山羊吧！」整個法庭爆出哄堂大笑。律師無言以對。法官們縱聲大笑，老法官驚醒，忘了雲朵的事。這個男人也許用這場騷動挽救了他的官司。一個男人在角落記著筆記。拜他之賜，這位老實農夫的簡單話語才得以流傳給我們，並且令我們莞爾一笑。

突然間，每個人都被一個巨大聲響和隨之而來的長長鼓掌聲和口哨聲嚇了一大跳。在我們隔壁的法庭裡，就在厚重的帷幔和木頭隔板外，一位律師正中對造要害。大家都安靜下來。甚至連百人法官和大法官都陷入沉默。隔壁法庭的律師以其男中音般的低音，重新開始他的辯論結語。他的聲音像戲劇演員般低沉而引人，輕易地穿過木隔板，使眾人難以專心觀賞三隻山羊偷竊案的進展。

人們面面相覷。他是誰？沒有人知道。然後，有人提了一個名字。那人是羅馬廣場中真正的王子，他的演講令人難忘。沒有人有任何懷疑；一場更為精采的審判已在隔壁法庭展開。幾乎就像火災警報響起一般，群眾開始推擠，位於最後幾排的人跑出法庭，試圖擠進隔壁的法庭。觀眾決定轉換頻道。

我們也跟著群眾向前走。隔壁的法庭人滿為患。律師是位英俊的男人 —— 有著灰白的頭髮和凌厲的眼神。他停下來喝了一口溫水。他嚴肅地看了百人法官一眼，彷彿在審判他們，然後又銳利地瞥向桌上的沙漏。每位律師的發言時間都有限制。更精確地來說，他可以要求多至六個沙漏的時間；每個沙漏漏完的時間是二十分鐘，所以他可用的所有時間是兩個小時。想當然爾，每個

註5　斯凱沃拉（Murius）：全名Mucius Scaevola，羅馬共和國初期的傳奇英雄。
註6　波斯圖穆斯（Postumus, 12BC~14）：史傳為一粗野不文之人。

審判所費的時間會依案件和其重要性或趣味性而有所不同，法官通常都很寬容，往往允許律師使用更多的時間。我們必須記上一筆的是，審判常常一早便開始，然後持續到夕陽西下。

律師指著一對夫妻，他們遭人不公地騙走數量龐大的遺產。他的最初幾個字就像來福槍的槍響，用力擊中每一個人。他停下來，微微一笑，然後到處走動，隨即陷入沉思，彷若在尋找正確的字眼。當他找到時，他轉身，口若懸河般地陳述。他的雄辯口才真的令人嘆服。我們瞥向他的助理，看見了他的小訣竅；他的助理手裡拿著上了蠟的寫字板聆聽他的辯論，他在每一段話後做個記號，彷彿在審核購物清單。

原來這位律師不是即興演出；他在複述事前寫好的演講稿，並藉由記憶技巧背誦下來。實際上，這就是羅馬法庭裡許多偉大律師的策略：在審判前充分準備。

有些古代作家寫道，一般的事前演練活脫脫就像是真正的審判，律師離開辦公室時非常激動高昂，且眼中閃耀著光芒，而助理們則精疲力竭。在這些被稱做「沉思」的訓練中，律師們大力強調措辭、選字、口氣和聲調。和他互鬥的伙伴通常是受過高等教育的奴隸。根據西塞羅這位可能是羅馬廣場最偉大的雄辯家和記憶技巧大師所言，在審判中所需遵循的高明策略應該包含三個元素：動作、娛樂和說服。還要創造審判過程的戲劇性發展。這類戲劇性發展的戲碼之一，現在就在我們眼前搬演。

兩小時的闡述時間已經用盡。在這一刻，律師衝向他所代表的夫妻，跑過他們身邊，開始在人群中搜尋。法官和觀眾不禁大驚失色。甚至連他的助理都裝出震驚的表情（但這都是腳本的一部分）。最後，律師總算出現在人群中，牽著兩個小孩，一男一

女，兩個人都很害怕。他牽著他們，將他們帶到法官前面，慈愛地擁抱他們。他們是那對夫妻的小孩，律師狡猾地安排他們等在一邊。他現在展開有關他們未來，還有他們在父母死後會面臨何種慘況的冗長演說——他不只提到這對夫妻的遺產對兩個小孩的未來而言有多有用，還強調說，這筆遺產對兩位羅馬公民來說是何其重要（對致力於維繫羅馬價值觀的大法官和百人法官而言，這是他們絕對不會忽視的一個參考點）。

　　這絕非嶄新策略；這位律師高明地採用超過一個世紀以前，一位非常知名的律師蘇爾皮西烏斯・加爾巴（Sulpicius Galba）所用過的手腕，後者是與西塞羅同時代的人。但觀眾並不知道這點。現在，他對著觀眾指著那兩個小孩，他採取這種戲劇性的姿態意在讓觀眾心碎，而這些觀眾，也就是下階層百姓，在這一陣子以來已成為羅馬法庭中的要角。他端詳他們的臉孔，說完最後幾個字，下完結論，再度擁抱小孩。群眾和坐在法庭裡的觀眾發出一陣熱烈掌聲和喝采。甚至連隔壁法庭也傳來掌聲。它看起來就像一齣戲的最後一個場景（實際上，從某種意義上而言，它的確是）。就連法官們也對這男人的精采表演刮目相看。他們原本已經注意到，前幾排的觀眾是由領錢來為律師捧場的人所組成（這現象在法庭內很常見），但他們沒有預料到他會如此成功。現在法官們的判決得將觀眾的反應納入考量。律師成功地運用了一點心理壓力，這絕對會影響到判決。他很清楚此點。現在，隱藏在滑下他臉頰的假淚珠之下的，是一抹勝利的微笑。

羅馬元老院

　　我們再度回到羅馬廣場，然後我們決定從這裡朝著對面的另一座巴西利卡走過去；艾米利亞巴西利卡的門廊全長近一百公尺。民事活動和訴訟案件也在那裡上演。很久以前，門廊下有商店，但現在它空蕩蕩的。我們被一個陳列著各種繪畫的小市場所吸引，它占據了兩個拱廊。我們對我們在多穆斯裡所看到的濕壁畫和這些簡單到近乎幼稚的作品，兩者之間的品質差異感到驚詫。繪畫的主題極為豐富。有牧羊人畫、神話場景畫、凱撒的肖像畫（一點也不像），和一張非常粗略的羅馬風景畫。但也有一張畫著一位非常英俊的年輕人的寫實畫。這幅畫顯然出自畫家之手。儘管這件事鮮為人知，但有時你在羅馬房舍裡可以看到牆壁上掛著主人和他家人的畫像。這些繪畫完全沒有流傳下來，但在其他地方，比如埃及，這類繪畫以面具的方式畫在木乃伊上。今日，它們提供我們帝國居民的精采身影。誰知道這張畫是如何輾轉流落至此的？也許這位年輕人死後，並沒有繼承人或親戚想保存他的畫像，因為人們通常只會保存著名祖先的半身雕像。這解釋了這幅畫為何會落到畫商手中。

　　我們離開艾米利亞巴西利卡，朝著廣場北方走去，在過去，這裡是羅馬帝國的重心，幾世紀以來，這裡也是羅馬元老會面的

集會廳。現在，我們眼前出現一棟巍峨的磚造建築，前方有一小道門廊：這就是元老院。

元老院由凱撒興建而成。他拆毀先前的集會廳和大會堂，興建了這座氣勢恢弘的新建築物，在整個羅馬歷史中都持續受到使用。

元老院的大門敞開著，再幾分鐘就要展開一場辯論。它有個華麗的地板，鑲嵌著運自帝國各處的珍貴大理石。在這裡，你確確實實是走在整個帝國上。元老院的大廳非常深，兩旁是寬闊的階梯，上面排放著好幾排元老專屬的高背椅。高背椅以木頭製成，且雕刻精細。元老院的裝潢擺設介於室內合唱團和君王的接見廳。周遭的牆壁上鋪著巨大的大理石板，照得整個大廳閃閃生輝。誰知道有多少嚴肅的演說在此發表；我們不可能記得全部。在這裡，在這小小的空間內，產生了在我們的歷史書籍中占有顯著地位的眾多決定。而在這個世界上，能對人類歷史發揮這般遠大影響的地方可說是相當稀少。

幾位元老坐在椅子上，和轉頭面對他們的同事交談著。有些人在竊竊低語，有些人發出大笑。我們發現有幾組人正在審慎地議論著。辯論就要開始。在過去幾天內，數項決策經過詳細討論。比如，在昨天，元老們討論了在貝內芬托[1]那座即將完成的大型凱旋門，那是德來安納大道（Via Traiana）的起始點。但今天議程的討論課題非常重要。圖雷真在一月時以勝利之姿進入安條克[2]，現在他正在美索不達米亞打仗。他的捷報連連傳至羅馬；

註1　貝內芬托（Benevento）：位於義大利西南部。
註2　安條克（Antioch）：位於今土耳其南部哈塔伊省，土耳其人稱之為安塔基亞（Antakya)。

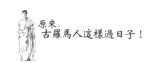

他已征服了那個地區，拿下幾座重要的城市：巴特納（Batnae）、尼西比（Nisibe）和泰西封註3。軍團大聲歡呼，尊稱他為「安息註4的征服者」。因此，元老院必須決定，如何將這頭銜正式化。事實上，自從共和時期結束和皇帝相繼登基以來，元老院的權限和角色已經縮小很多。偉大辯論和政治衝突的時代早已告終。今日，比起凱撒之前的那些榮耀時光，元老院所做的決定往往不關痛癢，只是按表操練，不再有左右國家政策的精采辯論。

一位元老走過敞開的大門，在經過一位立正站好的士兵時對他點頭示意。入口大門以青銅製成，非常高（羅馬元老院的最後一扇門將在文藝復興時期被拆下，搬到拉特蘭聖約翰大教堂，直到今日仍供人瞻仰）。

老邁的元老往前走了幾步，幾位年輕元老立即走上前去迎接他，他們也許是想向他討教有關今日辯論的策略意見和建議。

幾名士兵用力關上大門。元老院大廳逐漸自我們眼前消褪，彷彿劇場的帷幕緩緩降下。我們偷瞥到的最後一景是那位元老緩緩坐下，撫平長袍的皺摺，白色眉毛下的眼睛嚴厲地瞪著他的敵手。警衛們則在門前各就各位，一手拿著盾，一手拿著標槍（pilum）。

註3　泰西封（Ctesiphon）：位於伊拉克，巴格達南方三十五公里處。
註4　安息（Parthian Empire）：位於伊朗東北、裏海東南一帶，建於西元前二四七年，西元後二二六年被波斯薩珊王朝取代。

值此之際，
在圓形競技場……

　　一雙天藍色的眼睛宛如寶石般嵌在他黝黑的臉龐上。他並未因敵手雄壯有力的身軀而退縮，即使他倆現在正繞著圈圈，尋找時機發動攻勢。數以千計的人們則細細打量著他們；觀眾從早上一早以來，便從看台上仔細觀察、大聲歡呼與激動尖叫。圓形競技場的節目已經開始。開場的戲碼是「狩獵」。但這不是格鬥士之間的比武，而是人獸之間的生死交戰。圓形競技場就像帝國中的其他圓形劇場一般，總是遵循著相同的節目表：開場的狩獵，隨即是死刑犯的公開處決，最後，在下午則是引頸已久的格鬥士登場。圓形競技場的活動成為城市生活的重心，不單是由於圓形劇場可以容納很多人（可容納五萬到七萬名觀眾），也特別是因為在此舉行的殘暴打鬥非常精采，就像剛才才開始的這場搏鬥一般。

　　在看台上的觀眾非常清楚這場搏鬥將在幾分鐘內結束。他們可以看到汗珠從狩獵者的金色鬢髮中不斷流下，而狩獵者名叫史皮塔拉。但由於競技場裡的氣氛極為緊張，觀眾已停止為他歡呼。在他對面的是氣勢逼人又自信滿滿的維克多，牠是在競技場裡多次占據優勢的要角之一。牠不是人類，但牠頻頻在搏鬥中展現和人類相等的高度智慧。牠以牠的機敏和狡猾，而不是牠的腳掌和鋒利爪子的力量，擊敗了無數的狩獵者。贏家維克多是隻

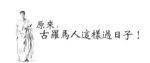

豹，身軀異常龐大，很快便成為觀眾的寵兒。有次，牠將敵手推向幾秒前倒在地上的另一位狩獵者身上，讓敵手絆倒，然後牠撲到他身上，牙齒深深嵌入他的脖子。一般相信，維克多就像圓形競技場裡的所有野獸一樣，並非因為飢餓才攻擊人。牠在幼時便遭到捕捉，送到專業訓練師那邊，接受如鬥牛犬般所受的攻擊技巧。牠被教導該攻擊何處，以及該如何攻擊。豹擁有這類恐怖的特徵：攻擊人類時，牠們會直攻喉嚨，用利齒深深咬下，同時用有力的腳掌使勁壓進對方胸腔，劃破對方皮肉；這在今日依舊如此。我在一次進行考古挖掘的旅程中，有機會和非洲的醫生聊天，他向我證實說，當人們帶來被獅子咬傷的傷患時（獅子傾向於在咬到獵物後用力甩動牠們），他有時還能救這些人一命。然而當人們帶來遭豹咬傷的傷患時，傷患通常在抵達時已無生命跡象。

這頭野獸沒有罪，牠是個掠食者。牠只是遵循自然本能。但牠的攻擊天性卻遭到訓練師大力扭曲，利用來作為娛樂效果，因此，這動物被訓練成名符其實的殺戮機器。維克多不僅得為競技場裡的許多死者負責，牠還殘殺了許多在訓練中用來當靶的奴隸。

史皮塔拉在競技場中是位技巧高超的狩獵者，他還因為外型俊俏而受到女性愛慕，但他的名聲不若維克多響亮。賭家賭他會以三比一落敗。史皮塔拉知道這個比數，但他也知道，這也許能成為他的優勢。如閃電般迅速的動作或許會有幫助，那能讓觀眾甚至是豹感到詫異。他握緊手中厚重的尖銳長矛。他沒有其他東西護身，沒有盔甲，沒有頭盔，也沒有短劍。他的唯一保護是一些經過強化的護脛布墊。

一聲狂吼迴盪在競技場裡 —— 那是一隻獅子的吼叫聲，牠剛走出柵門，準備和另一位狩獵者搏鬥。這就是史皮塔拉一直期待

的時機，也是他希望之所繫。維克多受過精良訓練，不會因群眾或對手的喊叫或狂吼而分心。但一聲突如其來的獅吼刺激了牠的原始本能。實際上，在野外，成獅會獵殺豹。但維克多只分心不到一瞬間。豹突然將頭轉向獅子的方向。在牠尚未看清楚場上的貓科同伴前，牠便感覺到牠的喉嚨下方和肋骨上方之間被牢牢固定住。在不到一秒鐘內，牠感覺到一片寬刀刺穿牠的胸膛，傳來一陣劇痛。牠甚至沒有聽到史皮塔拉所發出的戰鬥狂嚎。那男人蹲下身來，向前邁開大步攻擊，這使得他這一擊更為致命，正如同擊劍者用劍用力戳刺一般。

野獸憤怒地掙扎。豹彎下牠巨大的脖子，試圖咬掉長矛，但牠辦不到。然後牠用一隻腳掌用力拍了長矛一下，幾乎將它自刀刃處拍斷。現在牠咬到它了，牠用牙齒將它咬成兩半。但一切都太遲了；牠可以感覺到自己的精力迅速流失。牠看見史皮塔拉站在牠跟前，彷若在等待判決。如果動物被賦予第二回合的機會，現在已經失去長矛的狩獵者的局勢將大為不妙。也許他們會給他另一根長矛，也許不會。但是已無此必要。在豹那雙冷酷的黃色眼眸裡，史皮塔拉的身影逐漸模糊。鮮血從傷口中汨汨湧出，灑在競技場的地上，於牠腳下形成越來越大的血池。這個突襲無懈可擊。牠發出最後一聲狂吼，然後是死亡前牠因為鮮血湧進牠喉嚨和肺部而發出的咯嘎聲。野獸倒下，趴在地上，下巴半張。

觀眾爆發出歡呼聲。看台上歡聲雷動，觀眾大叫著狩獵者的名字：「史皮塔拉，史皮塔拉。」圓形競技場現在誕生了一位新的英雄。

圓形競技場裡的動物

在圓形競技場和帝國境內的圓形劇場慘遭殺害的動物數量相當龐大。有時，觀眾觀賞拿著弓和箭的狩獵者宰殺鹿或羚羊。有時，被殺害的動物是充滿異國風情的珍禽異獸，如鴕鳥（我們知道，康茂德皇帝註以用利劍砍牠們的頭為樂）。在某些例子裡，戰鬥雙方幾乎旗鼓相當：某些男人打扮成格鬥士，配備著頭盔、盾和短劍，試圖在與獅子、豹和熊的戰鬥中存活下來。從柱子和神廟上的淺浮雕看來，他們好像都揪打成一團，各有輸贏。最後，在那時代還能觀賞到動物間的廝殺；比如，公牛和大象，或其他大型動物，牠們都被鐵鍊鎖住，雜役們則在旁用尖桿戳刺牠們，刺激牠們奮勇搏鬥。長時間以後，由於帝國內所有主要的圓形劇場裡常常使用異國動物，如老虎來搏鬥，導致歐洲、北非和中東的野生動物數量銳減。許多物種消失，因為儘管捕獲的數量龐大（包括鱷魚和犀牛），卻只有少數能熬過在馬車或堆在船的貨艙內的漫長旅程。

註　康茂德皇帝（Commodus, 161~192）：在位期間一八〇至一九二年。施行暴虐統治，後來在和格鬥士摔角時被勒斃。

11:40
大理石幻境：帝國廣場

　　我們甚至從廣場這裡就可以聽到人群的歡聲雷動。我們周遭有些人轉身望向圓形競技場。它巨大的身影屹立在撒克拉大道盡頭，默默矗立在提圖斯拱門後，籠罩著柱廊和神廟。群眾唱頌維克多這名字的巨響傳到我們的耳朵，但已經模糊到無法聽清楚。我們所能聽到的只是有力而節奏分明的吶喊。

　　那些舉目凝望圓形競技場的人很快便回頭專注於原本的工作，彷彿什麼事也沒發生過。我們也繼續我們的旅程，離開元老院的大門。警衛們在聽到圓形競技場傳來歡呼聲時面無表情，甚至連現在我們準備離開時，他們的眼神還是沉著而冷靜自若。

　　稍後，我們也會進入圓形競技場，但首先，我們想看看某樣獨特的東西，它就在離此地不遠的和平神廟裡。

　　從此處步行幾分鐘後，我們將穿越另一個羅馬奇觀：帝國廣場。

　　事實上，羅馬不只有一個廣場。凱撒認為羅馬廣場不敷使用，便決定建造另一座廣場。想當然爾，廣場以他的名字命名：凱撒廣場。這是他權勢的明顯表徵。

　　奧古斯都、韋斯巴薩、涅爾瓦和圖雷真都在後來遵循他的範例。因此，經過時間更迭，他們創造出一連串互通的廣場，裡頭

的人群川流不息。這是個由奢華、大理石和柱子所宰制的世界，擴增了羅馬人的購物區，也擴增了貿易和訴訟區。

我們出於好奇心，緊跟在三位正在大聲爭論的男人身後。一個男人有著長長的鷹鉤鼻，他正用盡一切方法來向另外兩位證實他是對的……他們正朝著位於韋斯巴薩廣場的和平神廟走去。而進入這個壯麗建築本身就是個令人屏息的經驗。你經過第一個大廳，兩旁的柱子高聳如紅杉森林，然後進入一個寬闊的廳堂，那裡有一整面牆畫著羅馬的巨大地圖。

這就是著名的羅馬地籍平面圖（forma Urbis），我們稍後會對其做更加詳細的介紹（我們今天所熟悉的版本是保存在卡皮托利尼博物館的遺跡，可追溯到我們現在正在探索的時代之後，但在圖雷真治下可能已經有一個類似的範本，只是現在已經失傳）。它占據了整面牆。它是羅馬的完美範圖，以一比二四〇的比率製成，刻著所有房舍的牆壁、柱子和噴泉，並被漆上紅色。但你不能靠近端詳它。一道長欄杆將你阻擋在特定距離外。只有經過授權的人員能拿著指針，或在必要時輔以裝有滾輪的高大梯子，走近平面圖，指著它，或碰觸它。

我們看到的那三位在門口大聲爭論的男人現在走到平面圖前，指著某個特定的點，然後轉身面對一位坐在桌子後面的職員。我們現在了解他們正在爭論的話題為何了，那是有關一家正在出售的商店的大小和邊界範圍。職員平靜地遞給他們一個上面刻有號碼的木片，指指遠處的一個房間，他們可以在那裡申請在羊皮紙副本上查詢他們想調查的區域。那三名男子消失在走廊盡頭，一路上從未停止爭辯。

和平神廟還有一座圖書館，收藏著有關韋斯巴薩各類功績的

書籍。除此之外，它還收藏著皇帝從帝國全境內，尤其是從古希臘世界搜刮而來的傑出藝術作品。這個堪稱是羅馬羅浮宮的博物館也收藏了許多繪畫傑作，遺憾的是，它們全都迭失了。羅馬人相當欣賞這類藝術形式，而就像今日一樣，當時坊間有許多專業評論家和收藏家。和平神廟的中心是一座大廳，收藏著從耶路撒冷帶回來的多數戰利品：展示在顯眼位置、具象徵性的物品是耶路撒冷古神殿中所用的著名七扞枝大燭台。

我們現在在和平神廟外，從相反方向回頭穿越一系列的帝國廣場。還有一個我們尚未參觀的廣場，羅馬居民毫無疑問地將它視為帝國的奇景之一。它是最後興建的廣場，僅在兩年內便竣工。它就是圖雷真廣場，景觀令人屏息。我們看到的第一樣事物是一道龐大的拱形牆，中間有座凱旋門，頂端是六匹馬拉的戰車。這是圖雷真廣場的入口。

幾位武裝警衛立正站好，似乎在強調此處的莊嚴神聖。透過拱形牆，廣闊的廣場昂然展現在我們眼前：一個長三百公尺、寬一百九十公尺的長方形廣場，鋪著由白色和彩色大理石製成的巨大石板。堪稱羅馬帝國最美麗的柱廊之一將我們包圍。它是個長長的門廊，數十支深紫色科林斯式柱子沿著廣場周遭環繞。還不僅如此；每根柱子上都有雕像 —— 近三公尺高、被俘虜的野蠻人王子雕像。它們以各種色調的美麗大理石雕刻而成，每個雕像都擺出不同姿勢，有些雕像的頭髮和鬍子看起來像是被強風吹亂了。他們是戰敗的達契亞王子。我們現在所見的每樣東西都經過精雕細琢，而這全拜征服達契亞（現今的羅馬尼亞）時所掠奪來的大量戰利品所賜。

廣場中央屹立著圖雷真騎在馬背上的鍍金青銅雕像。我們朝

著聳立在廣場對面盡頭的巍峨建築走去。這感覺好像我們正朝著聖彼得大教堂的立面走去一樣，而事實上，這的確是座龐大的建築——烏爾比亞巴西利卡。這不是座神廟，而是一棟用來做為民事用途的建築，就像其他廣場裡的建築。而它是個氣勢多麼恢弘的建築！

它巍峨、莊嚴和金碧輝煌。立面有更多雙手被捆綁的野蠻人戰俘雕像。他們形成一道長列，就像聖彼得教堂前柱廊上的聖徒列像。

我們進入巴西利卡。我們正在進入羅馬人至今為止所建造過最大的巴西利卡。它的廣闊和挑高的天花板使我們頓失方向感。奇怪的是，它空蕩蕩的。因為某個理由，今天沒有排任何審判或其他活動。唯一在裡面走動的是幾名職員，以及和我們一樣看熱鬧的人。整個內部空間裡迴盪著腳步聲和說話聲，彷若有人正試著測量巴西利卡那過大的空間。

它真的令人印象深刻：超過一百七十公尺長，兩端是兩個寬廣的半圓形空間。但真正叫人吃驚的是周遭柱子紛紛林立的雄壯景觀；我們彷彿墜入一片森林中。柱子多不勝數；一定有數十根，非常高大，科林斯式的柱頭幾乎大若小型房車。它們為五座本堂描繪出輪廓，而每組柱子都有不同的顏色！佇立在中央本堂的柱子由來自埃及的灰色花崗岩製成；而沿著較小的側邊本堂而立的柱子則由淡綠色雲母大理石製成。每樣東西都經過精心裝飾。地板鋪著棋盤形的大理石，構成由圓盤和長方形組合而成的幾何圖案，主要色彩是暗黃色和深紫色。在中央本堂還有個莊嚴的大理石中楣，上頭雕刻的是展翅欲飛的勝利女神。我們頭頂上是廊台和大型窗戶，強烈刺眼的陽光從此傾洩而入。

圖9 圖雷真廣場是羅馬帝國的奇景之一。帝國廣場由好幾個廣場組合而成，廣場
　　間彼此相通，人潮川流不息。這是個由奢華、大理石和柱子所宰制的世界。

　　大廳的盡頭有一小群人，跟幾位形成封鎖線的禁衛軍。在那
群人中央的是誰？禁衛軍在場只意謂著一件事：那人一定是皇帝
身邊某位非常重要的人物。但會是誰呢？那一小群人正抬頭望著
覆蓋著灰泥的鑲板天花板的某處。有個人指著一塊改變了天花板
色澤的水漬。他們顯然在評估因為大雨漏水所造成的損害。

　　現在那群人開始往我們這邊走來。禁衛軍穿著釘鞋所踏出的
腳步聲迴響在大廳裡，他們越走越近，發出了其他的金屬聲響。
短劍和匕首因為撞擊在士兵的盔甲上而叮叮噹噹地響著。那一小
群人與我們擦身而過。人群中間，被祕書和助理所包圍的是一位
矮小的男人，他有著短短的四肢，頭頂光禿，但周邊還有著濃密
的黑髮。從他的五官可明確研判他是地中海人，他的聲音平靜而
悅耳。他是大馬士革的阿波羅多羅斯[註1]，設計烏爾比亞（源自圖
雷真的家族姓氏，烏爾皮烏斯）巴西利卡和這個偉大廣場的建築
師。他是位充滿創意的建築師，他的作品在他的時代中留下鮮明
的印記，就像布魯內萊斯基[註2]和米開朗基羅在他們的時代一般。
他僅花了五年（一○七至一一二年）便完成這座遼闊的廣場。
但他也承接過其他建築方案，比如圖雷真市場和大浴場。可惜的
是，他和圖雷真的繼任者哈德良的關係不盡理想。屆時，哈德良
會將他放逐，最後還處決了他。值此之際，這一群人消失在柱子
之間；禁衛軍制服所發出的叮噹聲逐漸遠褪，淹沒在穿梭於巴西
利卡的人們的腳步聲之迴響中。

　　我們攀登一段階梯，走上圖書館。在樓梯頂端，我們碰上

註1　阿波羅多羅斯（Apollodorus）：生卒年不詳。希臘建築師和雕刻家，活躍於第二
　　世紀。
註2　布魯內萊斯基（Brunelleschi, 1377~1446）：義大利文藝復興時期最頂尖的建築
　　師和工程師之一。

一群手裡拿著紙莎草卷軸的圖書館員和推著裝滿檔案的推車的奴隸。這裡看起來就像是某個政府部門的走廊。我們經過一扇門時，瞥見一個長形的房間，裡面有成排狀若餐具櫃的書櫃和櫃子，裡頭裝滿了數千份紙莎草卷軸和寫字板。書架的排列方式和我們慣見的有所不同；卷軸的堆疊方式不是呈長方形，而是菱形，這樣卷軸才不會從旁邊滾出來，像市場裡的橘子般一個堆在一個上面。

我們打開一扇門，看見一道圍繞著內院內側的陽台。我們倚靠在欄杆上，發現這個由大馬士革的阿波羅多羅斯所設計的奇妙建築之重點所在。在皇帝本人的命令下，內院中央屹立著整個廣場的瑰寶：圖雷真之柱。

它高三十公尺，頂端立著圖雷真的鍍金青銅雕像（在文藝復興時代，以顯然格格不入的聖彼得雕像取代）。這柱子是以十九塊各三十二噸重的卡拉拉註3大理石一個個堆疊而成！內部中空，有個旋轉樓梯。

但這柱子最令人印象深刻的是它外部的連續帶狀裝飾，刻紋從上到下盤旋了整個柱子。它全長二〇一公尺，宛如漫畫連環圖般，雕繪著將達契亞納入羅馬行省的兩次軍事行動（一〇一和一〇五年）的兩大事件。一連串場景描繪出戰役、軍團渡河、圍城、圖雷真向神祇獻祭等情況。上面有數千個雕刻精緻和塗上色彩的肖像（特別是軍團士兵），手裡往往握著真正的青銅武器。這些鮮明生動的武器和色彩將會隨時間流逝而消褪，在現代，我們所看到的將只是自然色彩的大理石柱，以及細膩的淺浮雕。我

註3　卡拉拉（Carrara）：位於義大利托斯尼卡省，離佛羅倫斯東北方一百公里。

們現在離開圖雷真廣場，返回城市。就在要離開這片壯麗的廣場前，我們看見一個令人感動的場景：一位老頭握著一對年輕男女的手，隨後年輕女孩擁抱了他，讓他有點尷尬。然後那對年輕人擁抱彼此良久，他們洋溢的幸福氛圍十分感人；老頭在一旁看著，帶著心滿意足的表情。這三個人剛從位於圖雷真廣場的一個特別辦公室裡走出來，那裡是登記解放奴隸的地方。原來，這位老主人來此地為他的兩個僕人作結束奴隸狀態的官方登記。從現在開始，他們是自由之身，而在這個案例中，他們也可以自由結婚，這是在他們還是主人的財產時無法想像的事，因為主人可以決定他們能否與誰結婚。這兩個年輕人的人生，就在我們的眼前，永遠地改變了。

羅馬的大理石地籍圖

我們知道，在奧古斯都治下，羅馬被劃分為十四個行政區，相當於今日首都的那些區，儘管大小和邊界迥然大異。每個行政區都有它自己的行政機關，但要同時管理一百或一百五十萬人的生活實屬不易。我們不知道這個地方行政體系的細節，但我們不難想像它所會遭遇到的一切難題。在數世紀以來都是如此。比如，在兩百年後，於君士坦丁大帝統治下，羅馬有四百二十三條街、二十九條大道，和三百二十三個主要十字路口。你能想像為了維護這些街道，確保供應整個人口的飲水的噴泉正常運作，尋找和處罰違章建築，解決鄰居之間的邊界紛爭等等，這類日常工作有多繁重嗎？而這些都不能靠電話、電腦和資料庫完成，更遑論紙、筆和墨水。

為了完成工作，羅馬的行政官有個珍貴的工具。它相當於地籍登記簿。在拍攝我所主持的一個電視節目時，我們拍攝了當時的城市平面圖，即著名羅馬地籍圖裡某些區域的照片，它重新複製了永恆之都的整個地面平面圖。因此，我們可以考究到商店的形狀和大小、柱廊的深度、彎曲蜿蜒的街道，甚至噴泉的確切位置。我們知道，這份地圖有幾種版

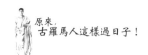

本，產生於帝都羅馬的不同時期。遺憾的是，只有一小部分碎片流傳至今，我們也許只能夠藉此重新拼湊出城市的一小部分，其餘部分則毀於中古時代的烤爐或被用來砌牆。

但僅是檢視這些碎片便能幫助我們了解帝都羅馬日常生活的豐富多樣。為了寫這本書，我考察地籍圖上的某些部分，以重建我的旅遊路線和細節描述。許多我們在羅馬街道上瞥見的日常生活景觀，都是奠基於羅馬地籍圖上的真實街道，它們遵重建築之間的距離、柱廊的有無、商店的位置，甚至當時可能已經開業的「酒吧」。我們的故事以那座屹立在黑暗街道中的雕像為始，再現了羅馬中心的真實景觀。我所需要想像的只有雕像的五官特徵。

當然，隨著時間流逝，城市平面圖無可避免地會有些改變。儘管如此，街道和社區的整體風貌仍舊維持我所試圖描述的外觀。

看著這張圖，我們為它的精確感到吃驚，它揭示了那些記錄每個商店、神廟和建築的平面圖的人所展現的精密專業。我們甚至找到某些因為犯了一些小錯而被丟棄的幾塊地圖碎片。這些都促使我們欣賞羅馬當局在記錄資料時所追求的嚴謹，它幾乎已到吹毛求疵的地步，但這顯然幫助他們得以更為有效率地管理城市，並大為改善他們管理土地的手法。

11:50
古羅馬的公廁

　　當帝都羅馬的生活水準發展到某一程度時,城市裡總共有一百四十四座公廁。我們即將參觀其中一間。我們一眼就可以看出哪裡是公廁。它附近通常有熙來攘往的人潮,就像在火車站或高速公路的休息站。一般而言,進去公廁的人都行色匆匆,但出來的人臉上多半帶著解放的放鬆表情。入口處排了兩個人,入口前面有一木製櫃台,一位奴隸坐在後方。我們注意到台面上放了個赤陶盤子,我們立即聽到銅板掉落和旋轉的清脆聲音。顯然你得付錢,但不多,只要幾分錢。每個人都得花點時間,在他們吊在皮帶下的皮製袋子(羅馬時代的皮夾)底端摸索一陣。

　　公廁是付費廁所,由稅務機關的承包商負責經營。好玩的是,公廁衍生出一個拉丁文表達方式,連我們現代都常常使用:「錢不臭」。事實上,韋斯巴薩皇帝曾對洗衣工課稅,他們在洗衣時所使用的尿液就是來自公廁。韋斯巴薩的兒子提圖斯抗議這項稅收,他覺得課這種稅太過分,而且又沒品味。他父親的回答便是「錢不臭」。

　　我們穿過一道窄窄的階梯,進入一間裝飾精美的大廳。壁龕間甚至還有神祇雕像。一道小瀑布順著一面牆壁奔流下來,上面端坐著幸運女神,她主司健康和快樂。灰泥和色彩的裝飾精緻,

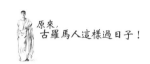

甚至可說是奢華。但你所要做的僅是垂下你的目光,如此一來,你看到的全景便會在瞬間改變:大約有十位年齡各異、來自各個階級的人坐著,專心於發揮身體的功能。撲鼻而來的是公廁的惡臭,但這似乎不使這些人覺得困擾,他們若無其事地坐著,彷彿是坐在等候室裡。我們發現,這裡像廣場一樣,是羅馬的社交中心。有些人在談笑風生,有些人和鄰人攀談,一個人講的笑話則吸引了每個人的注意。其中甚至有個人並不急著解決生理需求,他坐到某個衣著顯然彰顯其富裕地位的男人身邊,狡猾地試圖想得到一場午餐邀約。每個人都在交談,夾雜些俏皮話,或,有人會躲在暗處留下塗鴉。但每個人都很小心自己的言行;在羅馬,告密者無所不在。

最令人吃驚,或更有甚者,最令人瞠目結舌的是這裡毫無隱私。公廁裡沒有屏障、簾幕或隔板將人們獨立開來。人們全坐在一條長長的大理石凳上,彷彿在等巴士般一個緊挨著一個。羅馬人的隱私概念和我們的非常不同,基本上,富裕的人才擁有隱私;就是那些有錢住得遺世獨立、離普通老百姓遠遠的人。簡言之,在家裡擁有私廁是種地位象徵。

想當然爾,我們不可能在這種地方感到放鬆。儘管如此,我們還是要提出一點,短袖長衣在遮掩隱私部位上幫助很大。事實上,我們得到的印象是每個人都只是坐下來而已。但坐在什麼東西上呢?我們看不見馬桶座位。長凳平坦,人們全都坐在圓筒狀的開口上。在長凳下有條深溝,流動的水載走所有的穢物。這些開口的功能顯而易見。但大理石中另一個開口的功能倒是讓我們有點想不透,因為雙腿之間還有個開口;它與座位的開口大小相若,並在膝蓋處相接。它的功用是什麼呢?

我們還未有時間尋找答案，一個男人便意外地示範給我們看。在大廳中央有三個裝滿水的小池子，裡面有許多木棍。男人伸手拿了一根木棍。我們這才發現木棍的一端有海綿，看起來就像個火把。那男人將木棍插入雙腿間，原來海綿的功用就像衛生紙。他顯然並不滿意，他將木棍放入地板上所鑿出的小溝裡的水中沾了一下。我們剛才沒注意到這小溝，它看起來像個人工溝渠，從人們的腳丫邊流過。那男人繼續清洗自己，方式和我們使用淨身盆很類似。然後，他將海綿放在開口的內側邊緣摩擦一下，海綿便掉入排水溝裡。最後，他將木棍放回他前面的大理石水池裡。而在這整個淨身的過程中，他從未停止和他長凳旁的人交談。

這是羅馬大部分居民解決生理需求的方式。如同我們稍早討論過的，羅馬人家裡很少有人有廁所。對那些不想或付不起錢的人來說，解決方式（至少是那些較小的需求）是利用位在街角或街道旁的那些大罐子（如我們在龐貝所見），之後，洗衣店會來收取內容物。

像這樣的公廁遍布在城市內，從龐貝門廊到巴伯劇院（Theater of Balbo）的休息室都可得見。你可以看見富有的商人、禁衛軍，然後是解放的奴隸、年輕律師等等，每個人都泰然自若地在門廊下，就在大家眼前解決生理需求，這個景觀實在太令我們訝異。

有些公廁在冬天甚至有暖氣，配備著一種類似於大浴場的地下中央加熱系統。在城市中心，即羅馬廣場和凱撒廣場之間的公廁便是如此。在寒冷的日子裡，這些公廁通常很擁擠。

但是污水最後排向何處呢？污水流過一個複雜的地下管道系

統，管道相連後，在羅馬街道和建築物下，形成一個貨真價實的下水道網絡。下水道的建築工程始於西元前第六世紀。根據某些古代作家所言，在某些地方，排水管甚至大到可讓兩輛裝乾草的馬車擦身而過。一項遠近馳名的審查是由阿格里帕[註]負責執行，他大幅改善了奧古斯都治下的排水溝系統。據傳，他曾使用船隻來檢查下某些段落的水道。

這項在水利工程上令人驚異的豐功偉業的重點部分在於大下水道（Cloaca Maxima），即羅馬的主要排水溝（在現代，仍有部分正常運作）。最初，它是條開放式運河，後來在共和時期封閉起來。它大約有八百公尺長，但它因為必須繞過地面上的建築物而無法直線前進。

大下水道的規模驚人。在某些地方，它像個真正的隧道，直徑超過四‧五公尺。它的目的不僅是收集污水，還有容納水道橋、大浴場和噴泉的污水，顯然還有過量的雨水。

從這方面來說，我們必須一提的是，羅馬街道的「驢背」形狀特徵使得雨水得以沖刷過街道流向兩側，然後為排水溝的排水蓋所吞噬（這種街道清洗系統非常高明；令人吃驚的是，今日，此種清洗系統在全世界的城市中仍廣被使用）。排水蓋到處都有，它們往往被雕塑成河流女神的形狀，有張半開的嘴好吞噬雨水。其中一個排水蓋後來變得舉世聞名，它鐵定是歷史上被拍攝得最多次的排水蓋：那就是真理之口，在葛雷哥萊‧畢克和奧黛莉‧赫本主演的著名電影〈羅馬假期〉中化為不朽。

大下水道將所有污水排入就位在台伯島下方的台伯河。而

註　阿格里帕（Agrippa, 63 BC~12 BC）：羅馬將軍。

圖10　羅馬的一個公廁。泡在水裡的海綿被拿來當作衛生紙。完全缺乏隱私這點令我們震驚；人們談笑風生，與鄰人攀談，講笑話。這裡就像廣場和大浴場一樣，是羅馬的社交中心。

這個排水系統所有的唯一問題便在此浮現。當台伯河氾濫時，它的水位便會高漲，流入大下水道，因而阻礙污水流向，或更精確地說，是迫使污水反向回流。在這類例子裡，污水被逆向推回源頭，開始從排水蓋、排水溝和公廁裡泉湧出來。顯而易見地，對整個城市的一百或一百五十萬居民而言，這個污水系統不敷使用，因此很多污水被引導至簡單的化糞池。這些化糞池會定期清

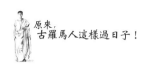
空（我們最好別去想像作業時的情景），內容物則被拿來做肥料回收利用。

羅馬令人印象深刻的排水系統可比擬為人類的腎臟，可說是相當複雜精巧的概念。相當務實的羅馬人從一開始就了解，缺乏有效的排水系統，任何大量的人口集中現象便無法存在。這充分說明了這文明的高妙先進之處，此文明尚未發現細菌，但卻在以簡單方式善用水資源上，展現它對健康和清潔的基本重要性的深刻了解（中古時代從未達到這種成就，而即使在今日，許多第三國家在此方面也並未有這樣的觀念）。

12:00
在羅馬分娩

　　她的額頭冒出點點汗珠。每一次陣痛時，她都緊閉雙眼。用力時，位在她喉嚨的一條靜脈似乎就要爆裂。她正坐在一個高背柳條椅上，她的雙手像爪子般深深陷入扶手中。一聲尖叫迴響在整座房子裡，劃破數小時以來停止一切活動的那份緊張。奴隸們文風不動地默默坐在多穆斯的各個角落。其中一位是最近才買來的有色奴隸，他睜大眼睛，瞪著一位中東同伴，後者對他微微一笑、瞇緊眼睛，頓時讓他放下心來。這不是女主人第一次生產；儘管如此，大家對這次生產有很高的期待。在連生三個女孩後，宅邸裡的每個人都希望這次會是個男孩。這裡的男主人需要有位男性繼承人來繼承財產和家業。

　　在特別為分娩所準備的房間裡，有一個女人和幾位親信的女僕。那個把頭髮整個往後梳的女人蹲在女主人的雙腿之間，指示她該如何呼吸。她的助手之一，大概是她的女兒，從後面抱住產婦，在每次陣痛來臨時，便將她的子宮往下揉搓。為了怕大量出血，一旁的桌子上擺好了一些工具和止血敷布。接生婆的名字叫史克琳伯尼雅・阿蒂絲（Scribonia Attice），她特別遠道從奧斯蒂雅前來這裡幫助產婦分娩。她是由這家族的一位友人請來，他認為在攸關重要的分娩時，她是真正的高手。這位朋友本身是位知

名的主任醫生。我們要附帶一提的是，分娩幾乎都是由接生婆負責，罕少由男性醫生接手；這是種老式的保守概念，但也是因為丈夫不願意讓另一個男人觸碰他們妻子的私處。這習慣將會延續到很久之後：接生婆和女性醫生將會一直負責女性領域和婦產科醫學。

接生婆的丈夫是位外科醫生，他也在宅邸的另一個房間裡工作著。外科醫生的名字是馬可仕・烏爾皮烏斯・阿梅里摩斯（Marcus Ulpius Amerimmus）。他大莫四十來歲，廣受尊敬。他現在正在為男主人的哥哥的腿施行放血術。羅馬時代非常流行放血。血液裝盛在金屬容器內，由一位奴隸拿走。當外科醫生用繃帶緊緊纏繞傷口時，他轉身面對那位主任醫生，後者則始終緊盯著他的動作；這名主任醫生是教導這位主任醫生此項技術的導師。主任醫生檢查繃帶，然後稱許地看著他的年輕同事，說出下面這句格言：「人生苦短，技術長傳」。他彷彿是在強調，醫學的藝術和技巧代代相傳，由每個醫生傳授給他的弟子。

但，還是讓我們回到產房。產婦已經快生了。產婦和轎椅（這就是它的名字）已經合為一體。在羅馬時代，產婦以坐姿生產。那時沒有硬脊膜外腔麻醉，沒有消毒器具，在需要時，只有溫和的止痛藥。在整個古典時期（直到離現代不遠的過去），生產是女性所會遭逢的最大危險。她知道她可能因為出血和感染（羅馬人不知道感染來源，因為他們還不曉得細菌和病毒的存在）而喪命。即使在今日，在非洲，每二十個女性當中就有一人死於分娩。而在工業化國家裡，比率則為兩千八百比一。

「再用力推一次，」史克琳伯尼雅・阿蒂絲叫道。第四個小孩的生產時間並不漫長。在幾秒鐘內，他長著黑色頭髮的頭已經冒

出來，但他的臍帶卻纏繞住他的脖子。嬰兒缺氧是極端危險的棘手狀況。他的臉和身體在滑出來時，幾乎是褐紅色的。接生婆的女兒直覺事態嚴重，眼睛大睜；嬰兒沒有呼吸，沒有半點動作。他的膚色不正常。最糟糕的是，這次是個男孩！她該如何對一位極想要一位男性繼承人的父親解釋男嬰就這樣死去的原因？他一定會指控她和她的母親不夠專業。值此之際，史克琳伯尼雅·阿蒂絲毫不猶豫地繼續進行助產行動。她的腦海裡剛才顯然閃過相同的念頭，她將盡全力拯救這個嬰兒。她抓住他的腳丫讓他倒掛著，但他前後搖晃，像塊沒生命的破布。她轉動他，拍打他的背，剛開始是輕拍，然後越來越用力。她必須刺激他的呼吸反射本能，不然一切都會太遲。產婦無助地看著在她眼前上演的這齣戲。她甚至感覺不到接生婆的女兒仍然抓著她的手，她因緊張而把她抓得太緊。「救救他！」她哀叫著。她還沒說完話時，新生兒突然一陣抽搐，似乎開始喘起大氣，接著發出一聲宏亮的哭嚎。他的小橫隔膜因最初幾次呼吸而有節奏地收縮著，燃燒的空氣氣流第一次衝進他小小的肺部。他有力的嚎哭迴盪在整個宅邸裡。嬰兒被救回來了。每個人聽了後都綻放微笑，就連正和一些親戚坐在一起喝酒的主人也笑了。沒有人知道，他們也將永遠不會知道，剛才差點就要在那個臥室裡發生的悲劇。

我們在此所給予的描述顯然出自想像。但在本質上，它非常有可能發生，因為接生婆史克琳伯尼雅·阿蒂絲是真實人物，她的丈夫，也就是那位外科醫生馬可仕·烏爾皮烏斯·阿梅里摩斯也是。我們是怎麼知道的呢？這要多虧他們的墓碑在奧斯蒂雅附近的波圖斯大公墓出土。他們倆最後的安眠之處都立著一塊赤陶土板，上面有他們工作時的畫像。我在看到畫像時為其中場景所

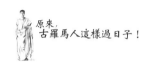

呈現的精確度感到吃驚。線條儘管簡單，看起來卻栩栩如生，和照片沒啥兩樣。一個女人坐在轎椅上，接生婆坐在她前面，而一名助手從後面抓住產婦。就和我們剛剛看到的場景一模一樣。而那位外科醫生則蹲下來，為一個男人的腿部放血（可惜的是，赤陶土板有破損，因此我們看不見他們的臉）。

這些墳墓可追溯到一四○年，和我們正在探索的羅馬時代同期。早個二十五年的話，接生婆和外科醫生一定正處於他們職業的顛峰。他們可能常常被喚至羅馬提供服務。我想像這次分娩是由一位主任醫生所安排。事實上，這位重要人物的墳墓在離這兩位人士的墳墓不遠處被發現。他的名字叫凱烏斯・馬西烏斯・德梅特利斯（Caius Marcius Demetrius）。他的墳墓上刻著「人生苦短，技術長傳」的墓誌銘。誰知道呢，他也許喜歡向他的弟子重複這句座右銘。

他將以羅馬公民的身分活著或是死在垃圾場？

讓我們回到生產的場景。主人現在有了男性繼承人，這在像羅馬這種大男人主義的社會裡是非常重要的事。我們也可以想像即將在幾分鐘內發生的事：他們會替嬰兒洗澡，剪斷臍帶，將他帶到他父親跟前。男主人將會站在房間中央，而他的兒子將被放在他腳邊的地板上。在這一刻，根據一個古老儀式，這個小嬰兒的命運在幾秒鐘之內便會被決定。如果他的父親彎腰將他抱起來，在所有的親戚面前高舉著他，就意謂著他承認了他們的父子關係，而這兒子將會被這家族所接納。但，如果這父親無動於衷，沒有將他舉高，就表示這家族不接納這個兒子。

這樣做有許多理由：家庭裡已經有太多同樣性別的孩子；太

多孩子要養（特別是在窮人家庭）；強暴；懷疑這孩子非親生子女，或孩子有明顯的畸形或缺陷。這樣的話，會發生什麼事呢？將孩子放在地板上的女人會將他抱起來帶走。這事往往由接生婆親自執行，而在古羅馬，許多人視接生婆為嬰兒販賣系統的關鍵樞紐，包括在出生時將嬰兒調包，以滿足希望一舉得男或得女的家族期待，或者，是將有缺陷的小孩調換過來。

被拒於門外的嬰兒的命運非常悲慘。在最好的情況下，他們會被放在羅馬街道上某些指定的地點，這個古代習俗相當於中古時代的棄嬰輪盤或現代的棄嬰保護艙註，母親可以在這裡安全地棄養她們的新生兒。羅馬歷史學家費斯圖斯（Festus）告訴我們，靠近果菜市場奧利托利安廣場附近，就有一根精確執行此功能的柱子。它恰如其分地以「哺乳柱」之名遠近馳名，因為，根據費斯圖斯所言，每早都可在此發現需要哺乳的嬰兒。嬰兒被悉心包裹，身上帶有可辨識的印記，因此棄嬰家庭可以在未來重新認養他們。想當然爾，在這類例子裡，他們將得支付一筆扶養費。

親子關係將透過切半的銅板或或勳章來進行確認，棄養的家庭留著半塊，被棄養的嬰兒身上放著半塊，以後相認時能完好接合即可。這手法沿用了幾個世紀，在圖雷真時代人們很可能還是用這個方法。

但危險在於收養孩子的人可以為所欲為：如果被收養的是個女孩，收養人可能會在她長大後逼她賣淫，而如果是個男孩，他

註　中古時代的修道院裡有一種轉盤，一半露在牆壁外，一半在修道院裡，將棄嬰放在轉盤上，即可送交修道院。而棄嬰保護艙則是十八到十九世紀常見的一種設施，為一種容器或場所，讓無法養育嬰兒的人將嬰兒置於其中，供特定人士前來領取和照顧。

長大後可能會成為奴隸或僕人。

在這個龐大的城市裡，甚至有人將嬰兒買賣變成專門的職業。他們每早都會到棄嬰的指定地點走一遭，將嬰兒抱回來，然後以高價賣出。就像在今天的印度或其他貧窮國家，有些人口販子會將嬰兒的腿弄斷，或弄瞎嬰兒的眼睛，如此一來，當他們將小孩送到外面乞討時，路人會更加同情他們，那麼他們所能獲得的利益也會增加。

但這些遭到棄養的嬰兒的命運可能會更加悽慘。我們從哲學家西尼加的描述中得知，畸形兒或早產兒往往會被悶死或淹死。其他則被偷偷帶到垃圾場或鮮為人知的小巷子，丟棄在街道上的垃圾之間，死於營養不良或寒冷，有時甚至被野狗吃掉。

但也有一些好運的例子，在這些例子裡，領養棄嬰的雙親接納嬰兒，並以愛意將其扶養長大，這些父母都是出於某種理由沒能擁有自己的子女。而在一一五年的這個早上的羅馬某處，一個這般幸運的男嬰也許已經找到一個新家。

12:20
與塔西圖斯的相遇

　　我們現在正漫步的阿吉勒圖街（the Argiletum）就位在羅馬最熱鬧的區域蘇布拉的邊緣。古怪的是，蘇布拉就在帝國廣場隔壁——兩個極端的世界並肩而立。一邊展現著豪奢、珍貴的大理石、權力的象徵和羅馬的宏大歷史。而（就在幾公尺外的）另一邊則呈現大眾庶民們的渺小歷史；那是一個勞工階層所住的貧窮世界。你可以從人們的穿著打扮、街道上的骯髒和垃圾、商店的種類等清楚看出這點。這裡的商店販賣著更為廉價的貨品。

　　一道以白榴凝灰石砌成、有點類似柏林圍牆的高牆，將蘇布拉和奧古斯都廣場分隔開來。這道防火牆是用來保護這個重要區域免於（常見的）火災肆虐。當羅馬城在尼祿治下的那場著名大火中幾乎夷為平地時，幸虧這道牆擋住熊熊火焰，將這廣場變成一座孤島，使它免於祝融；這道牆也救了許多城市居民一命。

　　我們現在正在行走的街道雖然位於貧窮的社區，但它與羅馬文化有緊密的關連。這是一條有著許多書店和書坊的街道。如果想尋找偉大羅馬作家的作品，從西塞羅到維吉爾到馬提雅爾，你便該來此地。

　　許多商店店外有招牌，通常在入口旁的牆壁上也蝕刻了一些文字。店主往往是被解放的奴隸，而這些前奴隸的名字則為顧客

所熟知。

於是，我們走過阿特雷克圖斯和賽昆篤斯所經營的樸素書店。就在前面的是索西兄弟和度拉家族的書店。我們注意到一家貨源非常充足的書店，由被解放的奴隸阿特雷西烏斯負責經營。書店非常大，牆壁上是裝滿文學作品的書架。有些是紙莎草卷軸，往往裝在有保護作用的容器裡展示，而這些容器是上頭附有蓋子的皮製小桶。還有用羊皮紙製成的袖珍本小書。然後還有隨處可見的木製寫字板；每一頁都是由文字書寫而成的蠟「盆地」，或，更精確地說，是使用青銅筆尖在表面用力刮擦而造成的蝕刻。（這些通常是短篇作品，比如詩歌。）

我們走進書店，走到一個書架前，小心翼翼地從書架上拿下一本書，想輕輕地翻開它。但，當我們一打開書，整本書突然散開，掉落在地上。事實上，許多作品的書頁很像手風琴，也就是說，書頁並未裝訂成冊，而是由一條長長的亞麻布條細細折疊而成，看起來有點像我們的紀念品商店裡所販賣的折疊式明信片。

一位店員從書架的另一頭冷冷地瞪著我們，嚇了我們一跳。急忙將每樣東西放回原位時，我們突然發現這些書的正確閱讀方式。翻閱書頁的方式恰恰與我們的書相反；它們是從右到左。一道雙紅線區隔了文章的段落，每個折疊處區隔了上下頁。

我們走出書店。沿著街道走時，我們看見幾個人從其他書店走出來，拿著短篇作品的卷軸。一家書店看起來格外重要；在圖雷真時代，它相當於我們在鬧區看到的那種大型書店。它的經營者是特利封（Trifone），它的牆壁貼滿許多作家的書軸的銷售廣告。書店外還有一頂在等待的轎子，兩位士兵正在聊天，這顯示裡面有位重要人物。我們將頭探入書店內，在裡面的書架之間，

可以看見特利封的印刷室。古騰堡仍要在許久之後才會發明活字印刷術。在這裡，每本書都以手寫而成。成排的抄寫奴隸在口述下書寫著作品的無數副本。他們在桌上彎腰振筆疾書，有點像中古時代的修士。

我們正在觀賞的是書本製作的最後流程。首先，作者在家中寫下作品，然後請朋友或熟人審讀，檢查可能的謬誤或錯誤，甚至掂量他們的理念所會造成的衝擊。小普林尼則更進一步；他會對著一小群聽眾大聲朗讀他的作品。根據他所言，他可以透過對大眾的朗讀，做出最重要的改正或逐步修正版本。最後，原著被送往人類印刷廠，在那，書籍日復一日在油燈的微弱燈光下逐漸成形；那是工匠的真正傑作，而非工業產品。如果我們是在圖雷真時代寫這本書的話，也得經過這道相同的製造過程。

我們輕易便能推斷出，在古羅馬，若要「出版」一本書得花很長的時間，但經營這些書店的前奴隸擁有和現代出版商一樣敏銳的市場直覺，如果他們認為某本書會成為潛在的暢銷書，就會暫停所有的「生產線」，讓所有的抄寫奴隸專心謄寫那本書。

我們在思索這些議題的時候，發現有個男人站在書店後方，拉開了分隔書店和後室的簾幕。他身材高大，禿頭，留著鬍子，有著凹陷的雙頰和深邃的眼睛。他就是特利封，這個書店兼印刷廠的經理。他在說話時將簾幕拉開，好讓跟他說話的人通過。從我們偷聽到的幾個字判斷，他們正在討論一本抄寫員已經完成「印刷」的書籍的出版時間。那位正在和他說話，身子仍隱匿在簾幕之後的人顯然是位作家。我們猜出他的憂慮；他的作品有好幾大冊，而他不希望出版過程耗時太久。特利封以極為恭敬的態度試圖安撫他；他看起來簡直像是在接受命令。這位作家一定是非

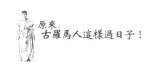

常重要的顯貴，從在入口處等他的轎子和士兵便可看出端倪。但他會是誰呢？

我們試圖走近一位抄寫奴隸，他是位埃及人。他正在油燈的燈光下，以俐落細膩的書法寫著一本書。他的手和手指的陰影似乎在跳舞，像極了芭蕾的單腳尖旋轉動作。在他面前的斜面書桌上，放著一張原始手稿，他極為小心地翻閱。他身邊的長凳上放著兩個綁在一起的木製寫字板，用來保護原始手稿。

我們低著頭，試圖讀出書籍的書名 ──《編年史》（Annales）。那人是塔西圖斯註！原來，那位有著灰色鬃髮、懾人綠眸，正要離開書店的人是位偉大的歷史學家！他不僅活在我們所探索的相同年代，在短短幾個月後，亦即一一六年，他的偉大作品《編年史》將會出版。這是他透過歷史公開抨擊帝國的墮落和頹廢的漫長旅程的最後階段。

我們發現這套著作就在我們眼前逐漸成形，奴隸正在抄寫的是塔西圖斯的第十冊書。那正是沒有流傳下來的幾冊書之一；誰知道其中究竟寫了些什麼。我們震驚得目瞪口呆，無法動彈。塔西圖斯在角落轉彎，向特利封揮別，進入他的轎子。而現在，我們才想起來，他不僅是位偉大的歷史學家，還是位律師、刑事裁判官、大法官、領事和地方總督。這解釋了他為何有士兵護送。轎子開始移動，「漂浮」過人群。

而就在這一刻，僅在幾百公尺之遙，一名男子人生的最後一幕正要上演。這一切都發生在數以千計的觀眾眼前，就在圓形競技場的中央。

註　塔西圖斯（Tacitus）：一世紀時羅馬最可靠的原始資料歷史學家之一，曾任羅馬帝國元老院元老。

12:30
圓形競技場，
死刑處決的一刻

　　警衛緊緊抓住他的一隻手臂，好像在害怕他可能會逃跑。但他能逃到哪裡去呢？直到現在他都被關在一個籠子裡，離圓形競技場中的競技場只有數公尺之遙。他周遭的上萬名觀眾在大叫、狂笑，拍著手；當震耳欲聾的歡呼聲傳到這個寒冷陰暗的通道時，已變形成音調不協調的喧鬧。他彷彿置身於巨大的動物陷阱中，無處可逃。如果他能被劍立刻刺死，就再好不過了。但沒有人會這麼做；反之，他將得承受極大的痛苦緩慢死去：他將被生吞活剝！直到現在為止，認命是他主要的感受。自從法官在審判中下了判決後，他的命運就遵循著一個精確的軌道，令人恐懼地順利向前轉動。他被警衛帶開，放在牢車上，帶入牢房。在一路上，人們盡情地羞辱他，用石頭丟他，對他吐口水，甚至潑糞；他承受了各種你所可以想像的凌辱。他的腦袋裡一片混亂；他的大腦試圖弄清楚眼前的狀況，尋找一條生路。但一切都太遲了。他彷彿被某種邪惡的機械追到懸崖盡頭，而他無力阻止。

　　囚犯了解羞辱是懲罰的一部分。他自己便看過這類場景無數次，看著被判死刑的犯人行列走過他眼前。他當時也嘲笑過他們，丟過石頭。現在輪到他了。不幸的是，他知道這一幕將如何落幕。他在過去這幾天內做好面對死亡的心理準備。但，現在，

當他真正得面對它時，他的胸膛內湧現一股巨大的恐懼，那是一種難以忍受的痛苦和極度的絕望感。他的呼吸越來越困難；當籠子的大門透過陽光在他身軀上照射出如同裹屍布般的柵欄陰影時，他的臉色變得慘白。他身上唯一的衣物是一種質料粗糙、綴有流蘇的裙子。警衛察覺到他的精神狀態，微笑起來，更用力地抓緊他。警衛擁有處理死刑犯的多年經驗，而他知道，這是最危險的時刻之一。

判決是「判處給野獸」。當犯人聽到這些字眼時，整個世界頓時崩潰在他的肩膀上。但他早該料到他的結局會是如此。長年的剝削和貪腐，給他一種他能逃過懲罰的大膽僥倖心態。它們讓他以為，自己比將他銬著鐵鍊從北非（即現今的阿爾及利亞）帶來羅馬的那個制度強大。他當了奴隸好幾年，他一被解放便開始努力往上爬。他曾經將無數人趕出他們的家門，整個家庭在一夕之間淪落到大街上討生活。放高利貸的他從沒放過任何人。已經數不清有多少次，人們來到他跟前乞求延期和憐憫。但他在告訴他們「不行」時，心中不由得有種深沉的愉悅快感，也許那甚至是種報復的快感。他變得殘忍、憤世嫉俗，除了羞辱借貸者之外還會對他們暴力相向；不付錢的人被痛揍一頓，然後（在腐敗官員的協助下）他們的財物被充公，他再與共犯們分贓。受害者的妻小往往得以性服務來償付高利貸的利息。他的權勢似乎如日中天；有數不盡的財富、晚宴和重要貴賓。現在，他期待自己能爬到羅馬社會的頂端。然後，在一個早上，他的世界突然分崩離析。

就那麼一個官員坦白招供而已，他便全完了。警衛們舉著火把在黎明抵達。他們將他拖到監牢，審問他，將他放在拷問架上。然後第一批膽小的證人開始招供。許多人出自於羞愧，什麼

也不肯說，但還是有很多人說出事實。於是，這位前奴隸對羅馬公民所做惡行的冰山一角被揭發了。他的惡行無法被容忍。他不可能得到另一種判決。現在他在這裡，膝蓋發抖，離生命盡頭只剩短短幾秒。

警衛往後退了一步，取代他的是兩位穿著某種厚重皮革裝的男人。他們的頭部也罩著一種奇怪的厚重皮製兜帽，裡面還戴著頭盔。他們看起來有點像冰島漁夫。他們是執行死刑的專家，他們是奴隸，負責將死刑犯推往野獸處。這些古怪和濺滿血的衣服就是他們的保護層；衣服裡有著厚厚的護墊，類似現今警衛犬訓練師所戴的手套。

突然間，籠子門被打開，死刑犯被用力推到競技場上。戶外的燦爛陽光讓他一下子睜不開眼睛。他扭曲著臉；他沒辦法遮掩臉部，因為他的雙手被捆綁在身後。他幾乎聽不見人們的歡聲雷動。他以前曾在圓形競技場看過這場景無數次，他作夢也沒有想到，有天，站在競技場中央的死刑犯會是自己。

那兩位劊子手從背後用力推他，逼他開始向前跑。在籠子打開前的那一瞬間，他倆彼此對望，決定讓犯人以這種方式登場 —— 一來是為了吸引觀眾注意，再者也是為了引發大笑。事實上，多年的養尊處優使得這位被解放的奴隸發福了。這個男人無法奔逃的景象，他的大肚子隨著每個腳步前後搖晃，眼睛恐懼地大睜，臉上瘋狂的表情等等，都使看台上爆發出一陣縱聲大笑，隨即是嘲弄的口哨聲。放高利貸者的許多受害者也坐在觀眾群裡。他們之中有些人在大聲叫好，歡呼不已，發洩長年來飽受的屈辱；其他人則一逕沉默地坐著。

現在，競技場上的三個人放慢腳步，朝著獅子走去。獅子

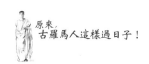

有著令人畏懼的一頭暗色鬃毛，牠轉過頭來，盯著他們。就那麼湊巧，牠和被解放的奴隸一樣來自非洲。獅子對這種大餐並不陌生。但牠似乎有所遲疑。一位助手立刻用長桿戳牠。獅子跳了起來，對這項挑釁發出怒吼。助手又戳牠一次，牠遂步履堅定地朝著死刑犯走去。每走一步，牠那雄渾有力的肌肉便在皮毛下頻頻顫動。

那男人眼見他的終結向著他走過來。獅子都有巨大的頭部，但讓人膽顫心驚的是牠們明亮、彷彿冒著火焰的淡褐色眼睛。那對眼眸深處只有冷酷。

死刑犯用盡全力尖叫出聲，全身僵硬，雙腳杵在地上動彈不得。但那兩位劊子手比他強壯。其中一位熟練敏捷地抓住他的鬃髮，將他向前推，彷若他是野獸的餌。第二位則躲在他背後，身體弓起來，好像在抵著門，以免門被撞開一般。他以這個姿態將他向前推。他雙手用力抓緊他，等待撞擊，他垂下的頭為兜帽覆蓋住。

獅子在最後幾步加快速度，但令人驚訝的是，牠在走動時完全安靜無聲。死刑犯尖叫不已，在最後時刻閉緊眼睛，轉過頭。在獅子最後跳起身，離開地面的那一秒鐘，觀眾陷入一片詭異的死寂。

這全在一瞬間發生。劊子手連忙放開他，快步逃走。獅子的利齒露出白色閃光。死刑犯感覺到熱騰騰的氣息吹至他臉上，然後被掠食者的龐大身軀撲倒。

觀眾歡騰雀躍。但這景觀令人戰慄不已。獅子的牙齒陷入死刑犯的臉和脖子之間。牠的牙齒咬得很深，咬碎支撐臉和鼻子的骨頭，咬爛了眼眶。牠光咬一口，便將那男人的半張臉扯下來，

撕裂皮膚，啃咬他的鼻子、臉頰、顴骨和迸出來的眼珠。男人的臉血肉模糊；坐得最近的觀眾心驚膽戰地看著男人失去半張臉但仍在掙扎的景象。他仍然活著，仍在尖叫，不斷在地上打滾。獅子像摔角選手般將他釘在地上，爪子陷入他的胸膛和肩膀。牠突然抬頭凝望著觀眾，口鼻沾滿鮮血，下巴半開。牠似乎在尋求觀眾的同意。那位助手又戳了牠一次，要牠盡快完成工作。牠似乎決定把受到戳刺的疼痛發洩到死刑犯身上。牠抓住他的脖子，凶狠地搖晃他。那男人的身體已經停止動作，他的脖子被咬斷，他的頭以極不自然的姿勢垂向一邊。他腿部的幾個短暫痙攣顯示他已走到生命盡頭。現在，獅子開始扯開他的內臟……

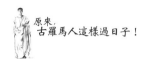

死亡作為娛樂表演

　　我們方才目睹的場景，在羅馬帝國的所有城市裡都是典型的景象。它讓你納悶，羅馬人是否有點過於殘忍，如同人們常說的那般。實際上，我們得牢記幾件事。首先是時代背景。那是當時的生活形態。伊特拉斯坎人施行人類獻祭。而在近年成為研究焦點的塞爾特人習慣將戰敗敵人（即使是高盧伙伴）的頭顱砍下來，然後當成狩獵戰利品般釘在房子的橫梁上。當敵人特別勇猛時，他們的頭顱還會被浸泡在香柏油裡，代代保存下去。

　　頭和顱骨展示在村莊或聖地（如在恩特雷蒙[註1]）的入口處。你可以在馬賽的伯萊利博物館裡看到一個令人印象深刻的範例，那裡展示著在法國南部羅克佩土斯（Roquepertuse）出土的一座著名塞爾特神廟的石製橫梁。它有幾個壁龕，裡面掛滿對部落而言，最危險的敵人的頭顱。

　　在大約同個時代，中國士兵的升遷取決於他們所砍下的頭顱數量（為了方便計算，他們割下兩片耳朵帶回營地，做為戰績的證明）。在中美洲，阿茲特克人會販售敵人奴隸，當作人類獻祭之用。如此等等。

　　總而言之，羅馬人處於一個與我們迥然大異的世界。圓形

競技場是公開行刑的場所之一，而這個現象直到近代仍舊存在我們的社會裡。法國有斷頭台，英國有絞首台。每次在公眾面前進行公開處決，是為了收殺雞儆猴之效。在教皇統治下的羅馬有好幾處公開行刑的地方，每一處都有特定的手法：異教徒在鮮花廣場被處以火刑；在越台伯河區（Trastevere），犯人的手被斬斷；聖天使堡是絞死、肢解和砍頭之處。人民廣場的行刑往往是狂歡節慶祝的一部分，但執行方式真的令人毛骨悚然：死刑犯被鎚打至死。從一八二六年開始，斷頭台因手法比較人道，成為主要行刑方式。

的確，羅馬人做了前所未見的事：他們將折磨囚犯變成表演觀賞。如果想看這類景象的現代版本，你只消觀看以真實意外、追逐場景和謀殺案改編的電視節目：痛苦（或死亡）好比娛樂表演，灑狗血為吸引觀眾的一個手法。

以此延伸，人們現在可在電視上全天候觀賞到充斥著暴力、死亡和槍戰的電影和電視節目，它們就相當於圓形競技場表演的現代版本。

但當時的節目內容究竟是什麼呢？當時有許多不同的表演，某些令人驚駭莫名。那時有最簡單的殺戮，比如我們剛才所描述的野獸吃掉犯人。其他時候，死刑犯被綁在固定在狀似小戰車的手推車的桿子上，然後被推往野獸處。羅馬馬賽克裡所描繪的汨汨鮮血顯示這些是極為殘暴的景觀。

觀眾知道行刑過程常有意外發生，但這只會促使他們提高期待。有時候，節目策畫者會設計獨創而巧妙的舞台場景，根據神話或歷史腳本執行處決，引用的是與「活人扮演的舞台造

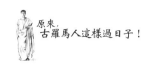

型」的相同原則，與我們用活人表演耶穌誕生在馬槽的概念無
分二致。因此，就產生了試圖飛行的伊卡羅斯註2：被判刑的人
模擬這趟不幸的飛行，跳入空中，摔落地面，噴出的血四處飛
濺，甚至濺到皇帝的包廂上。歷史學家蘇埃托尼烏斯曾經如此
描述道。

我們知道，被判刑的人被迫重演傳奇英雄斯凱沃拉的豐功
偉業，他曾在火焰中燃燒他的一隻手，其他人則被迫重現阿提
斯註3的閹割，或像伊克西翁註4般被綁在點燃的輪子上。

另一方面，詩人馬提雅爾曾經記載，圓形競技場的開幕
儀式中包括一齣改編自奧菲士註5的表演，他因妻子歐律狄刻
（Eurydice）之死而萬念俱灰，但成功地以其歌聲讓野獸俯首聽
命。死刑犯便被放在競技場上，為石頭和樹木的戲劇場景所圍
繞，後者與無數野獸一起從地下升至地面（這是許多特效之
一）。不幸的是，這位奧菲士無法使大熊平靜下來，在群眾的
歡聲雷動中，「歌手慘遭不知感恩的熊撕扯成碎片，」馬提雅
爾如是說。

另一個戲劇化的處決則自普羅米修斯（Prometheus）的神話
得到靈感，他因將火當成禮物送給人類，而被眾神以鐵鍊綁在
一塊岩石上，一隻老鷹則定時飛來吃掉他的肝臟。死刑犯被從
卡勒多尼亞（Caledonia，蘇格蘭）捕來的熊亂掌打死。

在尼祿治下，有個女人的命運一樣悲慘，她被迫重新詮釋
彌諾陶註6的誕生神話，她得扮演克里特島的帕西菲皇后（Queen
Pasiphae），與海神的公牛交配。我們知道這類公開處決曾經上
演好幾次，在提圖斯的治下尤其惡名昭彰。

　　但也有演員為了娛樂觀眾，與動物合演危險的特技。他們不是被判死刑的罪犯，而是以高超本領逃過熊和獅子攻擊的特技演員。他們會藏匿在（類似於飯店的）旋轉門後，或躲在繞著一根桿子旋轉的籃子內。還有人撐竿跳過熊身上，或爬進搖搖欲墜的鷹架內，猛獸則在下面虎視眈眈地打著圈圈。

　　在形形色色的死刑判決裡有一種所謂的「判處給格鬥」。此種公開處決極為變態：兩位各只配有一把短劍的死刑犯被迫面對彼此，奉命格鬥至死。贏家打贏之後還得再迎戰另一位死囚，如此不斷繼續下去。

　　最後，我們必須在這份被當作娛樂節目的恐怖處決列表上再加上火刑。

　　在這些案例裡，死刑犯被迫穿上浸泡過易燃液體的衣服。這樣做的目的是要先讓死刑犯跳起舞來，最後再以悲劇收場。衣服著火後，死刑犯由亂舞轉變成劇烈抽搐，因遭到火焰嚴重燒傷而死。

　　在尼祿治下，許多基督徒被燒死。他們的脖子被綁在木樁上因此動彈不得，然後以紙莎草和蠟製成、富含樹脂的數捆柴薪會被放在他們腳下，接著點上火。

　　就這點而言，我們必須指出，與一般公認的事實相左的是，沒有基督徒在尼祿的迫害下死於圓形競技場。事實上，那時圓形競技場尚未存在。尼祿在另一處舉行處決儀式：在他比賽戰車的私人競賽場內。此處位於現今的梵蒂岡。許多基督徒飽受各類折磨而死（包裹著獸皮後遭狗肢解、釘上十字架，或活活燒死）。根據傳統說法，聖彼得[註7]也在此殉教和埋葬，這

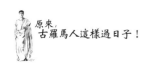

就是為何奉獻給他的大教堂於此地興建的原因。許多基督徒
也在其他時代遭到迫害和殺害,但我們不曾聽說圓形競技場
內曾發生這類事件。迫害事件主要發生在散布於帝國境內的
圓形劇場內。

註1　恩特雷蒙(Entremont):位於法國東南部。
註2　伊卡羅斯(Icarus):與其父用蠟製翅膀想飛離克里特島,但因飛得離太
　　　陽太近,翅膀融化,墜海而死。
註3　阿提斯(Attis):希臘神話中庫柏勒(Cybele)的配偶。
註4　伊克西翁(Ixion):因追求天后,被天神宙斯綁在車輪上受罰的國王。
註5　奧菲士(Orpheus):神話中的詩人和歌手,善彈豎琴。
註6　彌諾陶洛斯(Minotaur):牛頭人身怪物,由克里特皇后和公牛交配而
　　　生,被囚禁在克里特島的迷宮,每年要吃掉獻祭的男女童。
註7　聖彼得(Saint Peter):可能死於六七年,早期基督教領袖,《新約》中
　　　顯要人物。

13:00
在酒吧吃一頓簡單的午餐

　　回到羅馬的街道上。我們漫不經心地跟在三位奴隸後面,他們排成一排,每個人都抓著雙耳長頸酒瓶一側的把手,將它扛在背上。他們顯然在送貨。儘管酒瓶很重,他們卻敏捷地穿梭在門廊的人群間。人們讓出一條路來讓他們通過,我們則利用這個空隙,跟在他們身後。這方法使我們很容易行走在門廊間。我們可以看見旁邊敞開的商店大門,公寓大樓的前門等等。突然間,其中一個奴隸停下腳步;他抵達目的地了。那是個客棧入口。在經理認出他後,他便消失在裡面。另兩位奴隸在外面等他,他們將酒瓶放在地上,大口喘氣。我們迅速打量,想看看羅馬時代的客棧是什麼模樣。想當然爾,客棧也有各種等級(相當於我們的星級),但基本上,它和我們所熟悉的相差無幾。

　　比如,就像我們的飯店,這家客棧在樓下有間餐廳,樓上則是客房。它甚至有讓客人的馬休息的「車庫」(馬廄)。我們從街道上可以瞥見四間擺有餐廳躺椅的房間,一間正在使用中。餐廳在這時營業很奇怪,因為餐廳通常是在晚上有重要晚宴時才開放,白天是不營業的。也許客人在慶祝某件事,或這是頓商業午餐……一位女僕拿著一個水罐從餐廳裡走出來,接著將紫色簾幕拉上,遮蔽了我們的視線。客人因此重新獲得隱私。

　　我們回頭跟著那三位奴隸。我們走過羅馬典型的斑馬線條人行穿越道，即一個緊鄰著一個鋪在馬路上的大石頭，穿越一個十字路口。它們在雨天時能發揮極大的功效；當街道因隆起的坡度而轉變為溪流時（道路往往特意如此設計，好讓雨水清洗路面），這些石頭能讓人們在穿越街道時不至於弄濕腳。這和在溪流中放置一排石頭的道理相同。

　　我們仔細一想，我們現在正在穿越的街道與我們的相當類似；兩旁是人行道和櫛比鱗次的商店。我們注意到，人行道上有幾處地方聚集著更多人，他們漫無目的地亂轉著，而那三位奴隸放慢腳步，最難通過的地方恰恰正是酒館前。的確，現在是午餐時間，就像在我們的時代一樣，群眾開始聚集在這些地方。

　　他們抵達第二個停留點。這次是在酒店前。它有長長的櫃台，幾只雙耳長頸酒瓶成排靠牆擺放在角落，而幾個水罐則吊掛在入口的一根青銅長桿上。這裡賣酒和簡單可帶走的便餐。特別是，你可以站著迅速吃完。這些都讓我們聯想到義大利人所熟悉的某樣事物：我們的咖啡吧。在午餐時間，我們也許會在那兒買半個三明治和一些飲料來喝。在這裡，人們點著類似的東西：一杯酒和傳統義大利扁平麵包。不同之處只在於，我們幾乎都以一杯咖啡結束我們的便餐；羅馬人則否，因為咖啡還不存在。

　　這地方讓人吃驚之處在於，有種木架沿著一面牆掛在天花板上，裡面放了八個雙耳長頸酒瓶。它們就相當於現代調酒師身後擺放的酒瓶。經理拿走一個空酒瓶，然後在一位奴隸的幫助下換上一只他們運送來的酒瓶。他們在換酒瓶時，顧客好奇地打量著他們（一位顧客卻無動於衷，他的眼睛布滿血絲，因為剛喝了酒，頭不住地前後搖晃）。我們注意到這地方和正常的飯館大小相

仿。這類地方被稱做taberna vinaria並不讓我們意外，這詞流傳了數世紀，衍生出「酒館」（tavern）一字，意義則一模一樣。那三位奴隸在扛上空酒瓶後，繼續往前走，我們仍舊偷偷跟在後面。他們還有一只酒瓶要送。我們看他們會把我們帶到哪去。

我們通過麗薇雅門廊，走到一個十字路口。三位奴隸在此打住腳步。他們抵達了目的地。十字路口一隅是個大型用餐場所。它位於一個非常方便顯眼的地點；它有兩個入口，每個入口都面向兩條交會的街道。不像我們剛才看到的酒店，你可以在這裡坐下來慢慢吃喝。

在現代，你會聽到考古遺址的嚮導用「食鋪」（thermopolium）指稱這類場所。實際上，如果請任何一位羅馬人為你指出一家食鋪的話，他會聽不懂，而且大惑不解地睜大眼睛，呆望著你。事實上，在帝都羅馬，沒人使用這個希臘字眼，他們在這裡用的是「飯館」（popina）一詞。

許多人正在飯館外吃飯，坐在沿著牆壁而放的桌邊，為路人製造不少頭痛的問題（恰恰就像今日在市中心的酒吧和餐館的戶外座位）。對飯館主人來說，這個好處是這樣一來，他就可以服務更多顧客，賺更多錢。對顧客的好處則是，他們可以邊吃飯，邊觀察人群和街道上發生的大小事，好像在看記錄片一般。

讓我們好好瞧一瞧飯館。在我們尚未走進飯館前，食物的香味便撲鼻而來，讓我們猛流口水。特別是和一小把迷迭香一同烹煮的肉的香味。

我們的最初印象是像走進現代羅馬的osterie或trattorie，某種像美國的小餐廳或小酒吧。餐廳很大，有許多桌子，人們坐在旁邊吃飯。顧客男女都有。入口處有個長長的L型櫃台阻止人潮順利

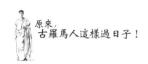

進出，櫃台上則鋪著有藍色條紋的白色大理石。

L型櫃台較短的一側直接面對街道，有點像我們冰淇淋商店的櫃台，一位女孩正在分發盤子和杯子給排隊的顧客。她很漂亮，飯館老闆深知此點，這也是他之所以會將她安排在門口招呼客人的原因；她會吸引顧客上門。她的動作相當快，常常從櫃台右側靠牆的一道小大理石台階上拿取水罐和杯子。但真正讓男性顧客感興趣的是那位女孩在櫃台上俯身的時候。那時他們能往下飽覽她的乳溝。

那位女孩常常往前彎腰，不是要藉機誇耀她的巨乳，而是因為在櫃台中間有個水盆，它的作用就如同洗水槽，可以在裡面快速清洗盤子。一條水管為這個洗水槽導來水流，提供最小量的自來水。但，可以確定的是，有不少髒東西也漂浮在那些水裡：如剩菜、豆莢、油脂。

透過一道拱門，我們從外面就可以看到這個水槽，還有櫃台上小型的大理石階梯，這是帝國全境內飯館的典型景觀。這是這類地方的特徵，讓顧客即使在遠處都能一眼認出來。

我們往前走。櫃台延伸向飯館內部，台面上有圓形的大洞。那些是擺放在櫃台裡的圓形大罐的開口。那些大罐裡都裝些什麼呢？女孩身邊的另一位僕人在意外間向我們洩漏答案。他用一根勺子從一個洞裡舀出橄欖，然後從另一個洞裡舀出小麥製成的某種麥片粥或粗燕麥糊。他將它們放在兩個不同的盤子上，接著便消失了。

幾秒鐘後，另一位侍者走過來，他從第三個洞舀了一些葡萄酒。他將一只平底鍋裝滿酒，然後放在櫃台底端的一個小火盆上……葡萄酒在加熱後會端給顧客……幾滴酒在端上桌的過程中

圖11　午餐時間。這是羅馬飯館的內部景觀，有典型的L型大理石櫃台。侍者從櫃台上的開口裡舀取食物和酒。羅馬午餐非常簡單：蛋、橄欖、乳酪和無花果。

灑在桌上，但它們不會被浪費掉，因為其他「顧客」（蒼蠅）會喝掉它們——而這裡的蒼蠅還真不少。

　　我們再往前走。我們看到角落有一座烤爐，正在烘烤義大利扁平麵包、麵包和其他食物。我們環顧飯館內其餘地方。牆壁上有濕壁畫和裝飾，當然無可避免的還有顧客留下來的塗鴉。桌子椅子和我們的很類似，但不是餐廳的那種躺椅。只有在晚上或晚宴時，人們才會斜靠在躺椅上。他們吃午飯時，像我們一樣坐著吃飯。我們舉目四望時沒有看見任何內院。我們知道很多飯館有內院，以提供顧客更安靜的環境。

　　此地的顧客形形色色。有對男女坐在角落，分坐桌子兩旁，低聲交談，深情對望。不遠處，有個男人獨自在吃飯，以令人不耐的緩慢動作撕扯著烤雞腿。他身後是兩位士兵，縱聲大笑，拳頭不斷搥擊桌面，其中一位缺了兩顆門牙。這裡，在我們旁邊，有兩個男人和一個女人在聊天，等著他們點的食物上桌。一隻狗在桌子間打轉；牠一定是老闆養的狗。牠有個非常重要的任務：將地板上的食物碎屑吃乾淨。

　　午餐總是很簡單，主要是豆子、水煮蛋、橄欖、綿羊或山羊奶乳酪、醃鰻魚、洋蔥、烤肉、烤魚，和一些無花果。羅馬人會依照他們所吃份量的多寡，說吃了一頓「簡餐」，或說「份量較為豐富的大餐」。

　　我們注意到，一面牆上有幅奇怪的濕壁畫。上面畫了裡面裝有豆子的盤子，裝有一些橄欖的杯子，還有兩個圓圓的東西，也許是石榴，也許是類似於盤子的鼓或樂器。

　　這幅畫令我們大吃一驚，因為考古學家在奧斯蒂雅的考古挖掘中，也在一家飯館裡發現了一幅一模一樣的濕壁畫。許多學者認為它是種畫在牆壁上的「具體」菜單，好讓每個人都能對店裡賣的東西一目了然（就像我們在今日的速食店裡常見的景象）。但我們覺得比較有可能的是，它是一種象徵，顯示這類場所所能提供的享受：美食、飲料和好聽的音樂。

　　我們的注意力被一連串節奏分明的聲音吸引；我們轉身望去，看見一位侍者在櫃台旁用研缽和杵磨著某樣東西。我們好奇地走過去，想看得更清楚一點。火爐上的葡萄酒不見了，它早被趁熱端了出去。現在他在準備另一種在飯館裡頗受歡迎的飲料：piperatum（或說conditum）。它是由胡椒和某些香味提煉物，以及

蜂蜜、葡萄酒和溫水混合而成的飲料。

雞尾酒調製好了，那位侍者將它倒入放在櫃台上的兩只杯子內。一位女侍端起杯子，朝著坐著兩個男人的那桌走去。她有著又長又黑的眼睫毛，一頭披肩的鬈髮。她極具地中海人的魅力；圓俏的臀部，特別是，豐滿的胸部。她將兩個杯子放在桌上，正要離開時，一位顧客抓住她的手臂，將她拉近身軀。那男人身材壯碩結實，除了頸後的一小撮頭髮之外，頭髮剃個精光。那是摔角手的顯著特徵。他們交換了幾句話，眨眨眼，使個眼色。我們不難看出這傢伙想要的是什麼。

女人綻放微笑，表示默許，但她拉開那男人遊移在她胸部的手。她瞥了老闆一眼，他未曾間斷地繼續算他的帳單。他只抬頭看了一下，點點頭，然後又回頭埋首於算帳。摔角手站起身，他和那位女侍朝簾幕走去。他們將簾幕拉開時，我們隱約可看一道通往閣樓的木製樓梯。

與飯館裡的女侍發生性關係非常正常，幾乎是家常便飯。它甚至不被視為通姦，這讓我們對在這類地方工作的女性的社會地位有些概念。不僅是女侍。如果老闆是女性，她也會被視為隨便的女人，就像她的女兒們一樣。

在上面的閣樓裡，那男人甚至沒有脫下他的衣服，便將女人推倒到床上，把她的身子轉過來，掀起她的短袖長衣，靠著牆壁的床因為震動開始發出咿呀聲。這從樓上傳來的聲音讓兩位士兵莞爾一笑；他們的桌子離樓梯很近。那位缺了門牙的士兵抬頭往上看，開始鬼叫，然後狂笑出聲。

一會兒後，等男人和女人再下樓來時，這位顧客得付午餐外加的「服務費」。他知道這個「額外」服務不會超過八阿塞

（as），不過是一小瓶酒的酒錢，而且是便宜的酒。

　　但阿塞是什麼？而塞斯特斯又價值多少錢呢？我們能用它來買什麼？

一個塞斯特斯值多少錢？

　　很多人問這個問題。但這答案並不容易回答，由於反覆再三的貨幣危機和通貨膨脹，塞斯特斯的價值經過數世紀以來已有所改變。

　　但，無論如何，讓我們來試著計算一下。

　　我們將在全羅馬帝國境內流通的貨幣，依其重要性排列如下：奧里斯（金幣）、迪納里厄斯（銀幣）、塞斯特斯（青銅幣）、杜卜迪奧（青銅幣）、阿塞（銅幣）、塞米塞（銅幣），以及最小的青銅幣瓜德郎特。

　　因此，塞斯特斯是種中等價值的貨幣，在每日買賣中廣被使用。根據奧古斯都於西元前二三年時所建立且流傳下來的嚴格等級，它等同於其他貨幣的價值如下：

　　一塞斯特斯＝二杜卜迪奧＝四阿塞＝八塞米塞＝十六瓜德郎特

　　再者，如果花費的金額相當龐大，也可以使用其他貨幣，粗略來說，這些貨幣就等同於我們帶有好幾個零的鈔票。

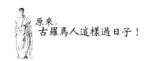
一迪納里厄斯＝四塞斯特斯

一奧里斯＝一百塞斯特斯

現在，我們可以計算出你能用一塞斯特斯買些什麼了。祕密就在於檢視考古遺址（尤其是龐貝）中所出土，位在牆面上的古代書寫和銘文。

它們包含許多價格，通常是以阿塞計算，但，由於我們知道數種貨幣間的對價關係，我們可以算出，對一般消費者而言，一塞斯特斯的實際購買力。

以現代術語來說，一塞斯特斯相當於二歐元，或二‧五美金。

這是它在第一世紀時的價值，而我們可以假設，在第二世紀初期，它的價值在圖雷真治下的羅馬維持不變，而拜圖雷真的軍事征服所賜，這時期有蓬勃的經濟成長。

下列是相對於我們現代購物時的一些價格，在許多例子中，往往使我們吃驚：

夸脫的橄欖油－三塞斯特斯－七‧五歐元

一瓶葡萄酒＝一塞斯特斯＝二‧五歐元

一瓶上好的法勒諾酒註＝二塞斯特斯＝五歐元

一條麵包＝○‧五塞斯特斯＝一‧二五歐元

約一公斤小麥＝○‧五塞斯特斯＝一‧二五歐元

一碗湯＝○‧二五塞斯特斯（一阿塞）＝○‧六五歐元

大浴場的一張入場票＝○‧二五塞斯特斯（一阿塞）＝

〇‧六五歐元

一件短袖長衣＝十五塞斯特斯＝三十七‧五歐元

一頭驢子＝五百二十塞斯特斯＝一千三百歐元

一個奴隸＝一千二百至二千五百塞斯特斯＝三千一百至六千三百歐元

古代資料充斥著許多有趣的奇聞。我們知道，一般市民會在身上帶大約三十塞斯特斯出門，相當於七十五歐元。

其他資料則給予我們貧富巨大差異的相關概念。一天花六塞斯特斯便足以餵飽三個人（一個小家庭），但一個住在圖雷真時代的羅馬有錢人，一年至少要有兩萬塞斯特斯的收入（相當於一天五十五歐元），才能維持生活所需。

我們最好別過度深入探究這個問題。事實上，不斷肆虐帝國的高度通貨膨脹和反覆再三的貨幣危機，都影響著不同時代的資料。最令人印象深刻的例子是小麥的價格。在第一世紀，你可以用三塞斯特斯（一莫迪奧）買十五磅的小麥。但在兩個世紀後（接近第三世紀尾聲），價格是二百四十塞斯特斯！

這意味著，由於多次的經濟危機，塞斯特斯貶值到其初始價值的八十分之一，或只相當於三分錢。其結果是，它的價值在我們的時代縮減到大約三分歐元。

羅馬貨幣總是雕刻上皇帝的側像（有時也雕刻第一夫人）。在一個沒有電視、報紙或照片的時代裡，貨幣（與其雕像或淺浮雕）也發揮讓皇帝的子民知道其長相的功用。這方法極為有效，因此，當新皇帝繼位時，帝國鑄幣廠會立即鑄造新

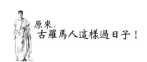

的塞斯特斯、狄納里厄斯、奧里斯等等。鑄幣師的技巧精
湛；在皇帝繼位後幾個小時內，新貨幣就會被快送專員送至
帝國各個角落。新貨幣不僅是新人上任的證明，也向世人展
現新皇帝的面容。

註　法勒諾酒（Falerno）：古羅馬時期義大利西南部坎帕尼亞（Campania）
　　區所產之最好的葡萄酒。

13:15－14:30
每個人都去大浴場

　　吃完簡餐後，我們回到街道上。從蘇布拉努斯小坡眺望，我們注意到幾根煙柱裊裊上升，但隨即被風吹散。煙柱都來自相同的地方。難道是火災嗎？看起來不像：它不是濃密的煙霧，而是許多細長而相似的煙柱。它們是大型公共浴場設備所產生的煙柱。

　　仔細想想，所有我們想像中的古羅馬重構畫面都是「乾淨的」。事實上，它們缺乏了一項重要細節：煙。大型公共浴場設備吐出的大量煙柱，立即會被氣流吹得消失無蹤。它們是巨大鍋爐全速運轉下所產生的產品，而鍋爐每天要燃燒幾噸的柴薪。以下資料也常遭到忽視：那就是超過一百萬居民的城市所需的巨量柴薪。那些用在烹飪、冬天取暖、工藝匠工坊、火化死者、建造、木匠（床、桌子、把手、馬車 —— 木頭可謂無所不在，它是古代世界裡的塑膠）上的木材數量龐大。最後，木材是大型公共浴場的燃料；浴場則堪稱日以繼夜、長年累月不斷燃燒樹木的環保怪物，且數世紀以來幾乎未曾間斷。

　　對我們而言，燃燒木柴的氣味等同於冬天、燃燒的壁爐，或是有木柴烤爐的舒適餐廳，但對羅馬人而言，則有更深一層的意義。它意謂著，你可以在附近找到洗澡的地方。

　　我們朝著那些煙柱走去。在羅馬，市內有許多小型公共浴

室，也就是說，非常小的洗熱水澡的地方，但我們要去探索的地方在整個羅馬帝國內可謂獨一無二。它是真正的建築、藝術和工程學奇觀，在古典世界中（甚至在人類歷史中）從未出現過——它就是圖雷真浴場的巨大建築。

自從西元前第一世紀初期，富有的企業家，凱烏斯・賽吉爾斯・奧拉塔（Caius Sergius Orata）發明第一個熱水浴場設備以來，羅馬人已熟知熱水浴場將近兩百年。首批的浴場是如何誕生的呢？住在菲勒格拉坎地帶註1的人們離維蘇威火山僅咫尺之遙，他們總是以溫泉的騰騰蒸汽來自我療癒。這些蒸汽從地底以攝氏六十度的高溫噴出，被引導到小房間裡，然後人們進入這些房間，拚命流汗（他們被稱為「流汗人」絕非巧合）。根據羅馬人的記載，他們認為這些讓人流汗的熱氣澡能排除疾病的毒液。凱烏斯・賽吉爾斯・奧拉塔於是想到，他可以透過點燃地下火爐和地板下與牆壁裡傳送熱氣的方式，來模仿天然溫泉浴。如果你想流汗，不需千里迢迢地跑到溫泉區去；到處都可以做汗浴。浴場於焉誕生。

許多熱水浴場設備得以興建，有些還是奉皇帝之命，但我們即將要去參觀的浴場是羅馬最大的浴場，它是至今為止（一一五年）所興建過的最大浴場。而其他更大的浴場將在以後出現。

我們所走的路將我們直接帶往圖雷真浴場。它們非常接近圓形競技場，就在俄彼安山丘（Oppian hill）上。在街道盡頭，我們可以看到一座高聳垂直的建築物，有列柱、屋頂和大片窗戶。它看起來一點也不像我們到目前為止所見過的那些歷史遺跡。我們

註1　菲勒格拉坎地帶（the Phlegracan Fields）：義大利那不勒斯西方長十三公里的地帶，有二十四座火山。

越接近它時發現，它的邊牆似乎無止無盡；它們不可思議地長，並被漆上純白色。沿著外牆走，可見裡頭有好幾處聳立著一些建築。這個巨大的「長城」即是圖雷真浴場的圍牆。

我們跟著人們排隊。我們注意到人們有男有女，有老有少，有工藝匠和士兵，也有富人和奴隸。羅馬的浴場內人人平等。這印象和走過我們的火車站或機場很像。

隊伍快速往前移動。人們一一將一塊銅板遞給一位奴隸，奴隸則將銅板放進一個小型木製保險箱內。入場並非免費，但真的很便宜：只要一瓜德郎特。在此給你個它值多少的概念，一瓜德郎特值四分之一阿塞，而你可以用一·五阿塞買一瓶葡萄酒和一小條麵包。因此，浴場的入場費真的很便宜。儘管如此，一旦我們進入浴場，所有的服務都需要再付費，如洗澡、使用衣櫃間。

圖雷真大浴場

進入入口後，第一眼的景觀就讓我們驚詫不已。入口開向一道長門廊，它環繞著一個完全被水淹沒的寬敞開放空間！

那是個巨大的水池！它看起來彷若水淹沒了整個廣場。這裡適合舉威尼斯廣場為例。不妨想像聖馬可廣場完全被大運河氾濫出來的水淹沒，門廊在水鏡中幽幽倒映的景象。這是個近一公尺深的游泳池深，它是人們進入浴場所要走的路線中，必要的停留點之一。許多人用這池子來放鬆、聊天，或在夏季的酷暑中游個冷水泳。事實上，池子裡現在就有很多人，他們坐在柱子下和朋友談笑風生，或坐在游泳池邊，只把腳丫浸泡在水裡晃蕩。我們通過門廊，從他們身後走過。跟著我們一起走的有男有女，有些人盛裝打扮，有些人穿得很少。波光粼粼，反射在牆壁上，像光

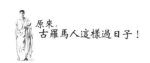

的面紗，如絲料般透明，滑過門廊的濕壁畫，輕柔地撫摸灰泥表面。漆上顏色的大型大理石雕像矗立在牆壁的壁龕中，高聳於我們的頭頂。

有些人在大池子裡玩耍，父子相互追逐，被奴隸和門客所包圍的貴族正討論著事情；就是沒有人在游泳。事實上，在羅馬時代，幾乎沒有人會游泳。游泳不是運動項目，甚至也不是教育活動。只有得在海、河流或湖泊等地方工作的人為了不至於被淹死，才會採用擁有個人風格的游泳方式。

我們離開門廊，發現自己置身於巨大的內院之一。我們可以了解為何這些浴場讓人印象深刻了。總的說來，浴場設備可以一眼望盡；它是棟單一的巨大建築。但圖雷真浴場如此龐大寬闊，它不僅矗立在你眼前，還往你周遭延伸。它大若一個社區！這差異就像小型郊區遊樂園和迪士尼樂園一般。這個類比並非信手拈來，因為圖雷真浴場是個名符其實歡笑、放鬆和娛樂的場所，一個城市中的城市。

漫步於浴場中

穿越浴場廣闊的內部空間時，我們正思考著這些問題。我們幾乎有種置身於一座過大的軍營裡的感覺。中央屹立著雄偉的浴場建築（有熱水浴室、冷水浴室等等），周遭則是花園、森林、雕像和噴泉。最後是周邊的圍牆，由單一門廊構成，其四個角落矗立著高聳的半圓頂，彷若聳入天際的巨大貝殼。它們看起來有點像雪梨歌劇院。

令人驚訝的是，建築設計非常現代。但這些近乎未來主義式的建築是什麼呢？我們走向它們，試圖在花園小徑、花圃，漫

276

步、閒晃和玩耍的人群中,找到最短的捷徑。今日,你能享受到
這類氛圍的唯一所在是在現代大城市裡的公園,從羅馬的波格澤
別墅註2到紐約的中央公園等不一而足,而這讓我們更進一步確
定了浴場在都會中所扮演的放鬆和娛樂角色。有人甚至稱它們為
「人民別墅」。

當我們走近一扇貝殼時,我們察覺那是圖書館。貝殼由盤根
交錯的支柱所支撐的大窗戶加以保護。想像一下帕德嫩神廟,它
龐大的六角形鑲板圓頂,彎曲的大理石牆和柱子;你像在切蛋糕
一樣將它切成一半。這就是圖書館的模樣。中央有大型白色大理
石書桌。很多人坐在書桌旁,閱讀這時代最具權威的知識來源。
這個圖書館收藏拉丁文書籍,另一個位於我們對面近二七五公尺
的學生貝殼裡的圖書館則收藏希臘文書籍。

總而言之,浴場不僅是提供軀體歡愉的所在,也是滋養心靈
的場所。照字面上來說,就是「一個健全的身體中的健全心靈」(a
sound mind in a sound body)。

我們迅速一瞥廣場周邊的剩餘兩座貝殼,認出它們是休憩場
所或紀念噴泉,上面鋪著大理石和馬賽克,水流從無數排成圓弧
狀的壁龕裡噴湧而出。但這些水來自何處?水是從水道橋和一座
由阿波羅多羅斯設計的巨大儲水槽運送來的,儲水槽今日仍然可
見,而且有個奇怪的名字:「七個房間」。實際上,它有九個房
間,且仍能使現代觀光客嘖嘖稱奇。它們的空間寬敞,長達九公
尺,房間之間有很多開口。它們的拱頂天花板幾乎有三層樓高。
儲水槽的儲水量將近兩百萬加侖,經由特定的水道橋負責儲滿。

註2 波格澤別墅(Villa Borghese):羅馬第二大公園。

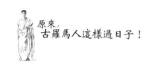

我們走出建築，回到樹木間的花園小徑。這些浴場能容納多少人？現代學者估計大約是三千人。在看過這些廣闊的空間後，這個數目似乎相當可信。圍牆的一側從直線改為稍微彎曲的弧線，使得那處空間變成一座劇院，其中半圓形的看台形成一座競技場。表演和競賽便在此舉行。

在這個獨立的羅馬世界裡，我們可以看到各式景觀。我們經過幾個變戲法的人，他們將一小群觀眾逗得樂不可支，我們也可以看見門廊下有人在享用食物（顯然這裡有賣吃食的地方）。一位年輕女孩斜倚在柱子上，顯然在找顧客。浴場包含了外面世界的許多特色，只是規模較小。它甚至也包括一些比較令人不快的場面：我們看見一個男人鬼鬼祟祟地朝出口快步跑去，腋下夾著顯然是偷來的短袖長衣和長袍。

短袖長衣和纏腰布

現在，讓我們進去一探圖雷真浴場內部房間裡的氛圍吧。我們朝聳立在廣場中央的大型建築的入口走去。我們注意到，無數小煙柱沿著屋頂的冠蓋裊裊上升。它們就是我們剛剛在街道上看見的煙柱。它看起來真像一棟大房子的內部初步起火燃燒時的景象。其實，我們看到的是，在屋頂上排成一直排的小排氣孔，用來排放為浴場中央房間加熱的熱氣。

我們現在在更衣室。在入口處，我們遞給一位僕人另一枚瓜德郎特，他會看管我們的衣服（我們已經瞧見沒人看管的衣物會有什麼下場）。這不會是我們該付的唯一費用；在進入浴場和洗澡時，我們得付雙倍的價錢（半阿塞），而我們還得為按摩、油和毛巾等等其他服務項目付另一筆錢。令人吃驚的是，女人付的錢比

男人還要多：光洗澡就要付一阿塞！這種不公平的現象也許其來有自，據說男人付得比較少是因為他們比較常來。無論如何，有些顧客可以免費入場：比如孩童、士兵和奴隸。

更衣室是個鋪著彩色大理石和灰泥的寬敞房間，地板中央有個大型馬賽克，鑲嵌的是特里同註3的肖像。沿著四面牆壁擺放著長凳，男人坐在上面談天說地，脫涼鞋或摺衣服。一個男人由奴隸替他脫衣，彷彿他是個小男孩；他顯然很有錢。在他們頭頂上是一長排的壁龕，他們可以將疊好的衣服置放在那裡，除非他們早已在入口處將衣服交給管理員。

你得脫掉所有的衣服嗎？不盡然；有些人留下短袖長衣（在健身房運動時可以保暖），但有些人只穿著一種奇特的黑色皮革纏腰布，讓他們看起來有點像泰山。詩人馬提雅爾稱它為黑色皮革。儘管如此，幾乎每個人都穿著一種纏繞著腰部、稱之為纏腰布的束帶。

我們周遭有形形色色的身軀。有禿頭的肥胖男人，皮膚慘白，在亞麻纏腰布上有一大圈輪胎般的贅肉。反之，也有些削瘦的男人，他們的鎖骨突出，肩膀如柴，有著橄欖色的肌膚。在這裡，赤裸並不讓人大驚小怪，就像現代世界健身房裡的更衣室。讓人吃驚的倒是裡面擁擠的程度。在西方社會裡，我們不習慣像這樣成排擠在隊伍裡，尤其是在更衣室。但在古代羅馬，人與人之間的距離比較像在遠東的某些國家，而非西歐或美國。但我們的確注意到一件事：這個更衣室是男人專屬。女人顯然在另一個房間裡更衣。

註3　特里同（Triton）：半人半魚的海神。

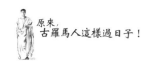

運動和赤裸

我們繼續往下走，停留在我們的浴場路線的第一個停留點：
健身房。

圖雷真浴場有兩座健身房，它們都位於開放空間；由柱廊所
環繞的兩個大院子。在我們眼前所開展的景象非常獨特。我們周
遭盡是奔跑和跳躍的人，還有滾在地上、在比賽摔角的人。人們
使用這空間的基本信念很簡單：運動不僅能保持身材，也能讓你
流汗，而流汗是接下來幾個房間的主要目的。

在此，我們第一次看到許多女人。她們和幾個男人正玩著一
種排球，或是跑在一些鐵環後面，正如幾十年前的小孩會玩的一
種運動。每個鐵環都有些能發出聲音，警告人們躲開的金屬圈。

她們玩的球類運動很有趣。一條細繩綁在兩根桿子之間，海
灘排球的前身現在就在我們眼前開打。當時至少有三種球：裝滿
羽毛的球、裝滿沙子的球，還有一種灌滿空氣的球，可能是用獸
皮製成的小氣囊。遊戲規則顯然因球的種類不同而有所改變。哲
學家西尼加所描述的一種運動，和我們現今稱之為毒球（poison
ball）的規則相仿，你得隨時準備將球頂到空中，不能讓它落地，
在它掉下來時，立即頂回去。

羅馬人也玩一種手球，最後還有著名的三人球：在地上畫個
三角形，三個人分站三點，在不發出預警的情況下對彼此丟球。
他們不能接球，得用手將球頂回去。其中兩位玩者往往會將第三
個玩者當成靶子，將球重複猛擊給他，讓他慌張失措。站在三角
形外面的奴隸則扮演球童的角色，並負責計分。

有兩個男人正在角落摔角，一小群觀眾正在觀賞，為他們
打氣加油。他們在身軀塗滿了油，讓對手無法抓牢他們。在一旁

幫助和指導他們的是健身房裡的老將，通常被稱為體育督察。我們穿越院子時，發現幾位女性正在用以鉛或石頭製成的啞鈴做運動，形狀也很像現代啞鈴。這場景的現代性令我們吃驚。她們的目標是強化臂膀，讓胸部「再次堅挺起來」。

有些男人正觀賞著這一幕，交頭接耳地說些俏皮話。事實上，在舉重的時候，身軀的扭動和胸肌的拓展有時會更加凸顯女性曲線。她們的臀部和大腿也常常未加遮掩。玩球的女人穿著短袖長衣，而其他女人為了實際理由，穿的是比基尼。但效果是一致的：她們的胸部上下彈跳，前後搖晃，幾乎要迸出來，吸引著男人的目光。女性是否該流連在浴場，則是數世紀以來激烈辯論的中心課題。

最初（西元前第二世紀），浴場為男女設計了不同的路線。但早在西賽羅（西元前一○六至四三年）的時代，便沒有多少人遵守這個規則，古老規則被棄如敝屣，而西賽羅對此的挖苦譏諷卻流傳下來。我們知道，距離現在幾年後，哈德良將會下令要浴場隔離性別，規定男女使用不同的路線或不同的時段。女性可以使用浴場到下午一點（第七個小時），然後，從兩點到九點（從第八小時到晚上的第二小時）則輪到男性使用。儘管如此，這些限制也從未被嚴格遵守。

在我們所探索的時代裡，男女混浴是正常現象。女性可以自由選擇她們的行為取向；不管是作為「傳統主義者」，或和男性一起進浴池的「叛逆者」都行。我們知道，就像我們稍後將看到的一般，許多女人都選擇第二條路。

數十年以來，從老普林尼到昆提利安等許多批評家都哀嘆這類「道德淪喪」，他們甚至將這類與男人一起進入浴場和浴池的

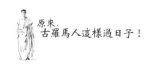

女人稱為蕩婦。醜聞不曾間斷過。令人吃驚的是，這似乎和人們對在現代海灘上上空時尚蔚為風潮的一般反應相當類似。在此值得一提的是，今日，如果你去德國的健身房，男女的更衣室通常是相連的，而且可以互通。就像在義大利北部阿托阿地格（Alto Adige）地區許多飯店內的三溫暖裡，不僅所有的房間，連淋浴室都對兩性開放，而且還常常禁止使用者穿著泳裝，或用毛巾遮掩自己。

我們逛完古代羅馬的健身房後，再度為一個男人猛擊一袋像現今的沙包似的麵粉袋（或沙袋）以鍛鍊體魄的景象大吃一驚，而更讓我們詫異的是，兩個肌肉結實的女人正在摔角。

離開前，我們注意到幾個男人已經做完比賽或運動，他們正站著聊天，而他們的奴隸則忙著為他們抹掉按摩後殘餘的汗水和油垢。首先，奴隸在主人的身上灑上細沙，這是吸收油和汗的最佳方式（正如我們用滑石粉清除衣服上的油漬或污漬一樣）。然後，他們開始使用一種刮身板，那是一種彷若鐮刀的奇特工具，取代刀刃的是一種像排水管的彎曲管子，用來收集汗水、油和污垢。奴隸用這種器具小心刮過主人皮膚，如同你用湯匙刮掉襯衫上的一滴果凍一般。

我們走近一個禿頭的胖男子，他顯然是位有錢的貴族，一個奴隸正在刮去他的髒汗和油垢。奴隸的動作小心翼翼，舉止像理髮師般輕柔。這真的是個奇特的景象。這位貴族被一群奴隸和門客簇擁著，他們打一開始就跟著他上浴場，無微不至地呵護他：替他抹香水、替他按摩，拿毛巾和油罐來給他等等。這看起來幾乎就像我們在觀賞正在加油站忙碌的一級方程式賽車技師一樣。也許他們稍後也會為自己稍作梳洗。那是指，等他們照顧完這位

貴族後 —— 如果他肯給他們一點時間的話。

溫水浴室和熱水浴室

　　我們現在進入圖雷真浴場的心臟地帶。那座巍峨的建築包含溫水浴室、熱水浴室和冷水浴室，高聳在建築群中央，寬廣如教堂，有著巨大的窗戶。我們來到的第一個房間是溫水浴室。它大小剛好，有著非常高的天花板，溫度適中。許多人省略掉這個步驟，因為他們已經透過運動而使身體暖和起來了。

　　真正讓人驚訝的是下一個房間，熱水浴室。想像你進入一座大教堂，一座巴西利卡的情景。這個房間的規模就跟那兒一樣。氣度恢弘的空間和柱子的高度使你目眩神迷，覺得自己很渺小。這間熱水浴室充滿騰騰蒸汽，創造出一種不真實的縹緲氛圍，彷彿有人在我們和天花板之間拉開一張仿如濾光薄膜的迷朦面紗，讓人覺得像是走入一間剛有人洗過澡的浴室。

　　在頭頂高處，天花板拱頂覆蓋著以彩色灰泥做出的精緻圖樣。那些是神話和英雄場景、樹枝狀的裝飾以及幾何圖案。多虧工匠精湛的上色技巧，使得我們即使從地面上都能分辨出每個小細節，顏色雖然不多，卻很鮮明：紅色、藍色、黃色、白色和綠色。陽光從大窗戶流洩而入，窗上裝著尋常可見的方格玻璃片。

　　我們因此憑直覺感受到一項重要細節。整個浴場建築群的設計目的，就是要使這些熱氣騰騰的房間接受最長時間的日照。

　　另一個獨特的特徵就是窗戶。它們的確很大，但從地面下方，看得出來它們是雙層玻璃，為熱水浴室確保更佳的保溫效果。我們的目光從牆壁上往下遊移到來自帝國各角落的彩色大理石板，以美麗的鑲嵌設計鋪貼而成。這些是珍貴稀罕、強調出奢

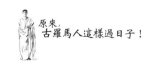
華感的大理石，比如北非努米底亞註4的黃色大理石，或小亞細亞弗里吉亞註5的紫色大理石。

雕刻自白色大理石的碩大科林斯式柱頭，安坐在雄偉有力和帶有溝槽的黃色大理石柱子上。我們的目光繼續往下遊移，最後來到地面，瀏覽鋪滿大理石的整片地板以及優雅的幾何圖案。地板看起來宛若巨大的棋盤，由大型的圓盤和白色正方形圖形構成，底色是淡黃色。

現在耳朵的聽覺勝過眼睛的視覺。我們的大腦開始注意到迴盪在周遭的聲音，和不斷擊打在地板上的重擊聲響。重擊聲來自於許多人所穿著的特殊木底鞋。實際上，地板滾燙無比。在我們周遭，許多人坐在大理石長凳和櫃台上。他們汗如雨下。有些人瞪著地板上的鑲嵌圖案，完全無視於從臉頰和鼻子汩汩流過下巴而滴下的汗珠。其他人是有注意到，但他們任由汗珠滾流到身體上，靜靜坐著，抬頭痴痴看著熱水浴室的天花板拱頂。高處的拱頂浸沒在一片霧氣蒸騰中。

考量到這個熱度，我們猜想人們在冬天也會來浴場避寒。

有時，某些虛弱的男女會從一些狹窄的通道裡出現，走過來坐下以求恢復體力。我們試著走進這些通道之一，它們通往浴場中最熱的房間 —— 熱氣浴室，熱水浴室與之相較起來還算很涼爽……浴場裡一定有許多間熱氣浴室，而我們正在端詳的這間是個圓形房間，裡頭有許多壁龕，人們在那裡輪流坐下。這裡的溫度將近攝氏六十度。它是真正乾燥炙熱的「浴室」。

註4　努米底亞（Numidia, 202 BC~46 BC）：位於阿爾及利亞和部分突尼西亞的柏柏爾古王國。

註5　弗里吉亞（Phrygia）：位於安納托利亞西中部的古王國，興起於西元前八百年。

　　高溫來自通過牆壁內隙縫的熱氣。那彷彿就像有數十個大煙囪流過牆壁內。沒有涼鞋、木底鞋或毛巾這類東西保護的話，你的皮膚一旦接觸到牆壁或地板就很容易燙傷。

　　我們無法長時間忍受這種高溫，連忙離開回到熱水浴室時，幾乎有種被一股冷空氣襲擊的感覺。此刻，我們開始尋找水池。這裡有三個華麗的水池，占據房間內幾側的大壁龕。它們有我們廣場上的噴泉水池那麼大，可以容納許多人。

　　進入池子裡時，池水太燙，但我們咬緊牙根，勉強走下去幾步。有個女人坐在我們對面，在看到我們不甚優雅的入池姿勢時不禁莞爾。她有著很長的黑色眼睫毛，頭髮整個往後梳成髻。她臉上的妝都因汗水而糊了。等我們習慣水的溫度後，才發現她是半裸的。她坐在我們對面的水下階梯上，水深及腰，她的大胸脯完全暴露在外。當她站起來要離開時，纏繞在她臀部的輕薄布料因完全浸泡在水中而變得幾乎透明。那個女人套上木底鞋，裹上一條大浴巾。然後，她以相當富有女性韻味的步伐走向出口。

　　我們在房間裡看不見產生高溫的整個無形機械系統。這有點像置身於劇院舞台上，因而看不見用來改變布景的所有設備。事實上，熱氣形成的氣流在我們周遭和腳下不停循環。其實，在我們腳下有個類似人類養兔場的地方，它由地下通道所構成，不斷咳嗽的奴隸則在其中穿梭。他們宛如許多司爐那般為木製大火爐增添柴薪，這能達到兩個目的：一方面，就像我們說過的，火爐產生熱氣、氣流和煙霧，流通過牆壁和地板間的空隙所形成的迷宮，而我們腳下的地板則被小型柱子墊高。但，在同時，部分火爐負責將流入熱水浴室池子裡的水加熱。

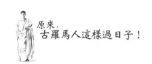
我們走出水池，往下一個房間走去。我們經過一位紳士，他文風不動地坐在長凳上，正在和另一個男人談生意。我們停下來端詳著他。儘管四周熱氣蒸騰且大量汗水從他眉間流下，他的舉手投足間還是有某種威嚴。

我們認出他來了；他就是我們今早在黎明時刻拜訪的豪宅主人。他每天都會來浴場。我們看得出來，因為他似乎完全不在乎這個熱度。他來這裡當然是為了洗澡。但他也來這裡洽談生意。事實上，浴場是那些結合工作與娛樂的場所之一，正如我們今日的商業午餐。他注意到我們盯著他瞧，便停下來看了我們一眼，嘴角閃過一抹稍縱即逝的「高貴」微笑，然後沒事般地繼續談天。他可能以為我們是他的門客。

我們受夠了這個熱度，準備前往冷水浴室！我們走出浴室時，正好碰見水池裡的那個女人，就是那位幾乎全裸的女性，她現在包裹著浴巾，正停下來和一位朋友聊天。她倆走向和我們不同的方向，完全省略掉冷水浴室這個步驟。為什麼呢？原來專家建議女性，這些房間的寒冷以及冷熱之間的高度變化對女性身體有害。

冰寒的冷水浴室

我們總算進入冷水浴室。它的大理石和裝飾幾乎與熱水浴室一模一樣，卻有個顯著的差異：它的空間甚至更大，氣勢更為逼人。羅馬的壯麗景觀似乎無止無盡，你走到哪都會嚇一跳。

我們就在此舉個例子，在現代，位於羅馬火車站隔壁的戴克里先大浴場的房間被改裝成一棟多層樓的博物館，即羅馬國立博物館，而它的冷水浴室則成為一座大教堂：聖母天使教堂（Holy

Mary of the Angels）。走進此處真是個撼動人心的體驗。原先的大理石沒有更換過；它仍保有來自埃及的巨大花崗岩柱。窗戶上的十字拱頂忠實再現了你在進入古老的冷水浴室時所會看到的雄偉氣勢。閉上眼睛，可以輕易想像，你四周環繞著貴族、士兵和奴隸，人聲鼎沸，還有雜沓和來去匆匆的腳步聲。在這個不可思議的劇院布景裡，你真的覺得自己完全浸潤在羅馬帝國的恢弘壯麗中。

仔細看看在冷水浴室裡的人。我們注意到有個男人在角落大聲朗誦著一本書。他的箱子裡還有其他書，那是一種用來裝紙莎草卷軸的皮製桶子。他顯然是位祕書奴隸，正在讀書給主人聽。正如同博物學家老普林尼的奴隸在四十年前陪他主人去浴場時所做的一般。

你的確能在這些房間內看見羅馬所有社會階級的人聚集於此。奇怪的是，有錢人儘管家裡有私人浴室，卻可能是跑公共浴場跑得最勤快的人。理由顯而易見：這裡是和人碰面、交易，以及讓人看見你被門客簇擁的好地方。這地方是社會社交中心之一，在此的能見度最高。

我們也知道，皇帝總是去浴場和百姓打成一片（儘管我們不知道，他們究竟和百姓接觸到何種程度；他們可能被隨扈保護著，以免被蠻纏不休）。

我們轉身。所有人的注意力都被一群人吸引住，他們正圍站在一個男人身旁，那個男人在走進冷水浴室幾步後突然倒下。一個穿著短袖長衣的男人顯然是在浴場裡值班的醫生，連忙跑到那群人旁邊。他們嘗試讓倒下的男人甦醒過來；然後，他們將他扛起來帶走。他們會將他帶到這個「水之城市」裡某處的醫護室。

那男人顯然暈了過去，或許是心臟病發作。這情形在浴場並不罕見，是由不斷的冷熱溫度變化所導致。

我們知道，許多人每天都來這裡報到。但有些人真的很誇張，每天都做完整個過程兩或三次。我們手邊就有些遠近馳名的案例。據說喬丹駕斯（Jordanus）皇帝每天洗五次澡，而另一位皇帝康茂德，即馬可‧奧勒利烏斯之子，每天洗多到七或八次澡。

除了心臟病外，還有中風和在大理石上嚴重摔跤造成的骨折，地面由於水和人們不斷往返而變得過於光滑。

長期來說，洗澡也會引發聽覺問題。這可能就是現在在我們眼前的這位男子所面臨的問題，他雖有些年紀，但還不算老邁，所有人卻都對著他大聲說話，幾乎是用喊的。他正泡在裝滿冰水的水池裡，身邊有幾位朋友，他們正在丟著球玩耍。他曾經抱怨過有一隻耳朵聽不清楚。過了一陣子後，他發現另一隻耳朵也開始出問題。現在他正要逐漸變成聾子。人類學家將在相隔接近十九個世紀後的現代，從研究他的骨頭得知他喪失聽力的原因。

我們也稱此為「衝浪者症候群」（或說「水手症候群」）。習於長時間待在冷而潮濕的環境裡的人會生這種病。在我們的耳道裡，也就是外耳道，那裡的骨頭會產生一種逐漸阻塞耳道的分泌物。這彷彿就像是為了防禦耳內的微型氣候，耳朵遂以建造屏障的方式，來對抗連番侵襲的寒冷和潮濕。這個過程稱之為「耳道骨肥厚」，漁夫和愛海的人仍為其所苦。

在羅馬時代，得這種病的人大多是男性，而非女性。為什麼呢？理由如同我們所見到的，在於男女在浴場內所走的路線不同。女性事實上很少進冷水浴室，因此避開了寒冷和潮濕，因此，她們也比較不會得「浴場耳聾」這種疾病。

羅馬式按摩

在經歷冷水浴室的冰寒後，幾乎每個人都會跳進浴場的大游泳池裡，也就是我們在進門時看到的那座巨大泳池；那裡的水一定讓人倍覺溫暖。那真的是個非常放鬆和歡暢的時刻。儘管如此，我們省略這個在池子裡集體泡水的步驟，直接前往浴場路線的最後一站：按摩間。

我們找到的房間裡放滿了大理石桌子，很多人正在接受按摩，其他人則靠在柱子或牆壁上等著輪到他們。大理石桌上的幾副肌肉鬆弛、軟趴趴的身軀看起來有點好笑，看起來宛如躺在北極冰帽上的慵懶海豹。

在這個按摩室裡最讓我們吃驚之處是聲音的不同。入口處彷若聲音的邊界：在冷水浴室，我們為聊天、叫喊和大笑在四處迴盪的混雜聲音所環繞。而在此，你所聽到的只有手指用力按摩身軀的敲擊聲、雙手傳送震波至皮膚的拍擊聲，以及按摩師的手掌抹油時的啪嗒摩擦聲。

我們看到的臉龐幾乎總是陷入沉思的模樣。我們知道，人們使用油不僅是為了身體的美學和健康，也是因為相信它們能預防感冒。因此，在離開浴場前，人們總是被建議做一場油壓按摩，特別是在冬天。

按摩師是來自帝國全境的公共奴隸。他們在工作時異常安靜。儘管如此，他們並不隸屬於公共浴場。在這，有些顧客會從家裡帶來自己的奴隸。在房間盡頭就有一位顧客正被奴隸包圍著。一位奴隸在為他按摩，另一位拿著油膏，還有另一個遞毛巾給他。更誇張的是，你能看見這些洗完澡的羅馬有錢人被奴隸扛著上轎子，這樣他們就不用自己費力用腳走完浴場路線的最後一

段路。

　　油瓶則以玻璃或青銅製成。我們看到一個形狀像奴隸的半身雕像，瓶口開在頭頂上。那名奴隸有著極鬈的波浪般頭髮，一雙杏眼透露出他的亞洲出身。一滴油蜿蜒滑下他的臉龐。那是張詭譎難測的臉，兩頰、嘴旁和嘴巴上下都有奇怪的鬍鬚。我們靠近看後才發現，那不是鬍鬚；它看起來像是部落疤痕，幾乎可說是某種亞洲人的辨識標記。誰知道他來自哪個民族（匈奴人就有用刀割臉留下這類鮮明疤痕的習慣，但他們的疤痕沒這麼優雅，或更精確來說，恐怖異常）。我們知道，這個油瓶總有一天會帶著它早已滅絕的文化資料，被放在博物館的玻璃櫃裡。這時，一隻手抓住權充奴隸頭部周遭光環的把手，將瓶子拿走了。按摩結束了。

建造圖雷真浴場

大馬士革的阿波羅多羅斯徹底改變了浴場的傳統概念，他就是那位我們在圖雷真廣場所遇到的建築師。他的這個傑作將成為後來在羅馬和帝國四處建造的所有偉大帝國浴場建築的典範，甚至也影響到著名的卡拉卡拉大浴場。但為了建造這個巨大的建築群，他必須先將位在羅馬心臟地帶的一大片區域夷為平地。他要怎麼辦到這點呢？一場熊熊大火助了他一臂之力；那次火災中嚴重燒毀了遠近馳名的奧利亞多穆斯，那兒是尼祿富麗堂皇的住所。阿波羅多羅斯毀壞所有剩餘的樓上建築，只留下一樓的拱頂房間，將它們拿來作為未來浴場的「基石」。但這還不夠；他需要更多空間。因此他拆毀鄰近地區的所有（公共和私人）建築的上半部分，下半部分掩埋，所有建築都不得超過一定高度（海拔四十七公尺）。他以這個方式得到一個三一七公尺乘三三二公尺大小，用來建造皇帝浴場的巨大平台。試圖在超過百萬居民的城市中心清理出一塊十公頃的地絕非易事，他能達成這個目標實為奇蹟。

從某種意義上而言，我們應該感謝阿波羅多羅斯，因為他在無意間留給我們一項卓越非凡的禮物：每樣他所掩埋

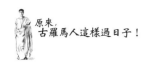

的東西（奧利亞多穆斯、鄰近建築等等）都保存到現代。考古學者因此能挖掘出尼祿部分的宮殿，包括聞名遐邇的八角房，他在這裡舉辦晚宴，據說，還從天花板灑下如雨般的玫瑰花瓣。但新近的挖掘讓一些新的房間重新出土，包括再現帝國城市的濕壁畫和描繪葡萄收成的馬賽克（古代羅馬最古老的「彩色」馬賽克），它們仍在研究和修復當中。

15:00
進入圓形競技場

　　現在剛過中午不久。許多羅馬人相信，這是觀賞圓形競技場表演的最佳時間。在早晨的狩獵和午餐時間的行刑後，現在是節目表上主要節目的開演時間：格鬥士的搏鬥。

　　很難描述你站在氣勢雄偉的圓形競技場前的感覺。在今日，觀光客和羅馬居民習於看到它殘破的模樣。它是個廢墟，一個殘骸，一個過往巍峨壯麗景觀的縮小版本。在外表上，它最外部的環形結構幾乎有一半已不得復見，內部則只剩下一些磚造拱肋。你無法再欣賞到它壯觀的白色石灰華看台、競技場地面、拱廊裡的雕像，和位於最高處的最後一排頂層樓座等所帶給你的巨大衝擊了。更遑論去體會旗海、人群的色彩和觀眾的歡聲雷動所創造的歡騰氣氛。今天，我們所能憑弔的只是這個偉大圓形劇場的殘骸。但，每年有大約四百萬名觀光客前來參觀和進入它的內部，甚至情願為此略掉其他觀光景點和博物館。這地方所散發的殘酷魅力絲毫未因時代而稍有減損。但它在古代是什麼模樣？讓我們來嘗試重建看看。

　　一位烤麵包師傅為我們指出路徑。「你先走普利烏斯路。穿越十字路口，之後轉入奧比烏斯路，再轉左，那裡的街角有家飯館，然後走下桑達利亞烏斯路；直走下去就會到圓形競技場。你

不可能會錯過它。」然後，全身是麵粉的他用一塊濕巾拭淨雙手，回到店裡再去烤些麵包。

他的指示毫無錯誤。現在我們開始走下桑達利亞烏斯路。它是條窄路，兩旁是築有高牆的建築。突如其來的陰影使我們看得不太清楚，但眼前景觀卻非同小可。在這個都會峽谷的盡頭，與黝暗的建築形成不可思議的對比的是，一座巍峨的金色建築矗立高聳，被陽光照得金碧輝煌。

當我們慢慢走下街道時，建築物那作為景框的黑色高牆宛若簾幕般逐漸拉開。那個閃爍的建築物是個聳立在廣場上的巨大雕像：尼祿的鍍金青銅雕像（Colossus Neronis）。在雕像之後，圓形競技場幾乎像座山般屹立不搖。想當然爾，我們所能見到的僅是由建築物所形成的峽谷露出的部分景致，但如此已足以使我們發出驚嘆。它看起來宛如地平線的一部分，但依舊比周遭的建築物還高。

我們走到桑達利亞烏斯路的盡頭，停下腳步，目眩神迷。圓形競技場就在眼前閃耀著白色光芒，還有無數被暗影籠罩的拱門、掛在牆壁上的大盾牌、隨風飄盪的彩帶。而它的頂端是一圈密密排列的立桿。

它和我們所熟知的模樣迥然大異。完好無缺的它，似乎更為高大。

我們在每道拱廊中央所看到的雕像都是一時之選。它們是神祇、英雄、羅馬歷史中傳說和真實人物，有些甚至是老鷹的雕像。它們全都五彩繽紛，幾乎像正在看守的警衛。它們讓我們覺得自己彷彿是站在一座堡壘或神廟跟前，根本不像是舉行表演的地方。

街道上的人潮對此似乎視若無睹，他們已經習慣看見它矗立在那。但它在羅馬史上是非常新的事物。我們在一一五年，此時正是羅馬的開疆闢土達到鼎盛之時，但圓形競技場不過是在三十五年前興建完成。凱撒從未見過它，奧古斯都、提比略[註1]、克勞狄[註2]或尼祿也不例外。決定興建它的是韋斯巴薩皇帝。你知道他在哪裡興建它嗎？就在著名的奧利亞多穆斯，也就是尼祿在城市中心建造的皇帝居所。

在那場著名的大火後，尼祿想要興建一座供私人使用的壯麗宮殿。我們幾乎可以把它稱做羅馬心臟地帶的奢華農莊。它包括幾座宮殿、花園、有鹿徜徉的森林，甚至還有天鵝悠游的大湖。在尼祿死後，韋斯巴薩想將這塊土地歸還給羅馬人，他想出一個既高明又具有高度象徵意味的點子：將湖水排空，利用這空蕩的湖底作為興建圓形競技場的地基，它將是人類所興建過的最大的圓形劇場，他要將它獻給羅馬人。

尼祿的別墅在圖雷真的羅馬所遺留下來的唯一遺產是巨大的鍍金青銅雕像。我們現在便站在它的腳下。它具有運動家般的渾圓身軀和英雄般的強健裸體。雕像的臉曾經一度是尼祿的臉，但在他駕崩後，它便歷經了一場整型手術的激烈變革。現在它擁有太陽神，赫利俄斯（Helios）的臉，還有一頂光環。

我們所看到的每樣東西都是出自希臘雕刻家，芝諾多魯斯（Zenodorus）之手。真是傑作！

註1 提比略（Tiberius, 43 BC~37）：羅馬皇帝，在位期間一四至三七年，施行暴虐統治，後遭殺害。
註2 克勞狄（Claudius, 10 BC~54）：羅馬皇帝，在位期間四一至五四年，政策開明，大力拓張疆域，也是歷史學家。

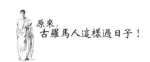

雕像超過二十七公尺高，也就是說，比十層樓的建築還高。羅馬人一直稱呼它為「尼祿的巨像」。讓人覺得好玩的是，「圓形競技場」這個名稱其實來自於聳立在圓形劇場旁的這個巨像。羅馬人真的用這個暱稱來稱呼它，以取代官方那個也許太為單調的名字：弗拉維安圓形劇場（Flavian Amphitheater）。儘管，老實說，「圓形競技場」這個詞眼要一直到中古時代才會出現。

我們周遭的大部分建築物都和圓形競技場息息相關。它們是輔助建築，為圓形劇場添加內部結構。它們包括格鬥士的武器室和舞台布景及劇場道具的倉庫。那裡可能也有暫時看管動物的小動物園，還有治療傷口的醫院。然後還有格鬥士軍營，在現代仍可得見，它有許多小房間和作為訓練場的一座小競技場。這就是格鬥士訓練場，有與圓形競技場相連的地下通道。總而言之，這是環繞圓形劇場其名符其實的服務區。

圓形競技場內群眾的歡呼聲響起，一群原本棲息在頂樓的鴿子振翅高飛。競技場裡發生了某件引發觀眾熱忱的事。我們開始往那裡走去。這就宛如走近從谷底裡高聳而立的冰河一般。它散發著白色光芒，完全以石灰華覆蓋。

圓形競技場聳立在我們眼前，高達近四十六公尺。它分隔成四層樓。最下面的三層有八十座巨大拱廊，裡面的雕像比人還高。為了建造它，一億三千萬立方碼的石灰華從靠近羅馬郊外提弗利（Tivoli）附近的阿布拉耶（Albulae）採石場，經由特別打造的六公尺寬的道路運來。

我們知道，圓形競技場已經屹立了兩千年，但它在不到十年內便竣工！他們是怎麼辦到的？有個竅門。韋斯巴薩的工程師重複了一件他們所擅長的建築技巧無數次：那就是拱形結構。這就

像他們在水道橋上再建造幾個水道橋一樣，層層相疊。而重量則以這種方式，平均分散到下面的地面。

簡言之，金字塔是實心的（充滿著大塊石塊），但圓形競技場卻是中空的，它的骨架實際上是由高明的拱形結構交錯而成。其設計概念和執行皆如此完善，因此它儘管歷經中古時代的毀壞和掠奪以及地震後，仍舊能屹立不搖。

當我們走近它時，霎時發現羅馬建築師所採納的許多手法之一。事實上，石灰華無法呈現許多雕刻細節，因為它有很多氣孔和空洞，使它非常不適合用來做細膩雕刻。因此，建築師從來不「完成」以石灰華打造的紀念建築。比如，圓形競技場的圓柱便未曾經過精雕細琢，有種未完成的粗糙風貌。職是之故，為求賞心悅目，你必須從遠處欣賞這些結構，自然會被紀念物的龐大巍峨所震懾。從某種意義上來說，它是以量而非質取勝。這是圓形競技場的建築真相，也適用於馬伽魯斯劇場（Theater of Marcellus）等等。

我們加快腳步。從群眾間傳來一陣陣轟隆聲，與你接近海灘時所聽到的海浪聲響類似。那彷彿是巨浪拍岸。你得到的印象是圓形競技場是活的，它的脈搏以無比強勁的生命力在跳動。它彷若正在高喊著吸引我們。我們朝前走，幾乎像被催眠般。我們越是接近，它壯麗的建築越是高聳入天際。

突然間，幾朵烏雲飄過頭頂，遮蔽了大理石的璀璨。圓形競技場立刻換上陰鬱的外貌。從下面的這裡看來，它宛如高聳入雲的巴比倫塔，內部群眾觀賞死亡場景的呼聲震天。這世界上再也沒有像圓形競技場這樣的地方了。

你不用付入場券：入場免費，但你得有某種邀請函，否則你

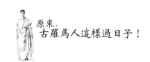
不能入內。那是一種用骨頭製成的卡片，上面不僅雕刻了你的看台座位，還有你進入的大門門號和區域。每個通往外面的拱廊上都有一個號碼，從一到七十六。我們的卡片上是五五號。查票員檢查了一下，放我們進門。

我們現在身處一條大型拱頂走廊。從外頭射入的自然光照得此地滿室生輝。拱頂裝飾著五彩繽紛的灰泥。它有著萬花筒般的美麗色彩，畫著人類和神話人物肖像，呈現幾何和建築元素設計圖案。我們覺得自己似乎是走進宮殿，而非公共建築。我們可以聽到吶喊、狂笑和爭辯聲。實際上，我們周遭滿是人潮。除了熙來攘往的觀眾，還有小販在叫賣看台專用的坐墊或是零食：扁平麵包、松子、橄欖、桃子、李子和櫻桃（考古學家在排水溝裡找到它們的果核）。

但這裡還有另外一群人物，他們是在圓形競技場中所能發現的動物中的一種典型，而從某種意義上來說，他們也非常現代：他們是賭家。大批人們擠在角落。有人舉起一隻手，比出一個數字。有人狂叫。有人抗議那個數字太高。新來的人爬下階梯，為下一回合的格鬥士搏鬥的贏家們下賭注，使得人潮越聚越多。

這類活動不可輕忽。為格鬥的輸贏下注，是這類表演的基本要素之一。就像今日的拳擊和賽馬，現在所有的體育運動幾乎都是如此，有冠軍和挑戰者 —— 而非常可能的是，有些比賽還可能造假。

在兩根柱子間，我們注意到人們正在登上一段階梯。那是我們的區域。我們尾隨著其他人而上。圓形競技場的結構真的很令人印象深刻；多虧階梯和走廊組合而成的高效率系統，我們可以輕易推測出人們如何迅速散場離開。跟著我們攀爬階梯的只有男

人。女人不能進入這個區域。

我們在最後一段階梯頂端可以看見天光；它一定是通往看台。人們給予這些開口的名稱非常獨特，而它幫助我們了解穿流過開口的群眾的本質；這些開口被稱做排泄口。

我們快到了；這就像走出隧道一樣，群眾的聲音越來越大聲，如隆隆雷聲般漸次升高。

陡然間，我們已經在外面的階梯座位上。這景觀令人屏息。在眼前開展的是一座人造山谷，既寬且深，宛若漏斗。人山人海。這裡一定有五萬到七萬名觀眾，他們吼叫著，歡呼著，比著手勢。他們看起來彷彿是用人做成的五彩碎紙，呈現各種你所能想像的色彩。我們腦中所浮現的唯一可與此比擬的景象是但丁筆下那一層層的地獄。

一對父子站在我們身後的樓梯上，不耐地推了我們一下。好在石灰華上刻有號碼，我們順利找到座位。

今天的最後一場公開行刑正在進行。一個人正被一隻熊猛追著。他想辦法掙脫了他被綁住的桿子。這份意外轉折讓觀眾興奮莫名。那男人迂迴前進，試圖讓熊頭暈腦漲，然後開始衝刺，縱身朝著競技場邊緣的柵欄跳過去。那隻熊幾乎抓到他，但那男人竟然有辦法跳上柵欄，群眾發出熱烈歡呼。他開始死命攀爬柵欄，抓穩後又滑掉，然後再度抓穩。他爬到頂端了。他能成功跳過去嗎？

柵欄頂端裝設了看起來高雅的白色補強物，幾乎宛若圓筒狀的坐墊。但就在此刻，在離安全脫困只有一步之遙處，那男人的脫逃受阻，他的雙臂開始連番在空中拍打。他不斷試圖要用雙手抱住這個肥胖的香腸，但每次都往後捽。這是怎麼回事？我們

仔細一看，發現那個圓筒是象牙製成的滾輪，自己會轉動，讓他無從抓穩。這是防止動物或囚犯逃跑的安全措施之一。他絕望地拚命試圖抓穩它，卻徒勞無功。儘管如此，用後腿站立的熊沒辦法搆到他。群眾大笑。看起來他們陷入僵持狀態：男人一動也不動，死命抓著柵欄的桁架和從支桿間冒出的象牙之一。然後，他突然弓起背部，一次，再一次。兩支箭從他背部冒出。那是駐守在壁龕的弓箭手所射的箭。射擊精準，估算完美，箭還穿透了他的肺。那男人鬆開手；一隻手臂無力地晃蕩著。他用一隻手勉強掛在那。第三支箭迫使他往下摔回競技場，群眾高聲歡呼。熊立即撲上來，一掌就將他擊斃。群眾再度歡聲震天。

坐在我們隔壁的男人也在歡呼，這位新來的人轉身面對著我們，他解釋說那男人是個謀殺犯：他僅為十五塞斯特斯就殺害了一位店主。那不過是一件短袖長衣的價錢。

今天的處決表演隨著這具最後的屍體落幕。幾位雜役牽著熊返回一扇邊門。其他人則在清洗競技場，一攤攤的血跡讓人怵目驚心。我們懷著深沉的厭惡看著，而就在眼下，他們正在撿拾一具被獅子撕扯成碎片的女性殘骸。他們將她的身軀拋上一輛小推車，屍體折疊成扭曲的形狀；在咫尺外，他們撿起一隻手臂，在稍遠處，則撿起一隻被啃咬的體無完膚的腿。另一位雜役在遠處撿起某樣東西，走到推車旁。那看起來像是一個袋子。不，原來他抓著的是女人頭部的頭髮。他將它拋入手推車中，彷若它是一個背包。在剎那間，我們看見她的金髮在空中飛揚最後一次。甚至連我們的鄰居都驚駭地扭曲著臉。

活在公元四世紀的納西昂的格列高利註3留下這麼一段話，傳神地捕捉了這類表演景觀的氛圍，在這其中，人性的痕跡完全消

失無蹤。殺戮的場景為某種瘋狂所吞噬，虐待本能所引發的歡愉步步高漲，即使群眾只是普通人。這類地點和環境（公開處決）本身似乎解釋了道德禁忌匱乏的原因，雖然我們可以確定，這些觀眾在日常生活中相當守法。

格列高利說，如果一個人逃過野獸的魔爪，觀眾會群起抗議，彷彿他們被表演欺騙，還浪費時間觀賞；「但當一個人的肌肉被撕裂，當他死命尖叫，在塵土中蠕動掙扎時，他們的眼睛裡則缺乏憐憫，在看見血液噴湧而出時甚至開心地狂拍著手。」

兩位雜技演員現在出現在競技場，展現高妙技能，表演餘興節目。但沒多少人注意他們。這是中場休息，很多人正站著聊天，其他人則去圓形競技場每個樓層都有的噴泉那喝水，還有一些人走過「排泄口」，朝著樓下的公共廁所走去。

我們利用這個空檔研究圓形競技場較為技術的一面。而這建築打從一開始就被設計來當作表演場地。

註3　納西昂的格列高利（Gregory of Nazianzus, 330~389?）：君士坦丁堡的大主教，主張基督的人性，以及三位一體的正統教義。

圓形競技場的祕密

　　圓形競技場並非圓形，而是橢圓形，因此能容納更多觀眾。再者，看台的坡度呈三十七度，所以每個座位都有絕佳的視野。看台以刺目耀眼的白色大理石製成，但你並不能隨意入座。它有點像我們的體育館，劃分為好幾個區域。最低的樓層最靠近競技場，保留給元老、維斯太女祭司、祭司和大法官等貴賓。第二個樓層是騎兵團騎兵的座位。更高的樓層則是工藝匠、店主和來賓的座位。再往上，「百姓」坐在圓形競技場的最高樓層，其中央以一條排列著壁龕和雕像的走廊分隔開。這裡為女人保留了一個特別區域，以避開他們所謂的男女混處。最後一個區域是環繞圓形競技場一圈的木製「末排樓座」（peanut gallery），也保留給普通人。一言以蔽之，這個圓形劇場可說是羅馬社會金字塔的顛倒版本：坐得越下面，社會地位越高。

　　除了那些位於內部走廊以等距設立的飲水噴泉（大概有一百座）之外，觀眾所能得到的服務則包括某些令人嘖嘖稱奇的驚喜，比如被噴上香水、玫瑰水和番紅花水等等。

　　覆蓋圓形競技場的頂篷系統是個令人讚嘆的特色。頂端有一圈多達二百四十根的堅硬桿子，固定住相同數目的長纜繩，

撐起一個離地面一百二十多公尺高的中央大圓環。可能是由薄亞麻製成的篷布（就像許多地毯般）鋪展在這個半懸於空中的纜繩網絡上，再於中央大環的邊緣會合。這便創造出一個以長布片形成的頂篷，能為群眾遮陽（羅馬夏季會出現令人無法忍受的酷熱）。在頂篷中央有個圓形大開口，就像萬神殿的屋頂，但這是為這個娛樂性神廟所特別設計的。考量到頂篷的尺寸、用來將頂篷沿著纜繩固定的圓環，以及繩索和絞盤等，學者最近估算它的總重量達二十六噸，換算來說，每根桿子要承載近一百公斤的重量。因此，在我們得知當時是由米索諾註軍艦的一千名水手來操作這個系統時，應該不會太過驚訝。這頂篷得能抵擋羅馬的強烈季風，和圓形競技場座無虛席時的「盆地」所會產生的強烈上升氣流。從這方面來說，有頂的圓形劇場有點像一艘巨大的帆船。

船的比喻也適用於競技場，但是以不同的方式。它長超過七十三公尺，寬約四十六公尺。就我們所知，在競技場地面的黃沙之下，圓形競技場仍向下延伸大約六公尺，有幾個地下樓層。為了以木製地板覆蓋競技場，羅馬工程師想出一個以橫梁、木板和拱肋組合而成，非常類似船體的建構系統。考量到這個木製地板也是採納中央隆起以便使雨水流向其邊緣，再由排水溝和排水柵系統收集的設計，我們可以用「翻身的船」的意象來表達競技場的耐用性。

但這片地板下面是什麼呢？它是圓形競技場的靈魂所在。事實上，就像劇院一樣，圓形競技場也有「側翼」，但它們不是在兩側，而是在地下。戲劇特效的記載流傳至今，比如假鯨

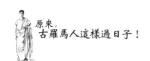

魚突然出現在競技場，張開大嘴，從裡面跑出五十隻熊。在其他例子裡，裝飾繁複的舞台背景充斥著岩石和樹木，緩緩升至競技場地面。

事實上，在沙和木製地板下，有兩層地下樓層，裡頭有走廊、樓梯和房間、武器、獅籠和囚犯等等。多虧設置在關鍵地點的特殊斜面和絞盤，人們可以將各種場景和舞台背景向上拉至競技場地面。特殊升降機也能將格鬥士和野獸運至地面。這些設備全都能創造出令人訝異的戲劇效果，比如，「上百隻獅子同時進場，吼聲震天，整個圓形競技場的觀眾頓時驚呆」。

地下樓層中白榴凝灰石製成的防火牆，洩漏了這些陰暗房間的其中一個危險：奴隸、道具師、動物訓練師、格鬥士訓練師等人都在油燈的微弱閃爍光線下辛勤工作。

最初，這些地下樓層並不存在，而我們幾乎可以確定，那時的競技場還可以灌滿水，進行小型海戰，或淺水馬賽和戰車競賽。

表演的組織架構總是遵循鐵一般的紀律，因為唯有如此才能成功實現數千人同時上演的壯觀場景。在八〇年，當韋斯巴薩的兒子和繼任者提圖斯為圓形競技場主持開幕儀式時，在一百天內便宰殺了五千頭動物！

而考量到我們所探索的時代，比較接近我們的事件是圖雷真大勝達契亞人的慶祝活動。圓形競技場的表演持續了一百二十天，殺害了一萬一千頭野獸和一萬名格鬥士。

註　米索諾（Miseno）：位於義大利南部的古港口。

15:30
格鬥士登場！

　　值此之際，幾輛馬車被拉著環繞競技場而行，戴著花冠和花圈的奴隸對著觀眾拋擲麵包、銅幣等禮物。

　　在為禮物興奮數分鐘之後，每個人又坐回看台座位上，包括圓形競技場第一個樓層的元老和貴賓。節目的策畫者也坐了下來，他是貴族，隸屬於羅馬最富有的家族之一。雖然他擔任相當高階的職位（他是營造司，或說是管理工務計畫的行政長官），但仍只處在於其公共生活的職涯開端，因此他需要累積更多的聲望和能見度。他是支付這些節目製作費用的人，是我們將要觀賞到的所有表演的贊助人（或如羅馬人稱呼的主事者）。圓形競技場內這三天以來的表演的確讓他耗費巨資，但在另一方面，組織這些節目是法定義務，而他毫無疑問地將會從中得到好處。他將會得到元老院的官方認可和人民的感激和愛戴，人民將會在他未來的政治、社會和經濟事業中鼎力支持。人民的支持也將會左右他與政敵的關係 —— 正如同詩人尤維納利斯所言，麵包和馬戲團表演註1至關重要。

　　再者，還有一種微妙的個人快感：在這三天內，他將有機

註1　麵包與馬戲團（bread and circuses）：指政府為了安撫而款待公眾的食物和娛樂。

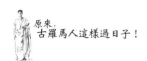

會稍微品嚐當皇帝的滋味，當他決定格鬥士、野獸等的命運時，會受到群眾的歡呼或讚揚。簡言之，這些表演是他職涯的重要開端，他的子孫絕對會不斷傳頌此點。他在羅馬郊外的別墅也許會增添一幅新的馬賽克拼圖，呈現格鬥士和死刑犯的關鍵時刻（這是為何我們常在博物館和考古遺址裡看到如此暴力的馬賽克畫面的緣故）。

這個男人坐在一張雕刻精美的大理石高背椅上。他和我們對有錢有勢的羅馬人的慣常印象有所不同；他不胖，不禿，手上也沒戴滿戒指。反之，他高大而體格健美，黑髮碧眸。坐在他身邊的是他非常年輕的妻子。她顯然是某個位高權重的羅馬貴族的女兒；這樁婚姻為他前途光明的職涯開了好幾扇門。他們是引發八卦話題的一對佳偶，人們在貴族私密的晚宴裡和公寓大樓吵雜的樓梯平台上談論著他們。

在他們身後，警衛們立正站好，他們頭盔上的紅色羽毛輕觸著沉重的金線刺繡帷幔，布幔在微風吹拂下文風不動。

觀眾開始喧鬧起來，用力拍著手，像是在呼喚他們最喜愛的戰士。現在是時候了。那男人以手示意。

幾個小樂團在競技場邊緣開始演奏勝利進行曲。圓形競技場的觀眾歡聲雷動。那就像一聲突如其來的雷響被宛如巨大回音室的圓形劇場加以放大，然後將它轟隆隆地傳送到整個城市。

凱旋門下方的門莊嚴地砰然打開。一支隊伍出現，由兩名侍從官捧著表演策畫者的職位徽章在前領頭（因為這位男人只是營造司，並沒有行政長官判處死刑的職權，因此束棒上沒有斧頭[註2]）。

註2　有斧頭的話，表示有權力判人生死。

在他們身後是吹著長管喇叭的樂師，然後是一輛載著一大塊木板的馬車，木板上畫著打鬥場景。它相當於一個活動廣告招牌。好幾次皇帝的凱旋行列在遊行羅馬時，往往也使用馬車來運載巨大圖畫，描繪他們大獲全勝的戰役和激烈交鋒的場面。那是一種宣傳勝利者功績的手法，不論是誰都能輕鬆看懂；相當於介於西西里馬車和說故事者之間的方法。在這之後是一位象徵性地捧著勝利者的棕櫚冠的男人。

此時，奴隸出場，捧著頭盔和劍，那些是格鬥士的戰鬥工具。它們將在打鬥中被使用，但很多是聊備一格，只能拿來在遊行中展示。

最後，格鬥士上場了。觀眾激動異常。歡聲震天，你得掩住你的耳朵。有那麼一剎那，你有那種在數萬名觀眾的狂喊和跺腳下，圓形競技場也終將崩塌的錯覺。在最群情激動的時刻，我們看一眼觀眾和競技場，瞥見圓形劇場最壯觀的景致。但想到這些都是為了創造死亡場景時，不禁使我們感到驚懼。

只要想到圓形競技場四個半世紀以來的活動，使它成為世上於這麼小的範圍內死亡人數最高的區域時，我們便不由得不寒而慄。甚至連廣島和長崎都沒產生過這麼高的死亡集中率。但在這個簡單的競技場內，數十萬人巡赴黃泉 —— 而根據某些估計，可能還高達上百萬人！

這些估算直截了當，讓人怵目驚心，即便是我們只將範圍限制在我們所探索的時代。如同我們說過的，就在八年前，於一〇七年，圖雷真治下令展開一萬名格鬥士（幾乎都是戰俘）之間的格鬥。在六年前，於持續大約一一七天的節目裡，超過九千八百位格鬥士死於競技場。兩年前，於一一三年，大約有兩千四百位

格鬥士在競技場內爭個你死我活，儘管我們不知道究竟有多少人被殺。我們可以輕易想像，這些數字是特殊事件的結果，但它也幫助我們了解，要死在競技場上是多麼容易的一件事。而這些數字顯然並未包括處決的死刑犯。

倘若我們假設在一個月間，格鬥士和死刑犯的死亡人數是五十到一百人的話（儘管，考量到幾世紀以來的「危機」時期，這對這座如此巨大的建築結構而言，是相當保守的估計），總體數字應該在二十七至五十萬人之間。但某些學者認為數字應該更高，也許甚至高達兩倍。

性感象徵和戰士

格鬥士停下腳步，群眾陷入狂喜。格鬥士用手臂做出誇張的動作，向觀眾的歡呼表示謝意。然後他們開始暖身，模擬擊劍的動作，以閃電般的出擊炫耀他們的技巧。每個動作都引得觀眾發出一陣叫好聲。

在現代，只有著名的足球球員或音樂和電影的超級明星才能引發同樣的騷動，以及女性的相同反應。事實上，我們知道，格鬥士非常受到女性觀眾的「激賞」，不僅是平民婦女，上流階級的女士更有甚之。

多虧考古學家在龐貝所發現的一些塗鴉，我們知道一位格鬥士被視為「折磨年輕女孩的人」。更有甚者，詩人尤維納利斯訴說過一名元老妻子愛碧雅的故事，她後來與一名叫做賽吉歐路斯的著名格鬥士私奔。他們的幽會在今日會是小報和狗仔隊所津津樂道的八卦新聞，當時可能鬧得整個城市沸沸揚揚，而尤維納利斯以假裝震驚的口吻評論那位格鬥士的長相不甚英俊。他全身都是

傷疤，眼袋浮腫，戴頭盔戴得鼻子上有個凹痕。簡言之，就像他所寫的，「女人愛的是格鬥士的劍。」

但，說真的，這些在競技場裡相互打鬥的格鬥士是誰？他們的故事是什麼？每個人都有他或她自己的故事。首先，他們是奴隸，包括那些被主人賣到格鬥士訓練學校以示懲罰的奴隸。再來是被判死刑的戰俘。在圖雷真征服達契亞後，軍隊俘虜了超過五萬名囚犯，當時羅馬帝國的競技場上可能充斥著高大蓄鬍、兇狠殘暴的格鬥士，他們習慣用長而彎曲的劍刃在一擊之下便劈開敵手的頭顱。然後還有變成格鬥士的自由人（除了特殊情況外，比如在尼祿的命令下，四百名元老和六百名騎士必須進行搏鬥），比如，許多前軍團士兵將它視為一種職業，甚至還有些窮困潦倒、又愛冒險的人，或想賺錢的人加入這個行業。有時也會有些女性格鬥士。比方，今天就有四個女人成雙對打。在新皇帝哈德良即位後，將會禁止女性參與格鬥。

但格鬥士裡也有些人有悲慘至極的過去：普通平民欠了債卻無力償還，因而被債主賣到格鬥士學校，這樣債主就能將欠款如數收回。

義大利和帝國全境內有許多格鬥士學校。最著名和利潤最豐厚的學校顯然是皇帝的學校，但還有其他由元老、貴族，或單純是富有投資者所創辦的學校。格鬥士由業主負責訓練，儘管人們痛恨這些業主，但他們卻是這些集體「娛樂」中不可或缺的要角。訓練相當殘暴；格鬥士的生活幾乎像少林武僧般艱困。但與好萊塢的迷思相反的是，他們並非毫無自由。從古代文獻和考古挖掘中，我們得知許多格鬥士要不擁有幸福的婚姻和子女，不然就是與能和他們分享這種職業的苦樂的伴侶結合（她們往往是為

伴侶寫墓誌銘的人）。

許多格鬥士還是能活著撐到職業的終點，也許還留下幾場輝煌勝利的紀錄，比如活躍於第一世紀的馬西摩斯（Maximus），他留有四十場勝利的光榮戰績。這類老將會被贈予一種簡單的木製短劍，象徵他們的夢魘終於結束。從那時開始，他們便自由了，永遠不必再出場搏鬥。他們也不再是業主們的財產。

割他的喉嚨！

在最初的介紹後，格鬥士現在離開競技場，回到圓形競技場的服務區。我們知道，幾位年輕雜役現在正在幫他們穿上護脛、防護袖和頭盔。觀眾鴉雀無聲。整座圓形劇場籠罩在無形的緊張氣氛中。每樣事物似乎都以慢動作進行。

有件事使我們吃驚：沒有格鬥士站在節目策畫者前面，大喊著著名的儀式性宣言，「萬歲，皇帝，那些將死之人向您致敬。」

為什麼沒有這樣做呢？因為這也是從格鬥士衍生出的眾多神話之一。他們沒有人真的說過這句話。它只發生過一次，那是在數十年前，於克勞狄治下，曾在一場海戰開戰前的幾分鐘宣讀。它也帶著某種悲喜劇的效果。克勞狄當時用一句正經八百的俏皮話回應格鬥士的致意；他說了一聲「也許」。結果是，所有格鬥士都將這兩個字解釋為釋放他們自由的命令，因此拒絕戰鬥。克勞狄逼不得已糾正自己，並召來武裝士兵，最後終於逼迫他們展開海戰。

喇叭和號角的聲音響徹雲霄，這相當於我們的擊鼓宣戰。突然間，一連串塵柱從圓形競技場的地面不斷升起。它們看起來就像沙子形成的噴泉。群眾歡聲雷動。當塵埃落定時，彷彿透過

魔法咒語，我們可以看見人類軀體的輪廓。他們是格鬥士，彷若憑空迸出來。實際上，他們是從圓形競技場的地下樓層，搭著許多升降機現身。地板門隱藏在競技場的沙層之下，它們被突然打開，揚起漫天的陣陣沙塵。這是觀眾最喜愛的特效之一。格鬥士成雙成對，立刻開始打鬥。

至少有十二種不同種類的格鬥士，有些甚至會騎馬或駕駛馬車。但我們現在看到的是傳統的格鬥士配對方式，就是群眾最喜歡的那幾種。

有位知名的網人（net fighter）正在和他的傳統宿敵追趕者（chaser）搏鬥。網人配備有著名的網子和三叉戟。追趕者則有個巨大的長方形盾和一個防護袖。但最重要的是，他頭上戴著有兩個簡單眼洞的怪異蛋形頭盔。光滑的頭盔造型有著特別的設計用途：防止被敵手的網子纏住。第一次撒網撲了個空，網子滑落追趕者，掉落地面。兩人繼續搏鬥。

每對格鬥士兩側都有兩位裁判，他們以前也是格鬥士。他們穿著白色短袖長衣，上面有兩條垂直的紅色線條。他們有點像拳擊賽的裁判，義務在讓格鬥士遵守規則。

在一個例子中，我們可以看見他們打斷了兩位挑戰者之間的比賽，後者打扮得像軍團士兵，拿著長盾和短劍，戴著有護頸的頭盔。其中一位的長盾掉落，他們給他時間將它撿起來。

觀眾狂叫著「鞭打他」、「割他喉嚨」和「燙他」等字眼。實際上，真有雜役在旁準備用鞭子抽打，或拿冒著煙的熱鐵塊去「刺激」不願戰鬥的格鬥士。

樂團在競技場邊緣繼續吹奏，突顯最搶眼的打鬥，並為其配樂，就像為默片配樂的鋼琴師一樣。有個女人在彈奏一種模樣古

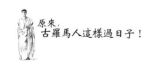
怪的樂器；它很像管風琴，有許多豎立的管子，但尺寸稍小。競技場牆邊直接升起一個小講台，好讓她演奏這個樂器。

　　我們注意到一個奇怪現象：沒有任何格鬥士穿著盔甲；和我們慣於在電影裡所看到的相反的是，他們全都赤裸著胸膛打鬥。只有挑戰者有護鎧。

　　另一個鮮為人知的格鬥士衣著特色是羽毛；許多人的頭盔上滿滿裝飾著羽毛，宛如印地安酋長的頭飾。這細節對他們的形象而言意義重大，這個非常古老的傳統可追溯自羅馬人崛起之前，廣受許多義大利、地中海和歐洲種族和文化的戰士使用。今日，只有義大利狙擊兵裡的輕裝步兵還保留這個習俗。

　　群眾的震耳叫喊讓我們將注意力轉往場內：有位格鬥士受傷了。一位雙刀人（two-knife man）擊傷了一位特拉切（Thracian）。兩人都配備有小型盾和保護性大頭盔。他們配有的短劍使他們得以近身攻擊，但雙刀人還有一項額外武器：一把長矛，可以用來攻擊敵手最脆弱的要害，如他們的臉和眼睛。那位特拉切蹣跚搖晃身軀，舉起一隻手放在頭盔的格柵上，鮮血正從那裡泉湧噴出。這一擊不偏不倚。雙刀人現在停下來等待。他轉向裁判和主事者，即節目的策畫者。特拉切舉起左手，食指向上；他希望獲得憐憫。群眾發出狂喊。有人想讓他活下去；其他人則想看他死。主事者做了個手勢：他被赦免了。他剛一定是打鬥得很精采。

　　格鬥士有許多種請求憐憫的方式：雙腿跪地，舉起左手，放下盾，或甚至站著將短劍放在身後，挺起胸膛。這時，他的對手得停下來。格鬥士畢竟是奴隸。他們沒有殺人的權力。決定權操之在負責組織節目的主事者手中，只有他能決定生死。特拉切在觀眾如雷的掌聲中被帶走。

但一切尚未結束。競技場上還有其他打鬥，而我們像群眾中的許多人一般，為位在橢圓形沙場中央一場特別殘暴的搏鬥所吸引。

雙方展現兩種不同的打鬥模式：一方緩慢，一方則快如閃電。你可以在打鬥中看出來，這場搏鬥不只展現出激烈的拚鬥，兩位格鬥士顯然還痛恨彼此，也許他們早就認識。一位是魚人（fish man），另一位是特拉切。那位魚人堅若磐石，躲在一個方形盾後方。他身軀龐大，強健有力。他的左腿上有個護脛，大大的頭盔有著具保護作用的格柵，看起來像個古怪的寬邊牛仔帽。他的頭盔也有一簇豔麗的羽毛。他鮮少移動；他就像一座坦克。但一旦他的對手試圖靠過來攻擊他時，他便亮出短劍的鋒利刀峰。

他的敵手，那位特拉切，則完全和他相反。他個子較矮，身材削瘦，卻不可思議的敏捷。他有把長方形的小劍，穿著非常高的護脛，大腿上包裹著具保護作用的皮革束帶，他也戴著有格柵的大頭盔，上面有一簇羽毛。讓我們能辨識出他為特拉切的細節在於，他的頭盔頂上有個希波格利夫[註3]的頭形。希波格利夫是種神話動物，半馬半鷲，那位特拉切所採用的戰鬥方式的靈感顯然來自這兩種動物。他幾乎是蹲坐下來，如蛇般扭動著身軀。

他的武器是致命的「夕卡」（sicca），一種彎曲如鐮刀的短劍。為什麼呢？因為它很適合拿來攻擊敵手的側身，給臀部、頸部或腿部致命的一擊。

一位戰技精湛的特拉切確實是位可怕的對手。魚人深知此點。他知道他不能犯任何錯誤。特拉切不斷在敵手面前跑前跑

註3　希波格利夫（Hippogriff）：馬身鷲頭長翅膀的怪物。

後，停下來搖晃著身軀，像貓一樣弓著身子。然後他突然往前一跳，跳到魚人盾上，試圖刺穿他的脖子，準備從右邊發出致命的一擊。魚人連忙低下頭，短劍順著他的頭盔頂端滑下，發出清脆的鏗鏘聲響。群眾沸騰起來，高聲唱頌著「現在刺他，現在刺他」。

特拉切從盾上跳下來，退後幾步，再度展開圍攻。魚人看起來困惑不解。他知道他剛剛擋掉致命的一擊，他很幸運。下一次他恐怕就沒這麼好運了。他陡然往前朝敵手衝去，讓對方措手不及，但他卻失去平衡，手中的盾輕輕搖晃了一下。特拉切明白這是他所等待的時機，再度往前跳，躍上敵人的大盾，確定這次他將能擊出勝利的一擊。

但這是個陷阱。魚人假裝犯錯以誘使他往前跳。當那位身材矮小但敏捷的格鬥士跳上來時，魚人搶在他前面用力將盾舉高，彷彿它是車庫的鐵捲門。特拉切大吃一驚；他突然發現自己半懸在敵人的盾上，後者現在正用雙手抓著盾。轉瞬間，特拉切在激烈的打鬥後被摔到地上。觀眾對突然的轉折歡欣鼓舞。特拉切試圖爬起身，但身材高大的魚人展現令人驚訝的矯捷身手，將短劍往他身側一刺，就差沒刺穿。裁判打斷這場打鬥。每個人都往主事者的方向看去。他緩緩轉頭環顧觀眾，戲劇性十足。但他無法了解人民要的是什麼。

與我們一向以為的相反的是，大拇指朝上或朝下這個手勢並未被廣泛使用，也不普及。比如，在這個案例中便沒有人使用它。觀眾的喊聲大小往往決定了輸家的命運，全場群眾叫喊著確切的字眼：「釋放他」，或是「割他的喉嚨」。

主事者選擇死亡。魚人轉向敵手。特拉切展現不可思議的自

圖12　他突然往前一跳，跳到魚人的盾上，試圖刺穿他的脖子，從右邊發出駭人的
　　　一擊。魚人連忙低下頭，短劍順著他的頭盔頂端滑下，發出清脆的鏗鏘聲
　　　響。群眾沸騰起來，唱頌著「現在刺他，現在刺他」。

制力，挺著喉嚨等待。我們震驚於格鬥士的勇氣和專業，他們在
面對死亡時沒有絲毫恐懼，彷若那是再正常不過的事。魚人將劍
移近特拉切的喉嚨，然後以決定性的一擊刺穿要害。群眾歡聲震
天。贏家拿掉他的頭盔，立即得到獎賞，年輕女孩拿著象徵勝利
的棕櫚樹枝和兩個裝滿金幣的銀盤跑到場上。別的禮物也裝盛在
托盤上拿了上來。他帶著這個獎賞（其中最重要的大獎則是他的
生命），在整個圓形競技場的歡呼喝采中走向出口。他在準確時
機做出精采絕倫的一擊，贏得了觀眾的心，觀眾們將對此念念不
忘。他轉身，對觀眾做最後的道別，便消失在正門的拱門之下。
那裡是贏家的出口。

　　而他的敵手，那位特拉切呢？他氣絕地躺在血泊中。幾位
舞台工作人員戴著卡隆註4面具，穿著特殊衣服靠過來，甚至
還將皮膚都塗上紫羅蘭色。他們用鉤子叉住身體，用鐵鍊將他
拖走，朝著勝利者之門對面的門走去，那門叫做利比蒂娜之門
（libitinaria），而利比蒂娜（Libitina）即為死亡女神。

　　屍體會被帶到四角呈圓弧狀（利於清洗）的特別房間內，剝
光衣服和武器。如果格鬥士在瀕死邊緣，這些戴著卡隆面具的人
會用短刃給他最後致命的一刀。

　　但還不僅是如此。有些屍體會被抽走血。事實上，人們競
相爭求格鬥士的鮮血。它被視為能治療各種疾病的良方，舉如癲
癇，人們鼓勵病人喝下鮮血或將它塗抹在身上。更有甚者，由於
格鬥士的體魄強健，他們的鮮血被視為仙丹和威而剛！許多人從
這類骯髒的交易中獲利。最後，屍體會被丟進城市外的公墓裡。

註4　卡隆（Charon）：神話中引渡靈魂駛過冥河到地獄之神處接受審判的船夫。

當格鬥士是什麼滋味

　　截至目前，我們已經從看台觀賞了死亡的表演。但在競技場中戴著頭盔和在觀眾的歡呼聲中打鬥，究竟是什麼感覺？讓我們試著想像將頭盔戴在一位魚人頭上，而他正在和一位可怕的敵手網人搏鬥。他們以抽籤決定配對對打（網人通常和另一種被稱為追趕者的格鬥士對打）。

　　最後都該歸諸於傳統。魚人象徵性地代表漁夫，配備著網子、三叉戟和匕首，以及魚；murmillo（或 mimillo）這個名字源自 mormyros，在希臘文裡意味著魚，或源自 muraena（海鱔），後者總是躲在岩石間，準備做出致命的一咬（正如同這類格鬥士，他們躲在巨大的盾後方）。

　　當追趕者的戰術基礎是不斷繞著敵手打轉，試圖以網子突襲魚人，使魚人的處境陷於劣勢。他總是得確保敵手處於他的正前方。事實上，魚人的頭盔只能讓他看到正前方，而看不到兩側。再者，頭盔的格柵大大縮小了他的視野，並讓他呼吸困難。那很像美式足球員的頭盔。不妨想像戴著頭盔打鬥是什麼感覺吧：空氣不足，呼吸困難，而且很悶熱。在炎熱的太陽下，燙得嚇人的金屬將高溫傳導到他的頭部。最後，不要忘了頭盔的重量：這類頭盔重約三·六公斤。追趕者的頭盔還更重：四·五公斤！那就像在頭頂上頂著石頭跑。

　　除此之外，你被叫喊聲所包圍，五到七萬人的激動歡呼聲圍繞著你，如雷般的轟隆巨聲迴盪在你的頭盔內，但你卻聽不清楚；更別提裁判的命令、附近格鬥士的吶喊和咕噥聲，不管他們正在搏鬥或受了傷。對格鬥士新手而言，最難克服的艱困障礙之一便是情緒。在這般充滿敵意和重重困難的地方打鬥，需要極大

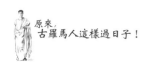

的自制力。

我們顯然仍未提及任何有關格鬥士心理狀態的細節。他知道他的性命危在旦夕。只要一個閃失或一個錯誤，他就會一命嗚呼……但，儘管如此，魚人阿斯提納克斯（Astyanax）仍保持鎮定。他盯緊敵手，敵手的大名如雷貫耳，是位身手不凡且不屈不撓的追趕者，他叫克倫狄烏斯（Kalendius）。追趕者克倫狄烏斯總是讓魚人阿斯提納克保持在他面具的中央，因為他的面甲邊緣限制了他的視野。追趕者繞著魚人打轉、奔跑，魚人則如同被逼至死角的螃蟹般在原地打轉。

這是個真實故事，人物也是真有其人。

追趕者突然停下來，身子縮成一團，彷如他即將改變方向。但這只是虛晃一招；他其實正準備出擊。在毫無預警下，追趕者放鬆身軀，撒出手中的網。在一瞬間，魚人阿斯提納克斯感覺到某種沉重的東西重重落在他身上，好像有人跳到他身上，抓牢他一般。然後，編織粗糙的網出現在他面具前。它是特別定製的網子，當然不是拿來捕魚，而是拿來撒在格鬥士身上，它的重量會使格鬥士動彈不得。這是個致命的擁抱，彷彿一隻活生生的野獸正緊抱著你。

網子也使格鬥士阿斯提納克斯的頭盔歪向一側，他得掙扎著不讓自己的頭歪斜地更厲害。他拚命喘氣，不然便無法呼吸；他感覺頭盔裡的空氣好像都被吸走了。追趕者克倫狄烏斯能聽到敵手深沉刺耳的喘息聲。但他沒有出擊。至少不是現在。他從經驗中得知，他最好再等一會兒，直到被網子罩住的敵手試圖移動，卻被糾纏得更緊，甚至絆倒為止。他得在那個精準時刻出擊。魚人阿斯提納克斯覺得被網子困住，這時，他想起身為魚人與前格

鬥士的訓練師的告誡：彎下膝蓋，稍微舉高你的劍。這會創造出一種低矮的「茅屋」，縮小追趕者的三叉戟的攻擊開口。他於是這麼做，但想在網子拖著他往一個方向傾斜的狀況下並不容易辦到。

追趕者的第一擊來自上方，他瞄準肩膀和喉嚨之間，因為他知道網子的重量會讓魚人放低手中的盾牌。魚人阿斯提納克斯突然感覺到肩膀傳來一股刺痛。鋒銳的三叉戟如閃電般穿過網眼，給了他迅速的一擊。訓練師建議他採用的「低矮」位置救了他一命。他所穿著的防護袖也幫助他擋掉這一擊。裁判認為這傷口不足以中斷打鬥，即使鮮血已經開始從他防護袖的金屬鱗片裡流了下來。

觀眾注意到一些紅色血光，歡騰起來。但兩位格鬥士並未聽到周圍的吶喊聲，因為他們的注意力過於集中，神經繃得太緊。追趕者又開始繞著魚人打轉，想讓他暈頭轉向。魚人阿斯提納克斯持續讓追趕者保持在他視野中央。他知道他已經擋掉第一次攻擊，但在他背上的重量如此之重又無法動彈的情況下，他還能撐多久呢？

追趕者利用敵手動彈不得的窘境，改採另一個狠毒的招數。他要假裝從高處再做另一次出擊，魚人會趕緊舉高他的盾牌，然後他會將三叉戟從下方刺穿敵手較後方的腿，就是那隻沒穿保護性護脛的腿。他開始發動攻擊。如他所料，魚人舉高盾牌，讓身軀的一側整個暴露出來。追趕者迅速抽回三叉戟，從下方攻擊。魚人看見他改變攻勢，立刻轉到一邊，這在他頭盔已經歪斜的情況下，很不容易辦到。但這招有用，三叉戟撲了個空！局勢突然轉變。魚人阿斯提納克斯猜到情況不對勁。追趕者不斷用他的三叉戟往前戳刺，快速前後走動。有那麼一剎那，魚人阿斯提納克

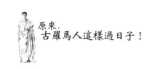

斯深恐自己已被戳中，但因為氣氛過於緊張，所以他感覺不到疼痛。追趕者則繼續亂砍著他的魚。

還不僅如此。他可以感覺到網子的重量從四面八方襲來，他恍然大悟。由於試圖做出完美的一擊，追趕者克倫狄烏斯將三叉戟戳進網眼中，現在它卡住了。現在他被自己的網子纏住，沮喪地想抽回三叉戟卻辦不到；反之，他越急於將它抽回來，它便被纏得越緊……追趕者被他自己的網子困住了。魚人阿斯提納克斯知道這是他的大好良機，也許是他能拯救自己的唯一機會。他用力向後退了三或四步，一路拖著追趕者，後者在盛怒中只想著要將三叉戟抽回來。然後魚人猛吸一口大氣，用盡所有力氣撲到追趕者身上。魚人阿斯提納克斯一等到自己的盾碰撞到克倫狄烏斯的身體，立刻用短劍刺他。他全憑直覺出擊，從他的盾傳回來的衝擊力道來估算敵手的位置。多年來的訓練總算沒有白費。短劍宛如銀白色的爪子般從網眼中刺出。群眾看見銀光一閃而過，然後消失無蹤。每個人看到的下一個景象是追趕者躺在地上，像被擊倒的拳擊手般，臉上帶著驚愕的表情。他試著用手臂重新撐起身子，想站起來，卻莫可奈何。他右側大腿內側有個大傷口，鮮血潺潺噴出。血液不是鮮紅色，而是暗紅色。一大片鮮血染紅了競技場地面。

阿斯提納克斯已經準備好要再度出擊，並且蓄勢待發；飆升的腎上線素讓他無從感覺到網子的重量。他的生存本能，而非大腦，現在正在對他的肌肉下達指令。他差點沒聽到一位裁判正狂吼著要他住手。他霎時停下來，喘著大氣。在觀眾看來，他的頭左搖右晃的方式彷彿他正在試圖「咬住」他周遭的空氣。當他的呼吸稍稍恢復正常後，他盯著躺在地上的敵手。敵手臉上依舊帶

著那抹詭異的表情，他想他這輩子都將無法忘懷這個景象。但那雙眼眸中還帶著別的訊息；一個幾近命令的請求。追趕者將匕首遞給他。也許那是在極度絕望下才會希望對方做出這樣的憐憫方式。但這不是阿斯提納克斯能做的決定。這也不是裁判能做的決定。裁判伸直手臂，豎起大拇指，詢問主事者該怎麼辦。判決是死亡。阿斯提納克斯於是走近他。他的敵手現在了解大勢已去，遂舉高脖子。短暫的微風吹拂他的頭髮，彷彿生命的最後愛撫。然後是一陣無法忍受的劇痛，一切歸於黑暗。

這個插曲忠實地記錄在阿庇亞大道上所發現的一幅馬賽克中，現在則保存在馬德里國立考古博物館。

但結局總是如此嗎？事實上，格鬥士在競技場上慘死的情況，似乎比死刑犯遭到處決或奴隸在戲劇效果或狩獵中遭到殺害的案例要來得少。有數種原因導致如此。首先，栽培格鬥士需要積年累月的時間，因此太快失去他便意謂著浪費多年心血。再者，格鬥士對訓練他們的業主和節目策畫者來說都很昂貴，後者在格鬥士死亡時，還得支付高額的賠償費。因此，在策畫者比出大拇指朝下時，他心裡可是在淌血。

更何況，我們不該忘記賭博事業和許多冠軍所享有的粉絲支持團隊，冠軍們出於明顯的理由，「得」繼續活下去。總而言之，尤其在我們所探索的時代裡，很多格鬥士可能都以雖然打敗但卻得到活路的結果，來結束他們的職業生涯，而打鬥至死的案例儘管肯定時有所聞，卻一定比我們所相信的還要少見。

16:00
受邀參加晚宴

　　快要傍晚了。現在羅馬在發生什麼事呢？商店自午餐時間起就幾乎全關門了。羅馬廣場空空蕩蕩，除了幾名在打掃地板的僕人外，大家都已經離開巴西利卡。在元老院，從頭頂的大窗戶流洩而入的陽光，默默照在好幾長排的空椅上。人們正離開浴場，緩緩漫步前行，在按摩後身心都得到放鬆。甚至連圓形競技場的群眾都在觀賞完他們最引頸期盼的最後幾場打鬥後，準備離開。

　　在此刻，所有的羅馬和帝國居民都在準備前往一天中最後的重要約會：晚餐。但為什麼這麼早呢？

　　基本上有兩個理由。當時還沒有電，所以最好趁還有天光時進行活動。從某種意義上而言，人們的日常生活遵循著太陽的起落；人們在破曉時分起床，在日落不久後上床睡覺。晚餐也在太陽完全消失前結束。這使得賓客能趕在街道完全變暗和危險前回家，儘管許多晚宴也持續到深夜。（尼祿的晚宴狂歡到午夜，崔瑪西翁註1的則至黎明。）

　　第二個理由則十分實際。如同我們所討論過的，在帝都羅馬中人們時興吃三餐：早餐、午餐和晚餐。早餐很豐富，午餐很簡

註1　崔瑪西翁（Trimalcione）：佩特羅尼西斯（Petronius, 27~66）著名的小說《愛情神話》（*Satiry*）中的主角。

單。這自然會使人們在早餐過後九個小時後，也就是下午過到一半時便飢腸轆轆。晚餐能滿足人們的胃口，並且讓人們熬過沒有食物的漫漫長夜。因此，對羅馬人而言，晚餐的時間隨季節而有所改變：在夏季是第九個小時，在冬季則是第八個小時。

但羅馬人在傍晚時都吃些什麼？我們的腦海中都有從電影看來的奢侈晚宴的刻板印象。但實情果真是如此嗎？讓我們去一探究竟吧。

羅馬人常辦晚宴，比我們和朋友共進晚餐還要稀鬆平常。那是種習慣，或更精確來說，幾乎是種社會習俗（想當然爾，只有那些負擔得起的人才會辦晚宴；對公寓大樓的房客而言，則是非常不同的故事）。

出於直覺，我們傾向於認為舉辦晚宴是為了社交、放鬆和玩得開心。這倒不假，但大部分的晚宴是拓展人脈的社交管道，藉以認識別人和在這種場合露露面，炫耀你的社經地位和舒適生活。晚宴往往是公關晚餐，以便和重要人士培養良好關係，交涉政治或商業聯盟等事宜。一言以蔽之，晚宴不僅是晚餐，它比較像最近幾個世紀以來所謂的「沙龍」。

我們在思索著這些事情時，進入了一條為午後陽光斜照的街道。我們正站在一棟公寓大樓的門廊下，在早晨的壅塞後，現在詭異地杳無人煙。所有的店鋪都用木板封閉起來了。

我們注意到在門廊盡頭有些移動的人影。從後方照射而來的陽光，在他們黑色輪廓的周遭創造出朦朧的金色光環。我們從短短的短袖長衣辨識出誰是奴隸，從飄逸的長袍辨識出誰是主人，後者正由他的妻子陪伴著。這對夫妻正在僕人的攙扶下，進入兩

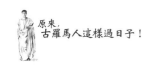

座轎子裡。我們仔細打量了男人的紅髮，在陽光的照射下就像燃燒著一般。

等到女人要上轎時，陽光穿透裹住她身軀的長披肩。只有絲綢會如此透明 —— 作為富裕女性拿來炫耀和誇示的真正地位象徵。我們在她一側肩膀上，瞥見金色別針的光芒一閃而過。這對夫妻的穿著絕對是優雅大方的。我們正在尋找受邀參加晚宴的人，而我們找到了。現在我們只要跟在他們的轎子後方，便能解開古羅馬晚宴的祕密。

短短的行列離開公寓大樓的門廊，就好似兩艘離開船塢的帆船。奴隸沿著人行道邊默默立正站好，目送主人離開，然後轉身回家。只有一位站在門檻上，然後坐下，他是守燈人。他拿著一條毯子、些許食物，和一盞油燈。他將在前門等待，直到主人返家。當他看見主人時，他會為他照亮前路，陪他進入屋內。我們離開這位守燈人，緊跟上兩座轎子，往前邁進。

走過城裡的大段路程時，我們發現它已改變風貌。它的街道現在變成類似我們大城市的環形公路。現在是尖峰時刻，每個人都想趕回家；你從他們急忙的步伐和匆忙的眼神可以看得出來。

我們於今早所看見的熱鬧活動已然不再。甚至連空氣都有所改變。到處都可以聞到燃燒木柴的氣味，這顯示在我們周遭有數以千計的火盆上正烹煮著煮食物。

某些巷子裡的空氣循環不良，可以看見輕薄的霧靄緩緩飄盪，有時你的眼睛甚至會被熏傷，這意味著火焰正燃燒著動物的乾糞，也就是所謂的「窮人的柴薪」。

轎子隊伍由兩個男人在前領頭，一個手拿枴杖，另一位提著點燃的油燈。在行列尾端，有個男人負責警戒護衛。

我們到了。這一小群人停在一扇非常高雅的大門前。晚宴肯定是在此舉行。

晚宴

我們必須在進入舉辦晚宴的多穆斯前澄清一件事。羅馬人其實並未花許多時間在桌邊狂歡和饗宴。這是個遭到廣泛流傳的錯誤迷思。羅馬人注重簡單，吃得很少；而且他們在食物方面相當節制和嚴謹。

當然有些例外。社會上有一部分的人的確熱中於舉行奢華的晚宴。我們在這裡談的是羅馬的少數統治階層。他們是由以某種方式享有政治、商業和經貿權力的人所組合而成的團體。因此，他們不僅包括貴族家庭和元老院元老以及騎兵團代表，還有在社會階級中努力往上爬、受到解放的奴隸。

如同我們說過的，這些晚宴對菁英階層而言是基本的社交機制。但對其餘百分之九十的羅馬居民來說，晚餐不過是非常簡單的一餐。

門環的叩門聲在多穆斯的玄關處迴響，並迴盪在偌大的前廳內。負責前門的奴隸準備打開大門。他推開那兩扇門時，看見前面地上有兩座講究的轎子。男人和女人下轎時都相當拘謹守禮。一只矮凳放在他們跟前方便踩踏，此外還鋪著一塊地毯。這對夫妻以尊貴的步伐緩緩下轎。兩人一進入前廳，便隨著帶路的奴隸前進。就像在多穆斯裡一樣，這裡也有一道長廊通往美侖美奐的前廳，前廳裡則有個收集雨水的承雨池。但在此，每樣事物的規模都較為巨大。事實上，這裡是羅馬最寬敞的多穆斯之一。它以

其寬敞的內院而聞名，一道長柱廊環繞著花園。花園裡有座大棚架、幾座噴泉、道地的希臘和波斯青銅雕像，和一片有數對孔雀悠遊的小樹林。

當他們抵達前廳時，這兩位賓客（如禮數所要求的那般）交出他們的餐巾，被帶入座。晚宴主人的幾位奴隸為他們脫鞋，並開始用芳香的水為他們洗腳。值此同時，女人悄悄打量著承雨池，尋找日後能供她和友人品頭論足的缺點，或是可以模仿的好點子。柱子間掛著長長的紅色帷幔，幾乎都像圍巾般優雅地紮起來。水面點綴著玫瑰花瓣，呈現小型星狀花樣，經微風一吹，便隨意變換成各種圖案。漂浮在水面的還有幾盞天鵝型的油燈，燈中的幾簇火焰反射在水面上，瑩光閃爍動人。女人將會在她的下一場晚宴中模仿這個非常具有原創性的點子。

反之，她的丈夫正盯著空無一物的地方。他也許正在思索某些要對晚宴主人說的應酬話。這位元老緊急召見他，甚至為他保留最後受邀的角色，這份殊榮可能意在換取他的經濟協助或政治支持。考量到他現在於中東動物貿易的穩固地位（這使得他能進口稀罕的動物，如老虎和犀牛），他的晚宴主人可能是想策畫在圓形競技場舉行的某些節目，並想以優惠的價格買到一些野生動物。

受邀的兩人繼續走向晚宴廳。路線故意設計得彎彎曲曲，如此一來，主人才能向賓客炫耀房子裡最重要的特色。如被人帶領著的短程導覽一般，兩人經過保險箱前，然後走過辦公室的精緻馬賽克，那裡也展示著一項歷史遺物：漢尼拔註2副官的一把劍，「也有可能是漢尼拔的劍」，那是元老的祖先在札馬註3戰場上和

註2　漢尼拔（Hannibal, 248 BC~183 BC）：迦太基指揮官和軍事家，以歷史上最足智多謀的指揮官著稱。

史西皮歐並肩作戰時所撿到的劍。每次的停留點似乎都很不著痕跡，而他們的嚮導，即管家奴隸的解釋都極為扼要簡單，但他字字全經過審慎推敲，魄力十足。在這棟多穆斯的桌子上慣常擺放著銀罐和銀盤，彷彿展覽無價之寶般巧妙地展示著。

剛開始遙遠而模糊的音樂聲變得越來越清晰，預告這對夫妻他們離餐廳越來越近了。最後，他們出現在那座頗富盛名、仍在陽光下閃閃發光的內院。他們可以一眼望盡它所有名聞遐邇的驚奇。那女人為一位年輕男子文風不動地站在花園中央所展現的陽剛美而感到震懾。再走幾步後，她才察覺那其實是個希臘英雄的青銅雕像，有著飄揚的頭髮、閃亮的銀白牙齒，以及用銅合金製成的鮮紅嘴唇 —— 無庸置疑，這是由元老另一位顯赫的祖先從希臘帶回來的藝術傑作。

轉過這個私人迴廊庭院的最後一個角落後，餐廳最後映入眼簾。它位於花園的一側，豪邸中的這個房間完全對著這片蔥綠靜謐的綠洲敞開，雕像就位於視野中央。餐廳非常寬敞，描繪神話場景、田園地貌和假建築的濕壁畫布滿所有牆面，還有許多香氣四溢、五彩繽紛的花環。房間中央有個低矮的圓桌，早已放好銀杯和開胃菜，賓客已迫不及待開始品嚐了。

賓客們都斜倚在餐廳裡著名的三張躺椅上，躺椅在桌旁排成馬蹄鐵狀。躺椅為極度優雅的天藍色，每個座位上都擺放著黃色的大枕頭。躺椅稍微傾斜，靠桌的那側較高，因此客人可以一眼望盡菜色。

地板上的馬賽克則呈現傳統的餐廳場景。它複製剩餘的魚、

註3　札馬（Zama）：西元前二〇二年，第二次布匿戰爭以此次具決定性的戰役，打敗漢尼拔領導的迦太基軍隊。

龍蝦、貝類和骨頭的景觀——簡言之，晚宴的殘羹剩菜被象徵性地重現在地板上。

餐廳不僅是間飯廳。它的各個部分代表了整個世界。天花板是天空，為餐廳躺椅和賓客所圍繞的桌子是大地，地板則代表死者的世界。房間外面，在柱廊的一個角落，五位樂師正用長笛、七弦琴和鈴鼓演奏悅耳的背景音樂。

管家奴隸做出一個手勢，樂師在那對夫妻抵達時，演奏起莊嚴隆重的樂曲，幾乎就像結婚進行曲。和他年輕妻子慵懶地斜躺在躺椅上的那位元老，舉起一隻手，綻放出燦爛的笑靨。所有賓客停下交談，打量著他們。賓客由年齡各異的男女組成。我們的客人在其他賓客中一眼認出城市行政長官的祕書，他是掌握圓形競技場節目舉辦特殊決定權的關鍵人物（甚至比他的上司更為重要）。他有位風華絕代、有著北歐人五官的妻子。她一頭金髮，但也許是染的；她的髮型走在時代尖端，梳成高高的「火焰」形狀，可能是假髮。一個肥胖臃腫的女人有著一頭黑髮，臉上化著濃妝，嘴唇豐滿，嘴上方還點了一顆假痣，身體幾乎占掉半張躺椅。她的髮型令人瞠目結舌，甚至比那位北歐女士還要誇張，是一頂貨真價實的「教皇三重冠」，綴滿了金子打造而成的星星，甚至還鑲有寶石。她用短而尖的手指心不在焉地把玩著垂掛在頸部的大型金墜飾。

管家奴隸宣布了賓客的大名和頭銜。許多人依照禮數裝出稱許和開心的表情。

在元老的示意下，兩位僕人為這兩位新賓客指出餐廳裡早為他們保留的座位。好消息是男人就坐在元老左邊，那是貴客的位置。壞消息是他將坐在那位肥胖女人的大團肥肉隔壁。他已經想

圖13　富有的羅馬人常舉行為時六到八小時的晚宴。這是人們露臉的機會，並在其
　　　間交涉政治或商業聯盟事宜。這些晚宴比較像「沙龍」，而非單純的晚餐，
　　　其中那些美味佳餚，舉如牡蠣、烤火鶴和隨人暢飲的酒，使人愉快無比。

像得到他所能移動的空間將極為有限，以及他鄰居身軀會傳來的
體熱，彷彿這樣還不夠慘似的，他將會聞到她為遮掩她的體味所
噴的濃烈香水陣陣襲來。他懊惱地察覺，他將無法聞到食物的味
道，並且會食之無味。

　　反之，他的妻子運氣較好。她將會躺在一個有著友善臉龐的
女人和一位英俊男人中間，她後來發現，後者是元老的侄子，正
從東方前線回來休假，他在那跟隨圖雷真打仗。他有許多精采的
故事可講 —— 大部分是戰爭故事，但也有些八卦（每個人都想

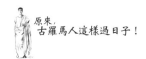
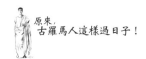

聽）。

兩人各就各位後，兩位奴隸走近賓客，替他們洗手，他們所使用的水散發著玫瑰花瓣的芳香，然後用刺繡精美的亞麻手巾將手擦乾。

人們在晚宴裡都聊些什麼？討論政治議題被視為不識大體。而所有其他話題都可以討論，包括說說玩笑和俏皮話，談論詩歌也是得體的，有點像我們的正式晚宴。

一位穿著非常講究、蓄著白色山羊鬍的奴隸出現，宣告晚宴就此開始。他是位受過教育的奴隸，為元老的孩子的老師；現在他年紀大了，負責現身在各類場合，背誦希臘和拉丁詩歌，為晚上的活動增添文化氣息。有時他背誦的詩歌聞名遐邇；有時則是他個人的創作，這類創作總是吹捧著他的主人和賓客。他的口音洩漏了他的希臘出身，樂師則以七弦琴為他的詩歌伴奏。

他的詩歌是奴隸開始上前菜的訊號。

轉眼間，大家都停止聆聽詩歌，將注意力集中在上菜的奴隸上，他們托著大型托盤，上面裝滿堆成圓錐狀、還在冒煙的食物。它們看起來就像是成排的小火山。

負責上菜順序的奴隸皺起眉頭，挺起胸膛，宣布前菜的內容：「塞著海膽的母豬乳頭！」賓客們大吃一驚，但滿心歡喜；這是首都晚宴派對中最著名和最受歡迎的菜色之一，它融合了豬肉的甜味和海膽卵的海味。僕人們將盤子和高腳杯放在桌子上。

當賓客開始開心品嚐這道美味佳餚時，其他奴隸則到處走動，在高腳杯裡倒滿葡萄酒。搭配冷菜的酒總是非常特別：那是混合了蜂蜜的葡萄酒。

羅馬晚宴有點類似演奏會的節目單，菜餚經過精挑細選。所

有賓客都知道，他們今晚所要品嚐的晚宴將讓他們終生難忘。這位元老以他晚宴的精緻和奇特著稱。在其他宴會裡，他曾端出大量牡蠣、睡鼠和火鶴。但他也曾創造出排成魚狀的母豬陰戶，和泡在蜂蜜醬裡的蒼鷺舌頭這類菜色。有次，元老命人端出塞滿活鶇的龐大母野豬，豬的周遭圍繞著吸奶的麵粉小豬，這道怪菜驚動四座。

我們知道，一場精采的晚宴能夠持續六到八個小時。在現代，唯一與之相似的場合是婚宴（或在我們的祖父母時代是農場家庭的假期午餐）。不妨想像你一個禮拜得參加兩或三次婚宴。如果你屬於羅馬的上流階級，這往往是每年某些特定時段你必須參加的次數！

但他們是怎麼進食的呢？歷史文獻曾流傳下他們的用餐姿態：身子側躺著，左手肘靠放在枕頭上，左手端著盤子，右手用來將食物塞進嘴裡。賓客並排躺著，沒穿鞋子，赤裸的腳丫經過清洗。

但這不會不舒服嗎？我們可能做不來，因為不習慣。我們的左手臂很快就會麻木；而背部以那種姿態彎曲一陣子後則會痠痛不已。我們的胃很快就會被填滿，給我們吃飽的錯覺。

但羅馬人習於如此進食。對他們而言，這是種高雅優越的象徵，是在官方或重要晚宴上必須嚴格遵守的一般禮節規範（就像在今日，良好餐桌禮節要求我們避免把手肘放在桌子上，或像拿匕首般握著叉子）。無論如何，若是和朋友共進晚餐，氣氛會非常輕鬆，不會如此正式。人們會不斷改變躺姿，從一隻手肘換到另一隻手肘，或是靠在兩隻手肘上，轉身和躺在後方的人交談。最初，妻子並非躺著吃飯，而是坐在丈夫身旁的椅子用餐。但在圖

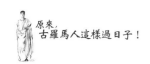

雷真時代的羅馬則並非如此。唯一仍坐在小凳子上，坐在父親旁邊吃飯的是小孩。

最近的研究顯示，考量到胃的形狀，以那種姿態進食反而有助於消化。這是個有趣的發現，但我們認為，只是因為實用而發展出這個姿勢的假設比較合乎邏輯。實際上，用左半身斜躺著，能讓我們較慣用的右手空出來。其餘問題僅在於習慣而已。

第一道菜上菜。大型托盤上放了許多塞滿魚子醬的龍蝦。它們沿著刨冰形成的火山邊排放。宛如高腳杯的火山口，放置了大量牡蠣。海鱔則泡在熱騰騰的醬汁裡，在這個海洋火山周遭形成一條環帶。

我們必須說，這種以相當低俗的風格所裝飾的烹飪菜餚樣式，可說是羅馬晚宴的特色。

這個沉重的結構幾乎高達一公尺，得靠三位奴僕合力才能抬過來，但它引發了連連讚賞。

而賓客們則使用什麼樣的食器來吃這些食物呢？羅馬人還沒發明叉子（叉子是可追溯自文藝復興時期的義大利發明，最初出現在佛羅倫斯）。羅馬人什麼都用手吃。但畢竟，如歷史學家卡科皮諾所言，「直到現代都還那麼做的是法國人。」

事實上，即使叉子還不存在，每位賓客都有供他們使用的刀子和湯匙，包括老式的勺子，和類似小孩用的茶匙的小湯匙。另一種湯匙有著尖尖的把柄，用來挖蛋和貝類。

必須一提的是，正因為當時沒有叉子，所以羅馬烹飪的習慣是將食物切成小塊，在上桌前便切好成一口一口的份量。那是為何你到任何地方吃飯，甚至是飯館，你也能看到很多肉丸、肉串

和肉塊等等的原因。就某種意義上而言，這類傳統仍舊不變，保留在那些假設你會用手吃飯的國家的傳統烹飪裡，舉如印度、北非等等。比如，當他們在摩洛哥的家中端上小米（couscous）時，每個人都圍著一只大盤子，坐在座墊上一起吃飯，這使你不由得聯想到羅馬晚宴的氣氛。

顯然用這種方式吃飯的話，你的手馬上會因沾上醬汁或調味料而弄得髒兮兮。因此，奴隸們得不斷在賓客的座墊旁來來回回，從銀罐中倒出芳香的水到賓客手中，然後再用乾淨的毛巾擦乾他們的手。

另一個不可或缺的工具是牙籤，如同我們在本書開頭時曾提到的，它有數種用途。我們現在就可以看到其中一種用途。一位賓客，一位理著平頭的男人現在正小心翼翼地用牙籤的彎曲尾端清理牙縫，牙籤上雕飾精美。現在他換邊，將狀若小手的另一端塞進耳朵裡。他好好地轉了牙籤一下，再拉出，漫不經心地看著他挖到的耳垢，用手指將它捏起來，搓一搓讓它掉到地上。

當賓客聆聽著元老說著色情笑話時（在每個笑話結束時他們必須大笑），晚宴的複雜機制仍繼續往前轉動。一名奴隸正為下道菜擺設盤子。他是位菜餚的「編舞者」（structor）。一旦笑話結束，樂團以極為細膩的準確度立即再度開始演奏（樂團在主人講笑話時也盡責地保持安靜），這位奴隸便叫第二道菜上菜。

賓客們仍然滿嘴是飯，但他們熱忱歡迎這個令人高興的轉變。一個裝飾精緻的大盤子風光上場，上有番紅花和蛋攪拌成的黃色醬汁，它模仿沙漠的沙，中央是某種冒著黑煙的怪異物體。原來這些是駱駝腳！這是道真正的羅馬佳餚，受到無數晚宴客人的喜愛。老實說，它們不是駱駝腳，而是單峰駱駝的蹄子，拜波

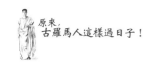

斯國王岡比西斯[註4]入侵埃及之賜，單峰駱駝最近才引進北非。但它們也在羅馬晚宴和羅馬食譜中找到一席之地。

羅馬人的味覺

這道賓客迫不及待開始享用的菜餚（黃色汁液已經開始流下他們的手腕），給我們一個機會簡短討論羅馬人的味覺。它的特色之一是甜味（蜂蜜）和鹹味不斷交錯，主菜和甜點都是如此。有時兩種口味會混合在一起。但最令人驚訝的是羅馬人偏愛香料味很重的菜餚，大量使用調味料、香草和香料。今日，我們可在印度和地中海烹飪中看見這類料理方式的痕跡，而在這個晚宴中，他們所端上來的菜餚看起來就是如此。但將羅馬烹飪視為與我們的烹飪截然不同並不正確。實際上，他們的基本要素與我們今日所使用的無分二致。

儘管如此，我們的菜餚中幾乎完全缺乏的層面是味道的重疊。我們認為烹飪藝術是不同味道的和諧組合。但對羅馬人而言，則有個更高的層次。如果你拿一種口味或味道，將它加入另一種味道內，你將會創造出一種與前兩者迥然大異的全新味道。

我就曾親自體驗過。當我品嚐一份由幾位研究羅馬美味和烹飪習俗的「考古學者」專家所重新創造的前菜時，便對此有所感觸，這些人士隸屬於一個有著迷人名字的協會「晚宴的藝術」（Ars Convivialis），專門探索古羅馬菜譜（在晚宴中有考古學家在每道菜端上桌時向你解釋來龍去脈）。當你咬著一片烤過的羅馬斯佩爾特麵包（spelt bread），沾著濃稠的瑞可達乳酪和大蒜時，你會嚐到

註4　岡比西斯（Cambises, ?~522 BC）：統治期間為五三○至五二二年。為大流士之子，波斯帝國皇帝，五二五年征服埃及。

非常獨特的口味。若能再喝上一小口乾白葡萄酒，彷彿透過魔術般，它會帶出另一種味道，與前面的味道完全兩樣。

透過這類烹調方式，烹飪就有點像以交響樂團的無數元素來製造音樂一般。而最廣受喜愛的樂器之一，有個非常著名的名字：魚醬。

魚醬是什麼呢？那是晚宴中使用最為頻繁的醬料，有點像美乃滋和番茄醬。事實上，若以美味的程度而言，將它與我們珍貴的義大利黑醋相較更為妥當。但它的源頭截然不同。如果聽到魚醬的製作方式，你會不敢恭維。依場合不同，將魚（鯷魚、鯖魚等等）的內臟取出，或使用整條魚，然後放在醋汁裡醃製幾天。這過程的產品再經過蒸餾，然後以各種篩子濾篩，每經過一次濾篩便到得更加精緻和昂貴的魚醬。它的味道非常難聞，而羅馬時代的偉大美食大廚阿皮修斯註5建議人們先用月桂樹或絲柏木將其加以煙燻，然後再調入蜂蜜和新鮮葡萄酒。

但魚醬嚐起來味道如何？今日重新創造的魚醬，味道比橄欖油還要濃稠，嚐起來像鯷魚醬。如果你能想像我們如何在義大利料理中使用鯷魚醬，或甚至鯷魚本身的話，你就能了解為何那份過度的鹹味會讓羅馬人深深著迷。

另一個羅馬烹飪的特色是，人們強烈偏好柔軟的食物，而非酥脆的口感（比如，肉類在烤前一定要經過水煮）。希臘人總將水煮的肉類視為非常粗劣的食物，他們曾習於用一種表達蔑視的綽號稱呼羅馬人：「吃水煮肉的人」。

肉類是羅馬烹飪中的重點之一。除了做成烤肉串和燒烤外，

註5　阿皮修斯（Apicius）：生卒年不詳，一世紀的古羅馬美食家。

肉還被絞碎，並佐以各種內餡一起吃。因此，肉丸開始出現在你的餐盤上；或者，也許是灌滿各種動物通常會被丟棄的部位（內臟、軟骨等等）的豬腸子，這讓我們聯想到香腸。如果你知道在帝都羅馬可以找到一種非常類似今日的義大利香腸的話，一定會非常吃驚：古羅馬人稱其為 luganiga 或 lucanica。它們由絞碎的煙燻牛肉或豬肉製成，混合了許多香草或香料，如小茴香、胡椒、荷蘭芹或香薄荷。然後再在這碎肉中加入松子和豬油，便成為一道道地的美味佳餚。另一道我們所熟知的佳餚是鵝肝，它早在羅馬時代就已經是非常受歡迎的菜色。

元老的廚師的祕訣

晚宴在評論、笑話、猜謎，甚至一項小摸彩等活動中繼續進行。悅耳的背景音樂持續伴奏。但宴會主人有取悅賓客的義務。他彈了一下手指，樂隊便奏起一段節奏鮮明、主要以手鼓伴奏的曲子。突然間，兩名雜技演員出現在中庭柱廊一側，開始表演出眾的平衡動作，不斷扭曲著身軀，賓客看得很開心，熱烈鼓掌叫好。隨後上場的是幾位小丑，他們用笑話、插科打諢和馬戲團伎倆逗得賓客開懷大笑。

我們不妨想像自己斜靠在晚宴的躺椅上，花園看起來像個小劇院，柱子、樹木和雕像宛如背景和側幕。今日，我們會說它看起來像綜藝節目的布景。

但，值此之際，廚房裡發生了什麼事？誰在裡面工作？最重要的是，誰準備了這些風味絕佳的菜色？我們不妨離開正對著小丑所表演的鬧劇放聲大笑的主人和賓客，潛入廚房一探究竟。

廚房離此不遠，而就像在每個多穆斯裡一樣，它並不寬敞。

這是為何在今晚有部分通道也被占據的原因。廚房裡的氣氛不像餐廳的那般開心。這裡呈現緊張的氛圍；所有的菜餚必須完美上菜，並滿足所有人，尤其是主人的要求。

我們觀察一位僕人，發現他正在完成今晚兩道烤肉菜色的其中一道。那是火鶴。當他在做最後修飾時，他正告訴一位偷偷溜進廚房的元老的孫子，準備這道菜的祕訣。顯然沒人敢趕走那個孩子。而對我們而言，這是發現廚師祕密的大好機會。因此，我們發現，火鶴先經過除毛、清洗和捆綁，然後牠們被放在很深的砂鍋裡，浸泡在略鹹的鹹水中。廚師會加入蒔蘿和一滴醋，然後放在文火上烹煮。當肉開始變得軟嫩時，他們在水裡加入一些麵粉，用勺子攪拌，這樣水就會變成濃稠的醬汁。這時，他們再添加一些香料，最後，他們將肉放在大型托盤上，倒上醬汁，再加入一些椰棗。「這是帝國境內的晚宴都會端上的著名火鶴料理，」僕人繼續說。「這和我們煮鸚鵡的方式一模一樣！」小男孩的眼睛因驚訝而大睜……

火鶴由幾位僕人端上桌子。我們大老遠就可以聽到賓客的驚嘆聲。

但廚房的緊張氣氛一如往昔。

「塞餡的雞！燉野兔！一鍋魚！」一個奴隸在我們身後大叫，掀開三只砂鍋的蓋子。這些是備用的菜餚，以預防晚宴需要更多出人意料的菜餚。

這項為出奇不意的菜餚所做的事前準備，顯示廚房作業完全在一位真正的專業廚師的控管之下。希臘文指稱他為magirus，照字面解釋是烹飪的「大祭司」，有點像手下有助理廚師的大廚。

事實上，任何富有的主人都能在羅馬廣場租到一名廚師和他

的人馬。但,當你進入一位重要人物,如元老的廚房時,情況就有所不同。這些顯赫的家族有自己的廚師,他們也有私人糕點師傅和麵包師傅。

元老的大廚相當知名,現在,我們看著他對助手下達指令。

但這位味覺魔術師的祕密是什麼?廚房裡井然有序,每個人的位置和移動似乎都遵循著早就謹記於心的腳本。我們不由得有置身於手術室的感覺。

一張桌子上放滿了香草和香料:薄荷、芫荽、大蒜、荷蘭芹、小茴香和月桂。我們可以確定的是,美食大廚阿皮修斯曾建議,這些香料可用來「提升絞肉的美味,並與其混合得天衣無縫」。但它們還有另一項功能。

實際上,羅馬烹飪中使用大量不可或缺的香草和香料,是為了掩蓋肉(和魚)的臭味 —— 這是缺乏冷凍技術和防腐手法下,令人不愉快的結果(我們幾乎早就忘了這點)。

我們繼續觀察食材時,注意到桌上缺了某些對我們而言非常重要的材料,舉如:番茄、馬鈴薯、豆子、玉米(連帶還有玉米油)和巧克力 —— 拜哥倫布之賜,這些材料,比如火雞,都將在新大陸被發現。羅馬人也還不知道莫澤雷勒乾酪,因為它是以亞洲水牛的牛奶製成,當時也還未引進義大利(進口它的人可能是倫巴族人註6,他們在中古時代前期入侵義大利半島)。茄子也一樣,由阿拉伯人在中古時代引進義大利。

不妨想想,這是種義大利烹飪,卻缺乏其眾多的特色食材和菜餚,我們不禁感到奇怪。

註6　倫巴族人(Longobards):五六八年攻入義大利北部,建立王國的日耳曼人。

　　既然沒有莫澤雷勒乾酪和番茄，當然就不會有披薩這項發明。義大利麵和各種種類的通心粉尚不存在，它們將在中古時代的義大利研發出來（就各類文獻顯示，那是早在馬可字羅去中國以前的事）。義大利麵是種義大利發明。中國將在義大利麵之外，完全獨立發展出自己的麵食版本。

　　我們走到主廚身旁，他正在準備一道真正特殊的菜餚，主人特別要求他做這道佳餚來讓賓客大感驚豔：灑上玫瑰花瓣的夜鶯。每個人都自動讓出空間；只有他在做菜。

　　他估計給每位賓客兩隻禽鳥，並將玫瑰花瓣放在些許水中浸泡。然後，他小心翼翼地在鳥上塗抹蜂蜜。

　　他的助手已經準備好內餡，他仔細檢查，點頭表示稱許。內臟做成的碎肉餡恰到好處。但這還不夠完美。他將加入內餡的材料，將使這道菜餚更上一層樓。因此他開始細切薄荷葉和野生荷蘭芹，刀子剁在砧板上的細微刀聲迴盪在房間內。然後他轉身，拿起一只大理石研缽，磨碎大量的大蒜、丁香、胡椒、芫荽和橄欖油混合物。

　　他加入一大把香草，然後這是大師的密招之一，他也加入一滴葡萄柚汁濃縮液。

　　此刻，內餡已經準備妥當；他用湯匙將它舀進每隻禽鳥內，加上一粒飽滿圓潤的李子。他轉身面對他的助手，命令他們用文火燉煮鳥兒，等煮好時，再用玫瑰花瓣裝飾托盤。如果再佐以一瓶香氣四溢的法勒諾酒一同上桌，保證成功。

　　在場的人之中，只有寥寥數位知道這是阿皮修斯的名菜，後者是幾世代以前的人物。他以這道佳餚贏得德魯蘇斯註7的歡心，而後者是提比略的兒子註8。但這早在意料之中；所有顯赫家族的

主廚總是試圖從著名、奇特和充滿異國情調的食譜中擷取靈感。我們的主廚則是阿皮修斯的忠實追隨者。我們是怎麼知道的呢？從一項細節：那一滴葡萄柚汁濃縮液，那是大師的典型烹飪密技。

　　另一個阿皮修斯的典型特色是玫瑰花瓣。他的菜餚裝飾精美，即使裝飾毫無味覺用處，在這點上，他領先了現代廚師的技巧足足快兩千年。

餐桌禮儀

　　我們回到餐廳。值此之際，火鶴已經端走，取代它的是另一道俗不可耐的大菜，第二道烤肉。它的份量是如此驚大，得用某種擔架端來。那是一隻用水煮熟的小牛，牛角間「裝飾著」一頂頭盔。負責切肉的奴隸則穿著埃阿斯註9的戲服，用一把尖銳的劍為賓客切好一份份的肉。

　　那位肥胖的黑髮女人發出一聲響亮的飽嗝，劃破平靜的氣氛，一位賓客因為嚇了一跳，將剩下的半杯葡萄酒都潑灑在地上。元老看著他微笑，差點就要跟他道謝。連番飽嗝隨著第一聲飽嗝後相繼響起。每聽到一聲，元老都綻放笑容。但這是什麼樣的晚宴派對？羅馬人所認為的良好餐桌禮儀究竟是什麼？

　　我們所能說的就是，他們的餐桌禮儀和我們的相當不同。倘若一位皇帝按照他那時的餐桌禮儀來行事的話，他也會被我們的餐廳趕出大門。但羅馬餐桌禮儀就如我們剛才所見：由於他們用手吃飯，因此老是弄髒手。不要的食物就丟在地板上：骨頭、龍

註7　德魯蘇斯（Drusus, 38 BC~9 BC）：羅馬政治家和軍事指揮官。
註8　某些資料顯示德魯蘇斯是提比略的兄弟。
註9　埃阿斯（Ajax）：特洛伊戰爭中的英雄人物。

蝦殼、蛤殼、豬骨頭等等就丟在躺椅前方或下方。此起彼落的飽嗝打也打不完，但主人可是相當感激。你能相信，飽嗝甚至被視為高貴的象徵嗎？不但如此，更是文明的象徵。根據羅馬哲學家所言，打嗝是遵循自然，因此，它確實被視為真正的真理。

這習慣還遺留在阿拉伯世界和印度，宴會主人期待賓客打嗝，並將它視為對食物的真誠讚賞。

我自己就曾經在一位北非朋友的家中出了大糗。大家都滿心期待地等著，彷彿害怕菜餚不合我的味口，或食物的準備上出了什麼問題。當我最後對當地習俗投降時，房間裡的人顯然都鬆了一大口氣。

還不僅如此。在像我們所觀察的這個宴會裡，甚至連放屁都是符合禮儀的。儘管聽起來很低俗，在上流社會的晚宴中可沒有人因此醜聞纏身。反之，腸胃脹氣還差點成為法定的合宜餐桌禮節。當克勞狄皇帝得知他有位晚宴同伴因在皇帝面前努力「克制自己」而差點丟了小命時，似乎曾經真的考慮過要發布一項放屁法律。

我們繼續羅馬餐桌禮儀的旅程，發現還有其他規則與我們的迥然大異。在某一刻，有位賓客彈了彈手指。一位僕人隨即拿著一只由玻璃吹製的高雅尿壺過來，他替賓客撩起長袍，賓客遂暢快「解放」，將肚子裡累積的多餘液體釋放出來。

古人對宴會裡的嘔吐習慣做了很多篇幅的討論，但我們難以確定其描述是否為真。詩人尤維納利斯曾公開描述在宴會結束時嘔吐在地板的馬賽克上，但我們難以判定這是種習慣，或只是吃多了的意外結果。然而，哲學家西尼加就比較精確，他解釋說，有時賓客會從桌邊起身，到另一個房間去吐，這樣他們的胃才能

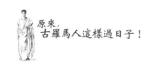

容納得下更多食物。

最後，有個極具現代性的羅馬習俗讓我們大感驚訝：賓客能用餐巾將食物包走帶回家。理論上，食物是要給他們的僕人吃的，但實際上，打包食物回家能使主人在隔天有再一次品嚐這些美食的機會。這種習慣叫做apophoreta，和打包餐盒（doggy bag）有驚人的雷同點，在美國餐廳裡這是很普遍而常見的習慣（在這個例子裡，情況也是一樣；理論上，這些剩菜是要給狗吃的，但實際上，都是狗的主人吃了它）。

甜點、水果和……

僕人們搬開桌子，將漆成紅色的木屑灑在地上。這表示晚宴的主要部分已經結束了。現在開始是被稱做「第二道菜」註10的時間，僕人會端上甜點和水果。

僕人端上很多托盤，裝滿精巧的糕餅傑作和一個大蛋糕。當詩人馬提雅爾說「蜜蜂只為首都的糕點師傅工作」時，他說的可是實情。在看到在羅馬甜點（和葡萄酒裡）所使用的大量蜂蜜後，我們察覺，蜜蜂房和養蜂人的數量一定相當眾多，才能確保供應不會間斷。蜂蜜確實是羅馬時代的增甜劑。

隨即上桌的水果大多是蘋果、葡萄和無花果。但自從羅馬人向東方開疆闢土後，尤其現在在圖雷真治下，桃子和杏仁也開始出現在宴會餐桌上，羅馬人則為它們瘋狂。桃子（peach）此字源於「波斯」（Persia），或被稱為波斯蘋果，而在羅馬和義大利北部某些地區，桃子仍舊被稱為波斯蘋果。

註10 第二道菜（secundae mensae）：指的是甜點。

　　一位賓客從盤子裡拿起一顆無花果，慎重地欣賞著，接著大喊「務必毀滅迦太基」，然後咬了一口。其他人則微笑表示稱許。他精準引用歷史，並且完全符合這個時代的精神（而且大家都知道，這位元老是圖雷真最強而有力的擁護者之一，並從其征服中獲利豐厚）。在其他狀況下，這可能被視為嚴重失態。但話說回來，羅馬歷史和無花果又有什麼關係呢？

　　在西元前一五〇年，大加圖[註11]對迦太基的重新崛起憂心忡忡。有天，他想出一個點子。他提著裝滿無花果的籃子到達元老院，對同事們說，「你想，這些無花果是何時採收的？嗯，它們是在僅僅三天前於迦太基採收的。那就是我們的敵人和我們的城牆之間的距離。」大加圖的手法再戲劇性不過了。元老們都對無花果的新鮮度印象深刻。據說，這是壓垮駱駝的最後一根稻草，元老院投票贊成發動對迦太基的第三次布匿戰爭[註12]，大加圖終於得其所望。他的這句話「務必毀滅迦太基」成為名言。想到一個簡單的水果背後有多少歷史，就讓我們驚詫不已……

　　突然間，樂隊開始演奏一首新曲調，充滿異國情調，舞者從餐廳兩側出現，伴著響板的嗒嗒聲響，風情萬種地舞動起身軀。這類舞蹈在羅馬十分出名。舞孃通常被稱之為嘎黛茲（Gadez），因為她們多半來自西班牙南部安達魯西亞的一個城市卡地茲（Cadiz）。令人吃驚的是，在今日的西班牙此地區仍可欣賞到一種非常知名的舞蹈，它和這個舞蹈相當類似，甚至也使用響板：佛朗明哥舞。

註11　大加圖（Cato the Elder, 234 BC~149 BC）：羅馬元老。
註12　第三次布匿戰爭（the third Punic war, 149 BC~146 BC）：古羅馬和迦太基之間的最後一次布匿戰爭。

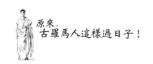
在羅馬晚宴上的舞孃舞姿非常性感，而在夜晚的這個時刻，她們為各種可能的發展揭開序幕。我們的刻板印象是每場晚宴都以狂歡縱慾收場。這絕非事實。羅馬人就像我們一般，為建立政治或社會人脈或打好公關，而邀請朋友到家中享用晚宴，有時甚至只是單純想和好友共進晚餐。沒有規矩規定說晚上一定得以狂歡收場。儘管如此，的確有人說過，在晚宴結束時發生性關係倒是很常見。

羅馬人戴的金飾

在夜晚的此刻，值得我們暫時拋開食物，集中心思來注意賓客所戴的珠寶。這場晚宴是個為打通社會人脈的場合，大家都在此展示和炫耀他們最珍貴的壓箱寶。

男人基本上配戴著兩種珠寶：飾針和戒指。戒指很大，宛如在手指上方變厚加寬、其上鑲嵌著一塊寶玉或寶石的結婚戒指，或雕刻成某個神話或英雄人物肖像的肉紅石髓。

這些戒指也用來當作可壓在蠟裡的印章。有時男人也戴項鍊，但並不常見。

誇示和炫耀大量金飾的是女人；有時作風非常低調，比如將一張非常薄的金網罩在頭髮上。其他時候，則是採用引人注目的手法，將扁平的臂鐲戴在上臂或前臂上。

最著名的臂鐲有著兩隻獅頭或蛇頭以祖母綠製成的眼睛瞪視彼此。

女人的耳環非常搶眼，造型是長長的三角形或天秤，尾端綴著珍珠。這些是有名的crotalia（耳環），會如此稱呼它們是因為走路時它們會發出叮噹聲。耳環多變的造型完全仰賴金匠的豐富想像力。

一位晚宴女賓客戴著一條以大型圓環連接而成的怪異項

鍊，它垂下她的胸部，在她的乳房間相連，彷若兩條斜背的子彈帶。在晚宴中，你必須盡可能地炫耀你所擁有的金飾。因此，女人的手指戴滿了各種尺寸和形狀的戒指。

一位非常高雅安靜的女士所戴的戒指讓我們驚嘆不已。她手指上戴了顆非常厚重的大戒指。它的中央不是寶石，而是一小塊非常透明的水晶，作用與覆蓋底龕的舷窗極為相近。裡面有一座雕刻精細的半身雕像，拜水晶的透鏡效果，與特別是珠寶工匠的傑出手藝之賜，我們才能看見雕像的五官。那是個肥胖的女人，早已年華老去；總之，是位真正的「貴婦人」，我們猜想那應該是她的母親。

在這個時代，這種飾品就相當於那些放有孩子或雙親照片的墜飾項鍊，我們在現代常看見婦女戴著它們。這習俗的根源可追溯自古代羅馬。

2️⃣0️⃣:0️⃣0️⃣
到了乾杯遊戲的時刻

信不信由你，晚宴尚未結束呢！現在開始最後一個部分：乾杯遊戲。該如何界定它呢？簡言之，它是一種賓主盡歡的乾杯遊戲，鬧到很晚才結束，最後幾乎每個人都喝得醉醺醺的。雙耳長頸酒瓶上貼有標籤，顯示酒的產地和年份。葡萄酒經過漏斗，倒到大碗裡，然後用水稀釋。酒精比率依場合不同而有所變化，但一般來說，比率從一份水和兩份酒到四份水和一份酒等不一而足。然後人們將高腳杯放入大碗裡舀酒。

此刻，主人（或由大家遴選出來的領袖）決定該如何喝酒。差不多總是一口氣得灌下幾杯酒！怎麼做呢？比如，大家圍成一圈，每個人都一口氣乾掉杯中的酒，再將酒杯傳給隔壁的人。

要不然就是選出一位賓客，其他人為他乾杯，照著他名字的每個字母為他舉杯，並且喝乾酒杯中的酒。因為羅馬名字又長又複雜（遵照典型羅馬公民都取有三個名字的慣例），我們可以想像這一連乾下數杯的後果。

席間備有各種葡萄酒，從便宜的次等酒到被視為真正邪惡的混合調酒都有（符合後者範疇的是馬賽和梵蒂岡山丘釀造的酒）。但羅馬人顯然不缺好酒。根據老普林尼和賀拉斯等兩位哲學家所言，最好的酒產自那不勒斯地區的坎佩尼亞北部。儘管如此，詩

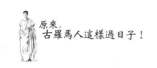

人馬提雅爾卻偏愛位於羅馬南方阿巴諾（Albano）的酒，今日，
此地也生產名聞遐邇的羅馬城堡（castelli romani）葡萄酒。賀拉
斯在完成名酒名單時還加上了卡勒諾（Caleno，有錢人的酒）、馬
西科（Massico），和產自義大利中南部拉素（Lazio）南方的芳迪
（Fondi）的賽古布（Cecubo），後者被他視為「非常濃郁和強烈的
酒」。值得一提的是，幾世代以來這些名酒幾乎都在這些地區生
產，以最美麗的瓶子盛裝，今日你可以在博物館內觀賞到這些瓶
子。它們是德雷賽二號造型（Dressel two）的雙耳長頸酒瓶，瓶身
修長優雅，有著長長的把手和頸瓶。這是為味覺傑作所製造的手
工傑作。而這些美酒應該怎麼品嚐？賀拉斯給我們一個點子（他
宣稱最好的阿巴諾酒是九年份的）：你必須和你的愛人一起小口啜
飲才能嚐出酒的美味。

羅馬料理的源頭

　　羅馬創造出第一個偉大的歐洲飲食文化。羅馬人發明簡餐或
小吃（今日速食的先驅），對第一批傑出廚師的崛起和興盛貢獻甚
鉅，也建立了精緻義大利料理的基礎，而義大利料理的豐富多樣
則深受世人喜愛（甚至超過法國料理，由於法國料理缺乏第一道
菜，總是不忘在料理中使用奶油，因而限制了菜色種類，變得口
味過重）。

　　在羅馬世界裡，食物不僅是養料。羅馬人在儀式和獻祭中將
食物奉獻給諸神，在尊崇死者的獻酒儀式中亦奉上食物，將蜂蜜
和酒倒進從墓碑通往墳墓的赤陶水管中（水管只到臉部的高度）。
但在羅馬歷史早期，情況可是大不相同。當時的人基本上只吃一
種稱做puls的玉米粥，加上蛋、橄欖，和新鮮、未熟成的乳酪，

以及許多豆子和綠色蔬菜。肉很罕見，也只有豬肉和雞肉可吃。事實上，直到西元前第三世紀，法律都明文禁止宰殺牛隻和吃牛肉，牛隻只能用來耕田和獻祭。之後，羅馬的新征戰為首都帶來新的口味和產品，奢華宴會的時代於焉展開。

因此，羅馬的料理文化具有遙遠的根源，在第二次布匿戰爭[註1]後更得到蓬勃發展。從那時候開始，羅馬食物逐漸精緻化。有點像今日拜電視之賜，許多廚師成功打入羅馬家庭，並開始編寫料理書籍。羅馬時代最精湛的料理手冊無疑是《廚藝》（De re coquinaria），由古代最著名、活躍於提比略治下的廚師馬可仕・嘎維烏斯・阿皮修斯所著。今日流傳至我們手中的是彙集他四百六十八道食譜的遺本，由另一位羅馬廚師於三百年後編纂而成。阿皮修斯不僅是位廚師，還是位富有的羅馬人，講究精緻美食和生活品味，他是熱愛食物的老饕，美食是他的生活重心。

據說，他因主辦許多奢華晚宴因而散盡家財。他甚至裝配了一艘船沿著利比亞海岸釣龍蝦，聽說那裡的龍蝦體型龐大，且味道鮮美。是他改革了羅馬烹飪，混合了甜鹹口味，這一習慣後來在中古時代消失殆盡。由於他野心勃勃又要求嚴苛，後來因此罹患憂鬱症。哲學家西尼加告訴我們，他喝下一杯毒藥自殺。他會那麼做似乎是他以為自己快要破產了（但他仍在身後遺留下一千萬塞斯特斯，大約相當於二千五百萬歐元）。

他的烹飪方式徹底改變了傳統料理，為許多現代食譜和趨勢奠下基礎。儘管如此，試圖重新製作他的菜餚相當困難。就像廚房裡每位偉大的魔術師一般，阿皮修斯僅描述了使用的食材，但

註1　第二次布匿戰爭（the second Punic War, 218 BC~202 BC）：在這場戰役後，羅馬開始稱霸地中海地區。

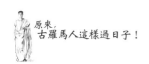
沒交代用量，而且常對所用的某些香料略而不提。達到口味恰到好處的唯一方式，是經過嘗試和錯誤。但我們永遠無法知道阿皮修斯是如何煮出他的著名菜餚。

想當然爾，羅馬時代還有許多其他偉大的廚師，有些甚至相當有名：比如，大加圖和維吉爾留給我們一些食譜，我們也知道，西賽羅的嗜好是烹飪。甚至連某些皇帝都是名廚，比如維特利烏斯註2。根據歷史學家蘇埃托尼烏斯所言，維特利烏斯發明了著名的「密涅瓦之盾」（Minerva's shield）：吃起來時味道似乎在嘴裡爆炸開來，食材眾多，其中包括火鶴舌頭、鸚嘴魚肝、孔雀和雉雞大腦，以及海鱔的「奶」。

美味佳餚不僅是犯下貪食之罪註3，也是文明的一種形式，而羅馬的料理世界將在蠻族於第五世紀入侵後灰飛煙滅。

註2　維特利烏斯（Vitellius, 15~69）：在六九年做過八個月的羅馬皇帝。
註3　基督教認為人有七種罪，貪食（gluttony）為其中之一。

食材、細節和某些食譜

除了有錢人的奢華宴會外，普通羅馬人都吃些什麼？據說他們的許多菜餚都難以下嚥這點是真的嗎？

想到要將魚內臟和我們通常會丟棄的部分沾上鹽，醃製幾天後發出刺鼻臭味，然後成為古羅馬最受喜愛的魚醬此點，當然會讓我們噁心不已。

儘管如此，羅馬烹飪的食材豐富。我們不妨這樣說吧，它們代表了一道非常長的美食鍵盤上的那些琴鍵，即若是我們也能欣賞它們所彈奏出來的交響樂。

不妨想像我們前去探索廚房餐櫃，並打開架上的陶壺。你會在此找到一些奇特食材。首先是香料：番紅花、胡椒、蒔蘿、薑、丁香、芝麻。

主要的「氣味」中則有迷迭香、鼠尾草、薄荷和杜松。它們與洋蔥、大蒜、胡桃、杏仁、李子和榛實混合在一起。

椰棗、葡萄乾、石榴和松子也扮演了重要角色。顯然，綠色沙拉和豆子也廣受使用。然而，令我們吃驚的是，芝麻葉被視為催情劑。有些食物在古代的角色比在現代還要舉足輕重：野生蘆筍特別受到歡迎，而蕪菁在烹飪中特別扮演了主要角色（也許是因為當時仍未發現番茄和馬鈴薯，它們將

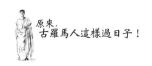

在哥倫布之後引進歐洲）。

羅馬料理的另一個台柱是甘藍菜，它具有醫藥和治療效果。它的烹飪方式和我們今日所採納的手法一模一樣。

其他要角還有（水煮、鹽醃或烤過的）鷹嘴豆、扁豆和蠶豆。

新鮮或製成果醬的野草莓和桑葚，也收納在日常烹飪的食材列表中。

羅馬麵包種類繁多。除了餐包和皮塔餅註之外，我們知道羅馬人還有至少二十種不同種類的麵包：從以油調味的麵包到沾酒的麵包，到麥麩吐司不一而足。甚至還有一種專門用來製成動物飼料的麵包。

而肉類、魚、水果和甜點又是如何呢？我們簡短地介紹一下這些菜餚的概況。

豬肉是最常被食用的肉類。還在吃奶的豬仔是道美味佳餚，切成碎肉或做成肉丸，以文火慢慢燉煮。然後，正如同我們所見到的，還有塞了內餡的母豬乳房、豬嘴和烤肉。豬腳和煙燻香腸也廣受喜愛（尤其是那些來自著名的維塔利斯〔Vitalis〕肉鋪）。

魚：一般的魚比肉類貴上兩或三倍。市場上可供選擇的種類豐富：你可以買到烏魚、海鯛、大眼獅鱸、海鰻、鮪魚、章魚、鰈、舌鰈、海鱔、鰻魚和鱒魚。大量捕獲海鱔或海鱸時，甚至還會在拍賣場中出售。

軟體動物和甲殼動物：從塞了內餡的蝸牛到牡蠣等，它們總是前菜的一部分。龍蝦、蝦子、挪威海螯蝦和明蝦深受歡

迎，這情形和今日無異。

鳥類：所有種類，從火鶴到鵪，鶴到鸚鵡，不一而足。在菜單上的還有蛋，通常是拿來作為前菜。鵝早在那個年代便遭到強迫灌食，人們用無花果將牠們養胖，一如今日，牠們的肝用來製造鵝肝（羅馬名稱ficatum，便是源自ficas〔無花果〕一字）。

水果：當時還沒有香蕉、鳳梨和奇異果。羅馬人所理解的水果，僅限於那些最常端上桌的：蘋果、葡萄乾、無花果乾、烤栗子。然後還有櫻桃、梨子、椰棗、葡萄、石榴、榅桲、胡桃、榛實、杏仁和松子。

甜點：羅馬人留下許多甜點食譜。最著名的甜點之一是「乳酪蛋糕」，它被繪製在靠近龐貝的歐普隆提斯（Oplontis）別墅的濕壁畫中，和我們今日吃的乳酪蛋糕沒啥兩樣，但口味如何倒是很令人好奇。最常見但極為昂貴的增甜劑是蜂蜜。人們所能選擇的替代品是東方的蔗糖、水煮的無花果，或煮過的葡萄汁。如同今日某些地方烹飪的料理方式，他們將葡萄汁經過烹煮，直到濃縮成像是糖塊。

孩童的甜點：一個常見習慣是回收變硬的麵包，切成長條，沾上牛奶，然後油炸。之後，再將蜂蜜塗在麵包上，保證會受小孩歡迎。

主廚推薦

醃野兔：野兔需先醃在以下列手法調製的醬汁裡：將洋蔥、芸香、百里香和胡椒切碎和一起磨碎。加上一點魚醬。準

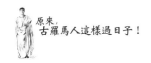

備一隻處理過的野兔，將醬汁抹在表面，放進烤箱中的烤盤。趁烤的時候，重複在兔肉上塗抹早已準妥的另一種醬汁幾次，這種醬汁以油、葡萄酒、魚醬、洋蔥、芸香、胡椒和四粒椰棗製成。

大麥湯：將碗豆、鷹嘴豆和扁豆混合在一起。加入清洗過和磨碎的大麥烹煮。將混合物倒入平底鍋中，加入油、蒔蘿、芫荽、茴香、甜菜葉、錦葵、甘藍菜和韭蔥（全部切成小塊）。在另一個平底鍋裡，烹煮茴香子、牛至、女貞、阿魏或羅盤草（來自北非利比亞東岸賽瑞乃加〔Cerenaica〕地區的一種植物，現在已經滅絕，它的汁液被羅馬人拿來治病）。每樣食材都必須加入魚醬磨碎。當你將這道菜端上桌時，加入並混合一些小塊甘藍菜。

塞了內餡的水煮豬：在市場上買一隻小豬。取出內臟，洗淨，然後烤它。在同時，準備內餡：將胡椒、牛至和羅盤草一起磨碎。滴入幾滴魚醬。將用來作為內餡、份量充足的豬腦煮熟。將煮熟的香腸切片。像要煎蛋餅一樣，攪好幾顆蛋，並加入魚醬增添風味。將材料全部混合，塞入豬內，然後在豬表面塗上魚醬。將豬隻縫好，將它裝進小籃子或袋子裡，放入一鍋滾水中。煮熟後將豬瀝乾便可上桌。

安息山羊：挑選一隻品質優良的小山羊。準備好後放進烤箱中。在同時，剁碎洋蔥、芸香、香薄荷、胡椒、羅盤草，和

去核的大馬士革李子。加入油、葡萄酒,和魚醬。放在火上烹煮,當你將山羊從烤箱中拿出來時,將醬汁倒在上面,然後上桌。

沙拉醬:將一些胡椒、薄荷、拉維紅草、葡萄乾、松子和椰棗磨碎。加入些許新鮮乳酪,再混合蜂蜜、醋和煮過的葡萄汁。

自製甜點:將一些椰棗去核,裡面塞切碎的胡椒、胡桃或松子。灑上鹽,然後在蜂蜜裡熬煮。之後,端上桌。

註　皮塔餅(pockeet bread):用大麥或麵粉做成的一種扁圓形餅。

羅馬的性發展

起源

  羅馬人並不會比其他民族更開放或更墮落。他們單純只是遵循演變多年的規矩和法則。羅馬社會起初非常嚴格和恪守傳統，事事以男人為中心：他是一家之主、祖國的保衛者，以及宅邸的主人。在性活動中，世界也以男性為中心運轉。除了他們必須永遠保持忠貞的妻子外（在早期，戴綠帽的丈夫可以合法殺死他的妻子和其情人），他們的其他性伴侶，不論是女人或男孩，都必須帶給他們歡愉。在羅馬時代他們所必須遵守的唯一不變的法則是，他的婚外性伴侶的社會階級必須比他低下，也就是說，他或她不能像他一樣同為羅馬公民，但可以是男奴或女奴。

性自由、女性解放和離婚

  性習俗的最大轉變隨著希臘至中東世界的軍事征服，於西元前第二世紀展開。希臘習俗流傳至羅馬，致使道德觀變得較為開放，並接納了新的性生活體驗方式：「希臘風格」的同性戀被接納，性習慣得到拓展。女性也變得更為自主；她們可以引誘男人。

  伴隨這些引自東方的巨大轉變，是一系列對女性處境產生重大衝擊的事件。這是數位學者所曾探討過的主題，其中最著名的

是艾娃‧坎塔瑞拉教授（Eva Cantarella）。第一世紀的羅馬女性達到一種獨立自主和自由的驚人水準，而這在現代，要到一九七〇年代才能再度達成。羅馬女性變得經濟獨立，最重要的是，離婚變得更為容易。但是是什麼導致這場女性解放呢？

數世紀以來，法律只在理論上允許女性擁有能夠繼承財物、財產和金錢的權利。實際上，她們的財富由男性管理（父親、兄弟和丈夫）。在西元前第一世紀發生了著名的內戰後，情況不得不有所改變：事實上，元老們意識到，羅馬的大部分男性菁英在這些戰爭中喪生，職是之故，他們的金錢和財產有落入少數幾個肆無忌憚的人手中的確切危險，這些人是道地的獨裁者，比如蘇拉和凱撒。這該怎麼辦呢？元老院轉而向女性求助，並賦予她們繼承權。他們於是想出辦法；元老院核准通過新法律。

將女性完全置於男性威權下的傳統婚姻關係也有所改變。根據這項改變產生了一種新的聯盟，女性仍隸屬於她父親的（經濟）掌控之下，但她的丈夫卻管不著她。因此，當她的父親過世時，女性得以自動繼承土地和金錢，進而取得經濟權力和獨立地位。此外，離婚也變得更為容易。男人或女人只要在證人面前公開宣稱他或她不想再繼續維持這個婚姻，離婚便自動生效。

這一切的結果導致了女性地位的提升。在離婚的案例裡，現在已經是金錢和財產的合法擁有人的女性可以自由離開男人，而仍能保有經濟獨立。

因此，角色常常顛倒過來。只為了錢而結婚的那些男子有失去一切的危險，並落得淪落街頭。

顯然，這些法律對羅馬社會的菁英和富裕階層衝擊較大，而平常老百姓就不怎麼受到影響。因此，針對婚姻和繼承的羅馬法

律並非「人人平等」：它對自由公民和富人有利，對其他人（奴隸、解放的奴隸，外國人等等）則毫無益處。

在西元前第一世紀到西元後第三世紀之間，男女關係也有許多重大轉變。在以前，婚姻是由家族在夫妻雙方仍年幼時便安排妥當，現在則是依據感情選擇對象。伴侶往往在沒結婚的情況下同居（依據社會地位和牽涉到的財產數字，那時出現許多種結合方式，從正式契約到單純同居等不一而足）。那時甚至出現出生率嚴重下滑的趨勢，奧古斯都還制訂了特別法律與之對抗，卻徒勞無功。

將那時的情況與現代西方社會，尤其是義大利的現況相較，真的很令人吃驚；結婚率也在下滑，離婚率提高，出生率低落（即使會有這些情況是出自一些實際因素，比如年輕夫妻的經濟困窘）。

羅馬時代的這個時期享有性自由此點，應該不會讓我們太過詫異。實際上，性習慣對男女而言都變得更為開放和放縱，因此產生了羅馬人在後代中聲名遠播的那些行徑。

回歸更為保守的習慣

從第三世紀的後半部（大約二六〇年）開始，隨著蠻族第一次入侵帝國，社會動盪和經濟危機引發了整個羅馬社會的劇烈變化，包括性領域。夫妻的無限自由開始縮減。夫妻變得更為同心和保守。一種新的婚姻規範誕生，強調相互忠誠，譴責同性戀，並建立性的主要目的在於繁衍後代的觀念。雖然只有異教徒才存有這種道德觀，但此道德觀後來卻成為基督教的支柱，由君士坦丁大帝為其開啟了康莊大道。這個新的道德觀變成有用的工具，

由神職人員拿來以天譴威嚇和控制信徒。這個新的道德觀不僅在一方面涉及到所有人，並且恢復女性在家庭和社會中的重要角色，在另一方面，女性的地位也倒退回原點，重回最古老的羅馬傳統框架：結婚時必須是處女，結婚期間保持忠貞，並與丈夫相守至老死。

21:00
羅馬人的性

　　我們又回到街道上。現在天色已黑。七弦琴和鈴鼓的樂音逐漸消退。我們現在所能聽到的，只有從多穆斯傳來的主人和賓客的大笑聲和歌唱聲，他們已經喝醉了。人聲和樂音逐漸變得微弱而遙遠。兩頂轎子仍等在多穆斯外，奴隸坐在人行道上聊著天。我們知道，再過一會兒，我們將會碰到其他更為吵雜的交通工具：運貨馬車早已等在城外待命。馬車裝滿雙耳長頸酒瓶、食物、木材、動物、屋瓦、橫梁、磚頭、布料，和待賣的鍋碗瓢盆。這就彷彿城市每晚都得把油加滿似的。

　　在街道上，我們也碰到一些行色匆匆的人，他們急於要去賭場賭博，和愛人幽會，或僅是不想被搶，想急忙趕回家。還有想買春的人。在哪兒呢？在妓院裡，或在城市的特定區域。走在羅馬的某些地區，你會感覺就像走在孟賞的花街柳巷，一扇扇的門並行排列，對你嬌笑的年輕女孩倚門而立，風情萬種地邀請你入內，甚至從窗戶裡招手。在其他地方，情況則更為「不堪」。比如，在馬西姆斯競技場的拱門前，敘利亞女孩就在那裡賣身，正如同今日站在現代羅馬郊區道路上的東歐或奈及利亞女孩一般。她們是性奴隸；情況沒有絲毫改變。儘管如此，你可以從掛在外面的油燈辨識出妓院。那對油燈沒什麼特別，只不過上面開了很

多孔。它們宛如燈塔般吸引著振翅猛撲向性的飛蛾。

　　考量到這些妓院的數量和頻繁的活動，我們可以輕易地下結論說，羅馬人成功建立了一種真正的「速食」性產業。這是另一個現代特徵。

　　我們接近一間妓院時，看到三個男人站在附近聊天。這看起來就像我們在夜裡酒吧前的景象，顧客聚集在外面閒聊。他們在和一個女人開玩笑，而那女人染著一種很奇怪的髮顏；在油燈下看起來是藍色。她的確是染成藍色。她絕對是位妓女；染著古怪顏色（比如橘色）的頭髮是特別的標誌。另一個確定的標誌是她的穿著打扮。富有的女性會穿上多層的長袍，但妓女都穿得很輕薄，以利於快速性交。

　　我們盡量悄悄地走過。那個女人正站在一家寒酸的妓院門口，它半開的門簾讓我們得以一窺內部。裡面有個狹窄的走廊，由更多懸自天花板的油燈照亮。沿著牆壁開著的幾扇門，通往被門簾遮蔽的小房間。這些一定就是小臥室，她們就在此進行性交易。我們會知道這點是因為龐貝有個盛名遠播的妓院。門簾拉開，一個男人走出來，還在調整他短袖長衣的皮帶。一個女人隨即尾隨他走出來，一隻手扶在牆壁上。她全身赤裸，頭髮整個往後梳成髮髻，有著地中海居民的五官。今天，我們會認為她是土耳其人或來自中東的女人。她的身材很像女神朱諾，有寬大的臀部，突出的小腹和小巧的乳房。

　　這些特徵讓我們得知羅馬人的審美品味。我們這時代的時裝模特兒注重的是高佻的身高、比率均衡的身材，以及完美的臉龐；身上沒有疤痕或眼袋（牙齒完好無缺）。但羅馬人會覺得她們太瘦，和胸部豐滿的女人相較，她們幾乎沒有性吸引力。

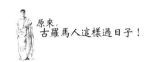

在整個古典時期，男人想與其性交或生兒育女的理想女性的審美標準都脫不開「圓胖」，而這正是今日女性想要避免或完全擺脫的，但它卻在數世紀以來被男性視為生殖能力、懷孕和哺乳能力等的保證。因此，圓胖成為性吸引力的來源。你只消看看以前繪畫裡的赤裸女性，就足以讓你明瞭，這種「健壯紅潤」的女性典範一直引領風騷，直到現代初期。即使在今日，這類審美標準仍在許多第三世界延續，甚至在地中海南部環帶都還可見其蹤跡，因而確立了這個傳統仍舊鮮活存在。西方國家較高的生活水準，使女人的「圓胖」變得毫無用處。但，在潛意識的層面，不少現代男性仍保留類似於羅馬人的理想女性審美觀。

女人消失在角落以快速淨身。外面的三個男人之一邁步走進妓院。輪到他了。但那位藍髮女人阻止他，伸出她的手，手掌向上，在向他討錢。我們偷聽到的內容使我們震驚不已。她在背誦名字和價格列表。名字是妓女們的名字（阿蒂亞、阿內達、蜜妲爾）。我們看到的女孩叫蜜妲爾，她可是真正的口交專家。價碼大約是兩阿塞，相當於一杯便宜的酒。但蜜妲爾的價碼要更高些：四阿塞。那個男人微笑著，付了錢，然後脫掉斗篷，進入房間。一會兒後，蜜妲爾回來了，正在重新整理她的頭髮。她將髮髻重新梳好，她的前位顧客在激情中將它扯亂了。女人瞥了兩位站在前門的男人一眼，那是她的下兩位顧客，然後消失在房間內，將門簾拉上。這顯然是個低級妓院，為最卑微的人提供性服務。

妓院只展現了羅馬人的性行為的一面。它們絕對一點也不新鮮；它們存在於每個時代。

相較於我們的時代以及其他歷史時期，真正有所不同的是做愛的觀念。比如，為什麼在此刻，於我們後方的多穆斯裡，一個

男人正在和一個女人做愛，而他在隔壁房間的妻子完全知曉這件事，卻什麼話都沒說？而為什麼在街道盡頭的另一棟多穆斯裡，即使這對夫妻深愛彼此，丈夫卻拒絕和妻子口交？

羅馬人的性規範為何？他們的禁忌是什麼？這課題不乏許多不正確的刻板印象。我們將會看到，真相往往與我們所以為的大相逕庭。

首先，人們有時以為羅馬人是墮落、可鄙和不道德的，這點根本完全錯誤。相反的是，他們反倒會認為我們的性行為過於複雜，擔負著太多心理包袱和角色規範——對於男人和女人能做什麼有太多規矩、青少年的性該是如何、什麼是猥褻的和什麼不是、適當的異性戀行為，以及適當的同性戀行為等。

羅馬人會說，即便我們自以為享有性自由，但事實上我們的腦子裡充滿禁忌。

讓我們從最重要的一點，即羅馬帝國的性行為的真正關鍵開始討論。

對羅馬人而言，（任何形式的）性都是眾神賜予的禮物，尤其是維納斯。因此，享受性是正確的，做愛也很重要；性愛是生命的歡愉之一。不僅如此，羅馬人還相信，在伴侶雙方都有高超性技巧的情況下，才能生下健康的小孩。

從這個觀點看來，性顯然完全不是一種罪孽或病態的事。總之，如果性是維納斯的祝福，為什麼要批評或強將罪惡感加諸於做它的人身上呢？

但我們討論這點時要小心。羅馬人並不提倡性自由。他們仍有規範。性就像是酒；酒也是眾神的禮物。喝它不是罪，卻存在著如何喝它和能喝多少的社會規範，不然，你就會遭到千夫所

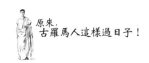

指。性也是一樣，存在著一些規則。但這些規則和我們的有所不同，而這就是為什麼羅馬人在床上的行為舉止在我們看來很墮落的原因。

我們得強迫自己暫時忘卻我們的規則，設身處地地投入他們的世界。我們也許同意或不同意他們的規則，但那些規則對他們而言是再簡單不過的邏輯。

第一條規則：一位自由的羅馬男人（指的是典型的羅馬公民）在床上必須總是主宰者。他能和各式各樣的伴侶（男人或女人）做愛，但他們的社會階級必須比他低下：女人、女奴，或年輕男奴。

第二條規則：口交。羅馬男人必須「領受歡愉」，而非「給予歡愉」。羅馬人對嘴巴是真的存有迷思。對他們而言，嘴巴是高貴而神聖的。嘴巴是種社交工具，用來交談、呼喚彼此的名字，交換資訊等，因此它必須是純潔無瑕的。在元老院裡，嘴巴還是種政治工具。如羅馬性行為專家約翰・克拉克（John Clarke）所觀察，指控一位元老施行口交相當於指控他犯下叛國罪，因為他「弄髒了」他的嘴巴，而嘴巴在他對國家的服務中占有舉足輕重的地位。

因此，在口交中扮演主動角色的人遭到輕蔑，但扮演被動角色的人則否。有趣的是，從這角度來說，根據羅馬人的這種意識形態，柯林頓與露溫斯基的醜聞在古羅馬根本不會鬧得沸沸揚揚，不僅是因為他倆單純地接納了維納斯的禮物（還因為這是一位有權有勢的男人和下屬搞婚外情，再者，那位下屬又是個女人，因此這是社會規範所能接受的行為），而且，會遭到眾人指責的將是莫妮卡・露溫斯基，而非柯林頓，因為她扮演了「主動」

角色。

確切來說，談到口交時，羅馬人有三種禁忌，或更精確地說，有三種不能發生的情況：男性羅馬公民對另一個男人施行口交；更糟糕的是，如果他是被迫的話；最後是他對女人施行口交。在這方面相當知名的事件是，詩人馬提雅爾對科拉西努斯（Coracinus）所做的嚴厲攻擊：他指控他和女人口交。因此，我們可以從中看出，指控一位羅馬男人是「口交者」可是嚴重的侮辱。這在今天也是，但程度沒那麼激烈。

羅馬人是怎麼看待集體性交的呢？不怎麼正面，因為在這類情況下，人們冒著太多違反上述規則和禁忌的險。

想當然爾，我們到目前為止所說的每件事都純是紙上談兵，在現實生活中不盡然如此。在親密時刻裡，羅馬人盡情做他們想做的事，許多人打破規則和禁忌。但他們和我們的差異是微妙的。沒有羅馬人會公開承認他做了這些事，因為它們是不能說的祕密，而且會掀起軒然大波。

為什麼呢？

我們可以憑著直覺想到許多種解釋：這些精確的法則對羅馬社會十分有利，能對低下階層男女遭到性剝削的情況提供正當的辯護，控制上流階層的女性，又能藉此攻擊政治敵手。即若在今天，仍然有些政府、宗教或社會規範禁止某些性行為，舉如婚前性行為、通姦和同性戀。根據社會和地區的不同，處罰從鋃鐺入獄到死刑等不一而足。這是種社會控制的形式，在各地區和各種時代都曾被廣泛使用。

但也許還有另外一種解釋。基本上，這些規範是用來保障羅馬菁英的權力。你不妨好好想想。為何你和隸屬於同一階層的某

人做愛被視為通姦，但和低下階層的某人，比如奴隸或前奴隸等人做愛就不算通姦？這理由純粹是出自經濟因素。同階層的私生子女的誕生，顯然會威脅到合法婚生子女的權利。

何況，和奴隸做愛時即使你打破一些禁忌，也會自動保護你免於受到嚴厲指控，因為沒有人會相信奴隸說的話。因此，這些規則主要是用來保護貴族和富有階級。但其他羅馬居民呢？我們在羅馬的大街小巷中所碰到的人，幾乎都沒有這些禁忌。對他們而言，性沒有什麼限制，而且是維納斯（和普里阿普斯[註1]）所賜的美妙禮物，他們應該盡情去享受。儘管如此，我們仍該切記，對大部分的人而言，性並非主動的選擇，而是被動的強迫，因為他們身為男女奴隸。在羅馬人的心態裡，每位你在街道上碰到的奴隸或前奴隸，都曾經忍受或正在忍受他主人的「關注」。沒人為此醜聞纏身；這是正常現象。奴隸和前奴隸全都是潛在的性玩物；這點完全取決於他們主人，或他們的女主人的一念之間。

羅馬的愛經[註2]

我們從考古學家挖掘時所發現的塗鴉，從古代文獻和碑文中，發現羅馬人性生活的許多細節。比如，你在圖雷真的羅馬時期如何說「做愛」？你會說foturere。這個字在流傳幾世紀以來幾乎未曾改變，在現代仍為使用，不僅是在當代的義大利文，也在法文裡用到，而且總是帶有輕蔑的意味。

值得一提的是，被以許多名詞和同義字指稱的男性性器

註1　普里阿普斯（Priapus）：羅馬繁殖和多產之神。
註2　愛經（Kama Sutra）：印度《愛經》是由筏蹉衍那所著的性愛寶典，可能成書於四世紀。

官（mentula、virga、hasta、penis，另一方面，女性性器官則是cunnus）也稱做fascinus，這也是羅馬繁殖之神的名字，其象徵是個直挺挺的陽具。理由在於這個字源自fas，「有利的」，而fastinus是繁殖能力的傳播者，因而也是繁榮昌盛的散播者。正因如此，祂能驅逐厄運和惡靈。這解釋了你為什麼可以到處看到它們；它們被繪製或雕刻在街道上，充斥在工匠的工坊裡和羅馬帝國的房舍中。

　　但比任何事物都能挑起我們的好奇心和想像力的是繪畫。從龐貝的第一批出土文物中，發現了許多繪製在牆壁上的小型色情場景。許多在發現當時遭到特意毀壞，因為當時的道德觀認為這些畫過於猥褻。其他的則被切割下來，藏到著名的祕密櫃子或「淫穢室」裡，而這批收藏現在大部分都展示在那不勒斯的國立考古博物館中。與一般所知相左的是，挖掘到繪畫的建築不是妓院，而是一般房舍。色情場景的繪畫是富裕家庭典型藝術收藏的一部分，被視為精緻高貴的藝術品。這有點像今天你在家裡擺上一尊古典裸體雕像一般。詩人奧維德曾提到富裕家庭中充斥著這類繪畫。歷史學家蘇埃托尼烏斯說，提比略在他住宅的臥室裡有很多色情繪畫。一八七九年，在羅馬法內西納（Farnesina）宮殿的公園裡進行挖掘時，發現了大量這類繪畫。考古學家在台伯河的淤泥下發現了一棟別墅的殘骸，濕壁畫因此被保存下來。他們只挖到四個房間和兩條走廊，但這別墅殘骸為一對非常知名的夫妻所有：奧古斯都的女兒朱莉亞和她的丈夫。一幅濕壁畫繪製著一個男人試圖勾引一位顯然猶豫不決的女人，她坐在床沿，還穿著衣服；她的頭上甚至仍戴著面紗。在下一幅繪畫中，角色顛倒過來：半裸的女人沉浸在狂喜中，緊擁著似乎很吃驚的男人。濕壁

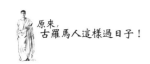
畫裡也有一些僕人，可能是臥室女僕，在這類最親密的時刻居然也在場。

讓我們有點不安的是，小孩和年輕女孩也會看到這類性愛場景。但它們並不被視為春宮畫。羅馬人在日常生活中公開討論性（他們甚至尊崇性愛神祇，比如維納斯和普里阿普斯），性愛場景不僅被繪製在屋子的牆壁上，也畫在油燈和晚宴賓客所使用的奢華餐具上。如同我們已經討論過的，在這種例子裡，它的目的不在於展示什麼驚世駭俗的罪行，而是在誇耀房舍的奢華、文化和富裕程度。

這類色情繪畫往往有更進一步的意義。集體性交的誇張場景有助於培養歡樂氣氛，如此一來，「邪惡之眼」便會敬而遠之。有著巨大陽具的普里阿普斯的肖像，因此成為財富和富足的象徵。

這些繪畫和雕像以及油燈裝飾，向我們揭露羅馬時代真正的愛經。藉由觀賞博物館裡的玻璃櫃，或龐貝和赫爾克拉尼恩（Herculanum）的許多臥室、前廳和通道的濕壁畫，我們可以看到那些時代所流行的所有性愛姿勢。

我們看到「騎馬的女人」。或女人四肢趴在床上，準備讓男人從後方進入。羅馬人稱此為「母獅」姿勢。接下來則為典型的男上女下的「傳教士」姿勢。

油燈裝飾和繪畫都有為男人口交、為女人口交，以及雙方相互口交的六九姿勢。

有些場景則讓人咋舌，比如，兩個女人擺出傳教士姿勢的色情場景；一位女人穿著戴有假陽具的皮帶。在這方面，老西尼加註3在其著作（《論辯》〔Controversiae〕第一冊，第二章，二十三頁）中

告訴我們，一個男人抓到妻子和另一個女人上床，在確定那個情人到底是位真男人或「假」男人後，他將兩個人都殺掉。他後來似乎被判很輕的罪刑；那是真正的榮譽謀殺[註4]。詩人馬提雅爾也寫到扮演男性角色的女人，他對女性的獨立意識將高漲而憂心忡忡。

此外，還不乏集體性交的場景。在某些例子裡是兩個男人和一個女人，在其他例子裡則是兩個男人和兩個女人，形成驚世駭俗的「三角形」或火車……顯然在這些案例中的某些參與者，不可能再遵守羅馬貴族的性禁忌。在這類情況下，我們稱之為「中間的男人」通常被蔑稱為「被動的男人」，但他似乎對女性有一定的吸引力。

當然也有特意表現幽默詼諧的場景，比如，一個女人以騎馬的姿勢騎著一位拿著啞鈴的男人，或是丘比特推著一個男人，協助他在一個像是在做特技的體位裡，於性愛高潮中舉高一個女人。

雙性戀和同性戀

那同性戀呢？對羅馬人而言，同性戀不是問題。有趣的是，他們甚至沒有相當於我們的「同志」或「蕾絲邊」的特定稱呼，代表他們對後兩者並未心存偏見。

今日，我們以類別來劃分：男人和女人是異性戀，或同性戀，或雙性戀。羅馬社會卻非如此。一位羅馬公民可以如他所願，在男性身體找到和女性身體同等的美感和歡愉，這是廣被接受的社會現況。

但有一必要條件。我們這樣說好了，如果他和另外一個男人

註3　老西尼加（Seneca the Elder, 54 BC~39）：羅馬修辭學家和作家。
註4　為榮譽而殺害家族中的女性，現今的許多中東國家依舊存有這種風俗。

原來，
古羅馬人這樣過日子！

上床，他必須扮演「主動」角色，絕不可採取「被動」角色。再者，他的慾望對象（因為這可能是界定他的最佳方式）必須來自較低的社會階級。這些是男性同性戀的規則。

因此，沒有人會因此醜聞纏身，就連皇帝哈德良與他著名的愛人安提諾斯（Antinous）在公開場合一起露面時也是如此，後來安提諾斯溺死在尼羅河後，哈德良還將他奉為神明。

羅馬人的意識形態所無法接受的是，一個男人在性關係中自願選擇被動角色。那肯定會遭人非議。

喜歡採取被動角色的羅馬男人，被蔑稱為「被動的男人」或「供人雞姦的男子」。他們甚至有不同的法定地位，像男妓、格鬥士和演員。他們沒有投票權，在訴訟時不能親自出席。

還有另一項羅馬同性戀特徵使我們感到不安：與男孩發生性關係。對我們而言，那是戀童癖，沒別的話好說。但對羅馬人而言可非如此。他們唯一要遵循的規矩是社會地位的（慣常）法則，眾所周知的「被動」角色禁忌，當然，還有年齡上的差距。

但這習俗源自何處？在西元前第三世紀和前第二世紀之間，羅馬領土擴張到希臘和東方世界，希臘習俗隨之流傳至城市內：從食物到醫學，從哲學到藝術。還有性習慣。從那時開始，為了模仿希臘世界，富有男人在家中與男孩或可愛的女孩做愛幾乎蔚為風尚。而這都發生在他與妻子同住的多穆斯裡。在圖雷真治下的羅馬，情況則沒有絲毫改變。我們對此感到震驚，但我們必須記得，對羅馬人而言，性往往發生在兩個地位不平等或主人與性對象（男奴或女奴）之間。

從那時開始，富有的羅馬人發展出一種風俗，那就是購買在必要時也能提供性歡愉的奴隸。不像女奴，購買男奴時，從來不

是特別為了將他當成性玩物。但根據某些學者所言，長相英俊、年齡在十二到十八歲之間的男奴的主要角色，幾乎總是在於提供他們的主人或女主人性滿足。是的，因為對富有又獨立的上流社會女性而言，相同的法則也適用在她們身上。這解釋了為何奴隸和前奴隸總是遭到蔑視；人們假設他們曾遭主人蹂躪。

我們在這時也許要問一個問題：既然帝都羅馬有妓女，那麼也有男妓存在嗎？答案是有。我們吃驚地發現，他們就像他們的女性同行也必須繳稅，還有假期可放。而主要的不同點則在於妓女幾乎總是奴隸，來自各種年齡層，並提供低廉的性服務；反之，男妓通常很年輕，收費高昂。我們也許應該將他們界定為上流資產階級的情人較為妥當，而且多數是男性而非女性的情人。許多男妓後來變得相當富有。

有時，人際和性關係之間的糾葛變得更為複雜。根據學者約翰‧克拉克指出，有些在奧斯蒂雅出土的墳墓，某些墓碑確切地顯示出道地的「三角關係」。一個墓碑上面寫道，「盧西烏斯‧阿提利斯‧阿特馬斯和克勞狄‧阿西雅斯，將這個石棺（或墳墓）獻給提圖斯‧福拉維斯‧特洛菲馬斯，因此他們三人能一起安息。」在另一個例子裡，一個叫阿利烏斯的男人將阿莉亞‧波特塔絲下葬，後者是他和另一個男人共享的女奴。墓碑上說，在她死後，這兩個男人反目成仇。今日，沒有人會在墓碑上寫這種事，人們不會將道德和宗教戒律所譴責的這類關係，大剌剌地公諸於世。

鏡子裡的女人

在結束這段羅馬性行為的旅程時，我們必須說，如同我們

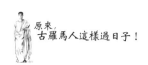

所見，這個世界與我們的截然大異，它只圍繞著單一的受益者打轉，即羅馬的男性公民。儘管如此，羅馬婦女（尤其是富有女性）拜她們所達到的解放之賜，也能為自己塑造新角色，得到她們應得的性滿足。考量到那個時代背景和其他文化、文明和種族的情況，她們的成就令人刮目相看。更何況，女人得重新等待另一個兩千年，才能取得和羅馬婦女相同的地位。

現在，出現在我們眼前的正是這類氣氛。這場景充滿著詩歌和愛。她正在如花般盛開的年紀，美豔絕倫，躺在覆蓋著柔軟絲綢床單、裝飾精美的床上。她的男人身材壯碩，一頭鬈髮，從後方與她結合，兩人正處在強烈的高潮中。他們深情凝望彼此。她轉身擁抱他，一隻手溫柔地愛撫著他。他們都全身赤裸；金飾是她唯一穿戴的衣物。

她的足踝、手腕和臂膀都戴著鐲子。一條鑲嵌著寶石和小粒金塊的漂亮項鍊繞過她的脖子，安棲在她的鎖骨上。但最搶眼的飾品是那條用大圓環連接而成的金項鍊，從肩膀上垂下來，蓋住她的乳頭，在肚臍處交叉，然後繞到背部，就像以前斜掛在脖子旁的子彈帶。這些金飾都讓我們肯定我們正在一個富有女人的多穆斯裡。床旁邊是一個火盆，裡面在燃燒著樹脂，香氣瀰漫在整個房間內。還有一隻作伴用的小狗，牠正坐在小凳上，警戒地盯著一隻老鼠，後者正準備跑來喝牠碗裡的東西。牆壁上有一幅裝有小門的色情繪畫，女主人碰到想對其展示的人時才會將門打開。

是的，正是女主人。看看她，我們可以看出，她的髮型有點落伍。她的長髮在頸背梳成髮髻，然後盤至額頭上，形成一種光環。但這髮型對圖雷真時代而言不是有點落伍嗎？實際上，這個髮型在二十年前左右正引領風騷，那是在弗拉維治下，或甚至更

早以前。我們還沒時間考慮完這點，就有一隻女性老邁的手伸到我們前面，拿走這幅性感的圖像。

事實上，我們到剛才為止所看到的不是真實的場景，而是一只青銅鏡子的背面裝飾。這個傑出的裝飾描繪著兩個戀人，女人身處場景中央，自由奔放、年輕又性感。相反地，現在拿著鏡子的那隻手是年邁女人的手。那應該就是鏡子主人的手。

我們無法看到她的臉，因為鏡子宛如日蝕般將其遮蔽。我們往旁走一步，瞪著那張滿布皺紋的臉；她和裝飾裡的女人何其相像，令我們大為吃驚。老天，的確是她本人！

一如慣例，上流社會的女性喜歡委託工匠來為青銅鏡子做裝飾。而這位女主人在幾十年前委託工匠依照當時她年輕貌美的模樣鑄造出這幅圖像。現在，時光荏苒，年輕追求者的鬢髮也掉光了，同樣也滿臉皺紋，他現在正在這棟奢華的多穆斯的一間臥室裡睡覺，就在離她咫尺之遙大聲打鼾，而他倆一直一起住在這棟位於埃斯奎利尼山丘上的多穆斯裡。

那女人現在正在打量青銅鏡子中倒映的臉龐，她靜靜看著自己臉上的皺紋，還有一位女僕正小心翼翼地梳著她的白色長髮。然後她盯著鏡子邊緣，沿著邊緣有一道框架，雕刻著黃道十二宮的所有象徵符號。她漫不經心地看著符號：人馬座、摩羯座、寶瓶座、雙魚座……符號的目的便是喚醒照鏡子的人時光不再。它們彷彿在說：趁你還年輕貌美時盡情享受人生，抓緊維納斯的禮物。如同哲學家賀拉斯所說，人要及時行樂。女人的眼睛開始微笑。她曾年復一年地盡情品味她的豐美年華。

這只直徑大約五吋的青銅鏡子，將於數個世紀後由在埃斯奎利尼山丘工作的考古學家挖掘出來。現在它保存於羅馬的古物收

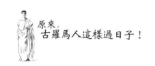

藏館,編號為一三六九四。就像許多號碼一般,它也不過是個毫無意義的編號。但這個鏡子所反映的人生,可是訴說了一整個歷史時期的故事。

現在,夜晚統治著羅馬的街道。我們所能見到的只有幾盞「車燈」;奴隸提著油燈,為一小群人照亮前路。我們還看見其他固定的燈光,它們屬於某些典型的夜間行業,比如妓院,但在我們眼前的是賭場。在小旅店裡,仍然有人在丟骰子、下注和輸個精光。這時還沒有撲克牌,但詐賭和爭吵卻的確存在。一陣突如其來的密集叫喊聲吸引了我們。它來自一家小旅店。我們可以聽到凳子在地上咚咚滾動和水壺破裂的聲音。一個女人走出來,拚命高聲尖叫。她可能是女老闆,或是在旅店裡工作的妓女,誰知道呢。但她的尖叫獲得了回應。她叫來剛在幾分鐘前經過這裡的消防巡邏隊。幾秒鐘內,巡邏隊便衝入店內。我們聽到更多叫喊聲,然後突然一片沉寂。在此同時,兩位巡邏員抓著一個男人從店裡走出來,他們將他的臂膀扭到他身後。但那個男人一路掙扎,大聲抗議。他原本一直扭動個不停,直到他被一陣棍棒連續猛打之後才乖乖就範。隨後,他還被踹了好幾下。在這,警察可不好惹。我們最好趕快上路。

酒館裡有醉鬼,黑暗中潛伏著殺人犯,羅馬夜間街道上到處藏匿著危險。危險甚至會從天而降。你要小心的不是傾倒而下的尿水。你可能會被從窗戶丟出的笨重物品打個正著,比如破碎的陶器、凳子,和其他已經不堪使用的東西(就像以前在義大利某些城市的過年習俗)。丟東西違反法律,但卻很常發生。

我們在某些街道上,看見打掃街道的奴隸的身影。他們在火把的微弱光芒下工作;夜晚(和黃昏時刻)是打掃街道垃圾的最

圖14：這是曾屬於一個羅馬貴婦人的青銅鏡子的背面裝飾。物主命人描繪她自己、
情人和她的金飾。羅馬人認為，性是維納斯的禮物。

佳時段。白天時街道上人潮擁擠，根本不可能打掃。

嚇跑惡靈的儀式

我們進入一條巷子。夜裡，萬籟俱寂，一陣奇怪的連禱聲吸
引了我們的注意。我們試圖找出聲音源頭；似乎是來自一棟建築

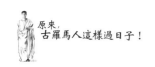

的一樓。一扇窗戶的護窗木板微敞著，從後方透出一抹淡淡的光芒。我們安靜地走到窗旁，眼睛往腐壞木板的隙縫裡偷窺。我們隨即看到一個怪異又古老的場景。

在幾盞油燈的微弱光芒下，一個男人正在舉行驅逐惡靈的儀式。古羅馬人非常迷信。他們相信，死去的家族成員的影子（也就是他們的鬼魂）會一直在子孫的家裡幽幽徘徊，不肯離去。但倘若你能用儀式和供品討他們歡心，他們就會幫助生者，並在日常生活中保護他們。不然的話，他們就會變成惡靈（叫做鬼魂或死者惡靈），在夜裡或在你的夢中出現。因此，古羅馬人有必要時常在半夜舉行淨化儀式。

我們現在所見和奧維德流傳給我們的一篇有關這類儀式的描述，有著驚人的相似點。男人下了床，赤腳繞著房間打轉。在一片死寂中，他輕彈舉在頭頂上方的手指。然後他在一盆泉水裡洗手，代表淨化 —— 他以高價從一位狡猾的商人那買來這盆未遭污染的水。

桌上的那盆水旁邊，有一盤黑豆。那些是他奉獻給死者影子的供品。為了向死者保證豆子沒被下毒，他舀起一把豆子，放進嘴裡。然後，他沒有轉身，將黑豆吐回手裡，一個接一個丟向肩膀後方，每丟一次，就重複那句吸引我們注意的話：「我丟出這些豆子，隨著它們，我讓自己和摯愛的家人得到自由。」你絕對不能轉身。在理論上，死者的靈魂是躲在生者背後，他們會撿起豆子來吃掉，至少在象徵性上是如此。考量到現在的時間和他已昏昏欲睡，他當然是講得口齒不清，但我們還是聽得懂。

再來是儀式的最後一部分。男人將雙手重新浸入水盆中，並請求九次，請死者的靈魂離開他的家。他邊說，邊相互撞擊著青

銅盤子。最後，他停下來喘著氣，默不出聲。他現在該做的只有
轉過身來檢查影子是否已經離去。他遲疑了一下，無法確定，然
後猛然轉身，瞪著他四周的房間。他的臉放鬆下來，綻放微笑。
看來儀式發揮了功效。

24:00
最後的擁抱

　　現在，街道上沒有別的人影，只剩下我們。羅馬在我們的四周沉睡。有些人裹著被單，在他們奢華的臥室裡熟睡著。其他人則睡在公寓大樓上層樓房裡，用麥稈鋪成的簡陋床上。還有其他人是睡在地板上，在他們主人的多穆斯的走廊裡。

　　我們前面是條寬廣的街道，兩旁商店櫛比鱗次。在晚上的這個時刻，它們全以厚重的木板封住，木板插入地面，用堅固的門閂拴緊。我們抬起目光，注意到四周都是高聳入空的公寓大樓的幢幢黑影。這感覺起來就像我們正站在一道黑暗峽谷的底部，頭頂上則是滿天星斗。

　　我們走下街道，感受到一股不真實的靜謐。在咫尺之外，一座噴泉流洩而出的潺潺水聲劃破這份沉靜。我們唯一的旅伴是流水的聲響。

　　這份靜謐很詭異。但更甚於詭異的是，它很稀罕。我們現在就處於一百五十萬居民所住的城市心臟地帶。午夜通常是商店和工坊的運貨時間，充斥著馬車鐵輪滾動在石製路面上的吵雜聲，男人叫喊著，馬兒不斷嘶鳴，還有不可或缺的咒罵聲……我們現在可以從遠處的另一條街道所傳來的這些微弱聲響。一隻狗的汪汪狂吠在迴盪著。羅馬是座不夜城。

　　眼前是岔路。就在十字路口中央，我們注意到有個朦朧的人影正安靜地瞪著我們。她直挺挺地站著，穿著白色長袍，雙臂微微敞開，彷彿在歡迎和擁抱我們。我們的好奇心被挑起，朝她走近了幾步。現在我們看出來她是誰了，也看得出來，她不是在看我們。

　　她的眼睛凝望向遠方，就像陷入沉思的人。黯淡的月光照亮一張柔和的乳白色臉龐，那張臉上帶著一抹淺淺的微笑。她的額頭上纏繞著一條緞帶，頭髮整個往上梳，但有幾絡雜亂的髮絲輕輕散落在她肩膀上。一陣突如其來的狂風在她周遭揚起一陣沙塵，但她的頭髮卻沒有隨之飄動。她的頭髮也無法飄動；因為它是由大理石製成。她赤裸的雙臂與長袍上數百個皺摺，也都是由大理石製成。雕塑她的雕刻家使用的是世界上最珍貴的大理石之一，而凝結在石頭裡的是羅馬人最尊敬的神祇之一：瑪圖塔聖母（偉大的母親），「吉祥之母」，生育、起源和曙光女神。

　　我們在帝都羅馬的一日之旅就此結束。在這將近兩千年前的普通的一天。

致謝

　　我僅在此向羅莫洛・奧古斯都・史塔奇歐利（Romolo Aogusto Staccioli）教授致謝，他是古羅馬日常生活的優秀專家，他仔細閱讀了本書的初稿，並在多年來總是給我珍貴的建議和指點。他那些有關兩千年前生活實況的描述和著作，引發我對羅馬世界的興趣。

　　我也要感謝安東尼歐・德・西莫內（Antonio de Simone）教授，他引領我進入龐貝的世界，使我深深愛上它，龐貝是這世上挖掘古羅馬日常生活祕密的最佳所在。

　　顯然，如果沒有那些在數代以來描述羅馬生活細節的著作的話，本書將無法誕生。我尤其要感謝所有那些在我參觀遺址時大力協助我的考古學家，他們邀請我分享考古發現的細節和奇聞，並耐心回答了我提出的無數問題。

　　我也要感謝葛布利拉・恩嘎瑞利（Gabriella Ungarelli）和蒙達多利的阿爾貝托・葛蘇密尼（Alberto Gelsumini），他們從一開始便對本書充滿信心，並以高度熱忱一路呵護其誕生和成長。我想感謝路卡・塔拉茨（Luca Tarlazzi），他所繪的羅馬日常生活「照片」非常傑出，完美到他似乎曾帶著他的素描簿走過古羅馬的街道。

　　最後，我想向我的妻子莫妮卡致謝，她在每次我從拍攝或參訪考古遺址回來，或讀完無數本有關羅馬人的生活的研究書籍時，總是以無盡的耐心來面對我的熱忱和滔滔不絕的古羅馬故事。

國家圖書館出版品預行編目資料

原來，古羅馬人這樣過日子！／阿爾貝托‧安傑拉
（Alberto Angela）著.--初版.--臺北市：商周出版：
　家庭傳媒城邦分公司發行, 2011.10
　面；　　公分.--（漫遊歷史；06）
　譯自：Una giornata nell'antica Roma
　ISBN 978-986-272-032-5（平裝）

1. 社會生活　2. 文化史　3. 古羅馬

740.225　　　　　　　　　　　100017111

漫遊歷史06

原來，古羅馬人這樣過日子！

作　　　者／阿爾貝托‧安傑拉
內 文 插 畫／路卡‧塔拉茨
企 畫 選 書／黃靖卉
責 任 編 輯／羅珮芳

版　　　權／林心紅
行 銷 業 務／莊英傑、周佑潔、黃崇華、張娸茜
總　編　輯／黃靖卉
總　經　理／彭之琬
事業群總經理／黃淑貞
發　行　人／何飛鵬
法 律 顧 問／元禾法律事務所王子文律師
出　　　版／商周出版
　　　　　　台北市104民生東路二段141號9樓
　　　　　　電話：(02) 25007008　傳眞：(02)25007759
　　　　　　E-mail：bwp.service@cite.com.tw
發　　　行／英屬蓋曼群島商家庭傳媒股份有限公司城邦分公司
　　　　　　台北市中山區民生東路二段141號2樓
　　　　　　書虫客服務專線：02-25007718；25007719
　　　　　　服務時間：週一至週五上午09:30-12:00；下午13:30-17:00
　　　　　　24小時傳眞專線：02-25001990；25001991
　　　　　　劃撥帳號：19863813；戶名：書虫股份有限公司
　　　　　　讀者服務信箱：service@readingclub.com.tw
　　　　　　城邦讀書花園 www.cite.com.tw
香港發行所／城邦（香港）出版集團有限公司
　　　　　　香港灣仔駱克道193號 E-mail：hkcite@biznetvigator.com
　　　　　　電話：(852) 25086231　傳眞：(852) 25789337
馬新發行所／城邦（馬新）出版集團【Cite (M) Sdn Bhd 】
　　　　　　41, Jalan Radin Anum, Bandar Baru Sir Petaling, 57000 Kuala Lumpur, Malaysia.
　　　　　　電話：(603) 90578822　傳眞：(603) 90576622

封 面 設 計／廖韡
版 面 設 計／洪菁穗
內 頁 排 版／立全電腦印前排版有限公司
印　　　刷／前進彩藝有限公司
經　　　銷／聯合發行股份有限公司　地址：新北市231新店區寶橋路235巷6號2樓
　　　　　　電話：(02) 29178022　傳眞：(02) 29110053

■2011年10月6日初版／■2019年12月31日二版2.5刷　　　　　Printed in Taiwan
定價400元

城邦讀書花園
www.cite.com.tw

廣　告　回　函
北區郵政管理登記證
北臺字第000791號
郵資已付，免貼郵票

104　台北市民生東路二段141號2樓

英屬蓋曼群島商家庭傳媒股份有限公司城邦分公司　收

- -

請沿虛線對摺，謝謝！

書號：BUB006X　　書名：原來，古羅馬人這樣過日子！　編碼：

 商周出版

讀者回函卡

感謝您購買我們出版的書籍！請費心填寫此回函卡，我們將不定期寄上城邦集團最新的出版訊息。

不定期好禮相贈
立即加入：商周出版
Facebook 粉絲團

姓名：＿＿＿＿＿＿＿＿＿＿＿＿＿＿＿　性別：□男　□女

生日：西元＿＿＿＿＿＿年＿＿＿＿＿月＿＿＿＿＿日

地址：＿＿＿＿＿＿＿＿＿＿＿＿＿＿＿＿＿＿＿＿＿＿＿＿

聯絡電話：＿＿＿＿＿＿＿＿＿　傳真：＿＿＿＿＿＿＿＿＿

E-mail：＿＿＿＿＿＿＿＿＿＿＿＿＿＿＿＿＿＿＿＿＿＿

學歷：□ 1. 小學 □ 2. 國中 □ 3. 高中 □ 4. 大學 □ 5. 研究所以上

職業：□ 1. 學生 □ 2. 軍公教 □ 3. 服務 □ 4. 金融 □ 5. 製造 □ 6. 資訊

　　　□ 7. 傳播 □ 8. 自由業 □ 9. 農漁牧 □ 10. 家管 □ 11. 退休

　　　□ 12. 其他＿＿＿＿＿＿＿＿＿＿＿＿＿＿＿＿＿＿＿＿

您從何種方式得知本書消息？

　　　□ 1. 書店 □ 2. 網路 □ 3. 報紙 □ 4. 雜誌 □ 5. 廣播 □ 6. 電視

　　　□ 7. 親友推薦 □ 8. 其他＿＿＿＿＿＿＿＿＿＿＿＿＿＿

您通常以何種方式購書？

　　　□ 1. 書店 □ 2. 網路 □ 3. 傳真訂購 □ 4. 郵局劃撥 □ 5. 其他＿＿＿＿

您喜歡閱讀那些類別的書籍？

　　　□ 1. 財經商業 □ 2. 自然科學 □ 3. 歷史 □ 4. 法律 □ 5. 文學

　　　□ 6. 休閒旅遊 □ 7. 小說 □ 8. 人物傳記 □ 9. 生活、勵志 □ 10. 其他

對我們的建議：＿＿＿＿＿＿＿＿＿＿＿＿＿＿＿＿＿＿＿＿＿

＿＿＿＿＿＿＿＿＿＿＿＿＿＿＿＿＿＿＿＿＿＿＿＿＿＿＿＿＿

＿＿＿＿＿＿＿＿＿＿＿＿＿＿＿＿＿＿＿＿＿＿＿＿＿＿＿＿＿